Träume träumen
Träume leben

Der große Traum ein Rockstar zu sein

AF189869

Ben Streiter

Träume träumen
Träume leben

Der große Traum ein Rockstar zu
sein

IMPRESSUM

Copyright: Ben Streiter
Erscheinungsjahr 2020

Herstellung und Verlag:
BoD - Books on Demand, Norderstedt

Cover Design: BoD

ISBN 9783750453050

Vorwort

Nachdem mein Traum vom Rockstar mal wieder geplatzt war, suchte ich nach neuen musikalischen Herausforderungen. Eine neue Band wollte ich nicht gründen, vielleicht aber das ein oder andere Projekt starten. Nach einigen geschriebenen Songs kam ich auf die Idee, dieses Buch zu schreiben. In meinem Leben war viel passiert und das möchte ich niemanden vorenthalten. Dabei gab es viele schöne Momente, aber auch die Schattenseiten lernte ich unweigerlich kennen.

Dieses Buch habe ich aus meiner Erinnerung heraus geschrieben. Ich möchte niemanden mit meinen Erzählungen zu Nahe treten. Es ist einfach meine Lebensgeschichte mit viel Höhen und Tiefen. Vieles hatte ich mir anders vorgestellt, gerade auf meiner musikalischen Reise. Ich begegnete vielen tollen Musikern, aber auch wieder welchen, denen ihre Überheblichkeit zum Verhängnis wurde. Sie hätten vieles erreichen können, wenn sie so manches mit anderen Augen betrachtet hätten!

Ich freue mich, dass ihr an meinem Leben Teil haben möchtet und wünsche euch nun viel Spaß beim lesen der sechs Kapitel.

Kapitel 1

Mitte der 60er-Jahre in einer Großstadt geboren, wuchs ich in normalen bürgerlichen Verhältnissen auf. Meine Eltern waren beide berufstätig, was ich nicht unbedingt als störend empfand. Das gab mir die Möglichkeit, mich mit meinem Traum intensiv zu beschäftigen. Aber jetzt erst mal der Reihe nach.

Schon als kleines Kind verspürte ich das Verlangen, irgendein Instrument zu spielen. Da war ich ca. vier Jahre alt. Meine Eltern hatten mir damals zu Weihnachten ein Schifferklavier geschenkt, wobei ich sagen muss, dass es zu dieser Zeit nur Spielerei war und ich eigentlich gar nicht wusste, was ich tat und worum es eigentlich ging. Anhand von Bildern und Erzählungen meiner Eltern kann ich heute nachvollziehen, wie sich mein Weg seit meiner Kindheit in Richtung Musik ebnete.

Okay, Spielerei ist wohl der richtige Ausdruck. Ich weiß bis heute nicht, woher es kam, aber das Bauchgefühl war irgendwie da. Zu dieser Zeit gab es weder im Fernsehen, noch in irgendwelchen Zeitungen Berichte oder ähnliches, was mich zur Musik ermutigte. Zumindest kann ich mich nicht daran erinnern. In der heutigen Zeit ist das sicherlich ganz anders. Was das Internet heute nicht möglich macht, machen derzeit unzählige Castings und Talent Shows möglich. Heutzutage mache ich mir manchmal Gedanken darüber, wie mein Leben verlaufen wäre, wenn ich diese Möglichkeit früher schon gehabt hätte. Ob ich nun das große Talent war, lasse ich jetzt mal dahingestellt! Vielleicht war es auch einfach nur der Zwang, irgendwie im Mittelpunkt zu stehen.

Kurze Zeit später bekam ich meine erste Gitarre. Sie hatte vier Saiten und war, wie es sich vermuten lässt, eine Kindergitarre. Ich kann mich noch genau daran erinnern, dass die Saiten immer locker waren. Zu dieser Zeit wusste ich nicht, wie eine Gitarre zu stimmen war, hier wurden die Saiten einfach nur „gespannt"! Klar war das immer noch Spielerei, aber man konnte zumindest erahnen, wohin die Reise geht. Heute weiß ich, dass ich Bassist geworden bin. Also muss das schon der Grundstein für mein musikalisches Leben gewesen sein.

Es vergingen ein paar Jahre, wo eigentlich nichts in Richtung Musik geschah. Das Bolzen mit dem großen Bruder im Garten sowie die Schule, die in vollem Gang war, bestimmten bereits meinen Alltag. Hier war derzeit kein Platz für Musik und eigentlich auch kein

Interesse daran. Heute weiß ich, dass man in diesem Alter verschiedene Sachen ausprobiert. Vieles liegt aber auch daran, mit welchen Freunden man zusammen ist und welche Interessen diese haben. Nun, das Leben in der Grundschule war etwas Neues für mich, Freunde fanden sich dort aber nicht wirklich. Wir wohnten an der Stadtteilgrenze, wobei die Kinder dieser Schule aus beiden Stadtteilen kamen. Aus meinem Stadtteil war nur ein Mädchen in meiner Klasse, mit der ich allerdings nichts am Hut hatte. Vielmehr hatte ich Kontakt zu den Kindern aus meiner Straße. Sie waren zwar alle unterschiedlich alt, aber irgendwie gab es da schon eine Gemeinschaft. Schnell kristallisierte sich aber auch ein Anführer dieser Gemeinschaft heraus. Carlos, er hatte wohl so viele Führungsqualitäten, dass alle auf ihn hörten. So kam es, dass er einen nach dem anderen aus dieser Gemeinschaft verbannte. Selbiges musste ich natürlich auch erfahren, nachdem er auch meinen Freund aus dem Nachbarhaus verjagt hatte. Zu diesem Zeitpunkt hatte ich natürlich nicht daran gedacht, dass man auch in einer Band einmal an solch einen Punkt kommen konnte, wo versucht wird, andere Bandmitglieder zu verdrängen! Aber dazu komme ich später noch.

Mittlerweile ging auch das zweite Schuljahr zu Ende. Ich hatte bis dahin auch immer sehr viel Lust, in die Schule zu gehen, etwas Neues zu lernen. Meine Noten waren eigentlich recht gut. Trotz alledem löcherte ich meine Mutter des Öfteren, wann ich auch mal was lerne, was ich nicht schon kann. Vielleicht war ja da im Unterbewusstsein mein Lebenstraum schon da.

Das dritte Schuljahr begann mit einer kleinen Katastrophe. Ich, der sich gerade mal richtig wohlgefühlt hatte, musste nun in eine andere Klasse. Toll! Mir hatte man erklärt, dass ich als Katholik allein zwischen Evangelisten in der Klasse sei und deshalb die Klasse wechseln müsse. In den ersten zwei Jahren hätte das beim Religionsunterricht keine Rolle gespielt, aber wohl ab der dritten?

Verstehe ich bis heute nicht, egal ob Katholik oder Evangelist, beide glauben doch an Gott! Allerdings muss ich auch sagen, dass ich mich nie mit dem Thema beschäftigt habe, nie versucht habe, den Unterschied herauszufinden. Na ja, jedenfalls muss bei der Klasseneinteilung wohl jemand geschlafen haben.

Ich durfte mich am ersten Schultag in der neuen Klasse neben einen Jungen setzen. Keine Ahnung, wie sein Name war, aber irgendwie hatte mich seine Schreibweise fasziniert. Sie war total eckig, für mich sah das toll aus. Natürlich hatte ich nichts Besseres zu tun, als bei den kommenden Hausaufgaben auch so zu schreiben, was für mich natürlich zum Verhängnis wurde. Meine Mutter kontrollierte wie jeden Tag meine Hausaufgaben. Sie fand das gar nicht toll. Ich hatte mir doch so viel Mühe gegeben, das so hinzubekommen. Mann, das war eine ganze Seite voller zackiger Schreibschrift, das hatte Kraft gekostet. Ich durfte das Ganze natürlich noch einmal abschreiben, in meiner doch recht schönen Handschrift. Den Nachmittag hatte ich mir ein wenig anders vorgestellt. Meinen Freund aus dem Nachbarhaus hörte ich bereits draußen spielen, was mir die Tränen in die Augen trieb. Aber eigentlich war ich ja selbst schuld an der ganzen Situation. Hätte ich doch lieber mal die Augen auf meinem Heft gelassen. Also hatte ich mal wieder was gelernt!

In der Klasse war noch ein anderer Junge, mit dem ich so langsam in Kontakt kam. Armin, er wohnte allerdings im anderen Stadtteil, was aber kein Problem war. Das wiederum brachte mich mal aus meiner Straße heraus. Zu Fuß ging es dann neue Gebiete erforschen. Eigentlich war es nicht weit, einmal um unsere Schule herum, da waren dann auch schon die Mehrfamilienhäuser des anderen Stadtteils. Wir hatten dort auch mal gewohnt, also war es mir nicht unbekannt. Allerdings kannte ich es nur von Erzählungen, oder von den Besuchen bei Freunden meiner Eltern. Ein- oder zweimal besuchte ich Armin, wobei zwischen uns die Chemie nicht stimmte, und sich hier auch keine Freundschaft ergab. Vielmehr zog es mich dann wieder in meine Straße zurück.

Hin und wieder unternahm ich einen Ausflug zu den Freunden meiner Eltern. Ihr Sohn Mike hatte eine tolle Modelleisenbahn, was mich immer wieder dorthin zog. Na ja, und leckeres Essen machte seine Mutter ja auch immer! Soll jetzt nicht heißen, dass es zu Hause nicht geschmeckt hat. Jedenfalls waren wir mal zum Bolzen draußen, als auch ich die ersten schlechten Erfahrungen in meinem noch so jungen Leben machen musste. Ach ja, Bolzen ist das, womit man sich früher beschäftigt hat!

Wie so oft in solchen Stadtteilen, formieren sich natürlich auch kleine Banden, die anderen Kindern das Leben schwermachen wollen. Wir waren gerade beim Bolzen, als Mike drei Burschen um die Ecke kommen sah. Er kannte die wohl schon, denn er warf seinen Fußball als erstes bei sich auf den Balkon. Wir wollten weglaufen, was uns aber nicht wirklich gelang, denn sie stellten uns auf der anderen Seite des Hauses. Mich hielten sie fest, während Mike laufend rechts und links eine an die Backen bekam. Keine Ahnung, ob er vorher schon mal mit denen Stress hatte. Ich jedenfalls bekam dann volle Lotte eine gescheuert. Danach sind sie Gott sei Dank abgezogen. Mann, und das schon als Drittklässler.

Mike´s Mutter brachte mich dann nach Hause, weil ich Angst hatte, denen noch einmal zu begegnen. Ab diesem Zeitpunkt hatte sich das Thema neue Gebiete erforschen für mich erledigt. Ich ging dort nur noch in Begleitung meiner Eltern hin, und natürlich auch nicht mehr alleine vor die Tür. Ich glaube, dass diese unangenehme Erfahrung in den jungen Jahren mein Leben entscheidend geprägt hat, genauso wie der neu anstehende Klassenwechsel, den ich Mitte des dritten Schuljahres zu erwarten hatte.

Mein Vater bekam einen neuen Job als Hausmeister in einer Schule. Ich musste mich also wieder an andere Kinder gewöhnen, ebenso an eine neue Gegend. Fand ich da neue Freunde?
Bevor wir ungezogen sind, hatte uns mein Vater schon mal das Haus gezeigt, wo wir einziehen sollten. Na ja, Fabrikgebäude hätte

besser gepasst. Kahl, riesig, große Garagen, Kopfsteinpflaster und nicht ein einziger Baum. Die Wohnung war im dritten Stock, ganz oben unter dem Dach. Das Treppenhaus war ebenso kahl wie das Gebäude von außen. Auf jeder Etage verwinkelte Ecken. Für mich war es jedes Mal gruselig, dort alleine hoch und runter zu gehen. Die Wohnung war sehr groß, wobei ich mir ein Zimmer mit meinem großen Bruder teilen musste. Für uns alle war das neu, aber auch für meinen Bruder und mich kamen neue Herausforderungen auf uns zu.

Mein Bruder, der bereits in der achten Klasse war, musste genau wie ich einst schlechte Erfahrungen machen. Einige Schüler aus seiner Klasse akzeptierten ihn anscheinend nicht, wodurch sich eine Gruppierung bildete, die ihn in den Pausen bedrängte, gar verprügeln wollte. Da ich natürlich als Neuling in den Pausen jemand Vertrautes suchte, bekam ich das natürlich mit. Irgendwie waren es auch immer dieselben zwei, die ihn belästigten. Ich eilte dann immer zu dem Hausmeisterkollegen meines Vaters, der diese Burschen schon kannte. Er trat ihnen immer kräftig in den Hintern, was mich wiederum freute. Dieser Zustand änderte sich aber bald, als die Klasse von meinem Bruder neuen Zugang bekam: Jürgen, ein recht lustiger und freundlicher Typ, der sich mit meinem Bruder anfreundete. Das sich nun jemand an die Seite meines Bruders stellte, war für die Burschen etwas Neues. Anscheinend hatten sie wohl Respekt vor Jürgen, so dass sich auch unsere Pausen wieder normalisierten. Nun hatte auch ich die Gelegenheit, mir in den Pausen neue Freunde zu suchen.

An meinem ersten Schultag hatte ich ja bereits Holger und Jörg kennengelernt. Also versuchte ich, die beiden aufzusuchen. Schnell hatte ich mich dann auch mit Jörg verabredet. Ich hatte ihm einen Spitznamen gegeben: Kleingeier! Er war recht klein und zierlich, hatte ein Gesicht wie ein kleiner Geier, der noch ohne Federn im Nest hockt. Ich möchte ihm damit natürlich nicht zu nahe treten, aber das war nun mal der Eindruck, den ich damals von ihm hatte.

In der Schule hatte er mir von seiner Briefmarkensammlung erzählt, was mich auch interessierte. Bei einem Besuch hatte er mich bereits vor der Haustür abgefangen, wir wollten gemeinsam hineingehen. Aber an der Wohnungstür hat uns seine Mutter abgewiesen. Was war denn da los? Was spielte sich denn hier für ein Film ab? Wir sind dann zum Spielen auf die Straße gegangen, wobei ich auch schon gemerkt hatte, dass auch er nichts mit Musik am Hut hatte, genauso wenig wie Holger. Also stimmte die Chemie mit den beiden auch nicht.

So ging es weiter mit der Suche nach neuen Freunden. Ich weiß nicht mehr genau wie, aber irgendwie kam ich mit Claudius und Didi in Kontakt. Claudius hatte eine recht weiche Art an sich, Didi hingegen mehr die grobe. Da hatte ich zwei gefunden, die dieselbe Musik mochten wie ich. Das war doch immerhin ein Anfang. Wir trafen uns dann nachmittags nach der Schule und plauderten über dies und das. Irgendwie hörte ich heraus, dass Didi gerne Schlagzeug spielen würde und Claudius gerne singt. Oh Mann, meine erste Band war geboren, glaubte ich zumindest. Ich hatte nicht einmal eine Gitarre, Didi kein Schlagzeug, ganz zu schweigen davon, dass Claudius ein Mikro oder gar eine Gesangsanlage hatte. Da waren sie nun, meine drei Probleme. Endlich hatte ich zwei gefunden, die auch das Interesse hatten, das mit mir durchzuziehen. Aber was wollten wir ohne Instrumente machen?

Gott sei Dank näherte sich Weihnachten. Meine Eltern hatten davon auch Wind bekommen. Ihnen gegenüber hatte ich natürlich auch den Wunsch geäußert, eine Gitarre geschenkt zu bekommen. Bis Weihnachten war es nicht mehr lange, aber die Tage zogen sich ungemein. Mit Claudius und Didi faselte ich natürlich laufend über unser Vorhaben. Auch sie hatten ihre Wünsche entsprechend zu Hause geäußert.

Als nun endlich der Tag gekommen war, lief ich sehr nervös hin und her. Waren meine Eltern meinem Wunsch nachgekommen? Mittlerweile hatte ich ja auch schon Vorbilder und ich wollte genauso sein wie sie, ein Star! Das ließ mich auf die Erfüllung meines Traumes hoffen.

Nachdem wir traditionell unser Heiligabend-Essen hinter uns hatten, war es endlich soweit. Bescherung! Ich wusste nicht, was mich erwartet. Also ging ich an diesem Heiligabend mit anderen Gefühlen in Richtung Weihnachtsbaum. Der Baum war wie immer toll geschmückt und hinten in der Ecke stand sie nun, eingepackt in Papier. Zu Beginn tat ich so, als hätte ich sie nicht gesehen. Irgendwie wusste ich nicht mit der Situation umzugehen. Also stürzte ich mich erst einmal auf die anderen Geschenke. Meine Eltern machten mich dann darauf aufmerksam, dass dort noch etwas für mich steht. Recht schüchtern und zurückhaltend nahm ich dann meine erste richtige Gitarre in Empfang. Auf jeden Fall ein tolles Gefühl, meine Wandergitarre das erste

Mal in den Händen zu halten. Aber wie klang das. Ich konnte noch keinen Griff auf der Gitarre und musste schnell feststellen, dass das ein hartes Stück Arbeit wird. Zum Glück hatten meine Eltern auch an ein Buch zum Lernen gedacht. Über Weihnachten hatte ich ja genug Zeit, mit dem Lernen zu beginnen, was ich dann auch tat. Und Schulferien waren ja auch noch. Die ersten Griffe, die ich konnte, waren A-Moll und E-Moll. Diese dudelte ich hin und her, die waren ja auch einfach. Für mich und mein Vorhaben reichte das aber erst einmal und ich verabredete mich gleich nach den Ferien mit Didi und Claudius. Sie hatten allerdings nichts zu Thema Musik geschenkt bekommen. Aber wie heißt es bekanntlich: Not macht erfinderisch.

Die erste Band entsteht

Meine Eltern hatten sich in der Schule, in der wir wohnten, einen kleinen Hobbyraum eingerichtet. Hier durften wir uns unserem Traum hingeben. Wir suchten nach alten Tischen, woraus wir ein Schlagzeug-Podest bauten. Es war ca. zwei mal zwei Meter groß. Was machten wir nun, Didi hatte weder zu Weihnachten ein Drum bekommen, noch hatte er das Geld dazu, sich eins zu kaufen. Also haben wir uns Gedanken darüber gemacht, wie wir es uns selber bauen können. Mein Vater hatte in der Schule immer leere Kehrspäne-Tonnen, die eigentlich entsorgt wurden. Das brachte mich auf die Idee, diese doch als Drum umzufunktionieren. Die Tonnen stellten wir einfach verkehrt herum, sie dienten als Stand- und Hänge Tom. Die Deckel der Tonnen nagelte ich auf ein Stück Besenstiel, den wir dann auf dem Podest befestigten. Nun hatten wir auch unsere Becken. Klasse, das klang zwar nicht besonders, machte aber unheimlichen Krach, als Didi dort mit bloßen Händen darauf herum trommelte. Für Drumsticks hatten wir natürlich auch kein Geld, also mussten wir auch da mit einer guten Idee nachhelfen. Drumsticks waren für mich einfach nur Holz. Also beschlossen wir, uns doch einfach ein paar dünne Äste irgendwo abzuschneiden. Bei uns an der Schule stand ja kein Baum, was uns dazu trieb, erst mal loszuziehen, um uns geeignete „Sticks" zu besorgen. Wir sind in Richtung meiner neuen Schule gegangen, wo sich an einem Feld ein kleines Stückchen Wald befand. Eine Säge hatte ich zu Hause raus geschmuggelt, so dass wir uns etwas Passendes abschneiden konnten. So, die Enden einfach nur noch mit Klebeband umwickelt und fertig waren die Drumsticks für

Didi. Das hat vielleicht gescheppert! Jetzt konnte sich auch Didi richtig entfalten.

Ach ja, wie wollten wir bei dem Krach eigentlich Claudius hören. Auch er hatte ja, wie schon gesagt, kein Mikro und auch keine Gesangsanlage zu Weihnachten bekommen. Mit einem alten Aufnahme-Mikro von einen Tonbandgerät konnte ich ihm zumindest das Gefühl geben, der große Star zu sein. Es kam zwar nichts heraus, da musste er halt etwas lauter singen. Alles war perfekt. Claudius, der große Sänger, Didi und das selbstgebaute Drum, und ich, der immer noch auf seinen zwei gelernten Akkorden saß.

Meine zwei bereits gelernten Akkorde spielte ich rauf und runter, während Didi wie ein Tier auf den „Kehrspäne-Tonnen" zur Hochform auflief. Claudius sang um sein Leben, während Didi alles übertönte. Oh Mann, wir fühlten uns wie die großen Stars.

Es dauerte auch nicht lange, da stand mein Vater schon in der Tür. Immerhin war ja noch Schulbetrieb. Wir mussten zwar unsere spontan angesetzte Übungsstunde abbrechen, konnten sie aber später fortsetzen. Ich glaube, dass meine Eltern froh waren, dass ich neue Freunde gefunden hatte, und sie mir das deshalb erlaubten. Mit Musik hatte das nämlich noch nichts zu tun, es war einfach nur Krach. Da müssen wir wohl damals schon die Erfinder einer neuen Musikrichtung gewesen sein!

Nun hatten wir ja halbwegs alles, was wir brauchten, um unserem Traum etwas näherzukommen. Nur der Bandname fehlte noch. Natürlich sollte der Name in Englisch sein, Bands mit deutschem Namen kannte ich damals nicht, also warum sollte gerade unser Name deutsch sein. Wir hatten uns einige Namen überlegt, bis uns ein Poster an der Wand auffiel. Darauf stand „U.S.", allerdings wusste zu dieser Zeit keiner von uns etwas damit anzufangen. Ich nehme an, dass mein Bruder mal das Poster aufgehängt hatte. Aber egal, wir entschlossen uns spontan, diesen Namen zu übernehmen. In den nächsten Tagen hatten wir jedenfalls etwas, womit wir in der Schule prahlen konnten. Wer hatte schon eine eigene Band in so jungen Jahren, schon in der Grundschule. Für mich war es etwas Neues, auf einmal interessierten sich auch andere für mich, mit denen ich vorher nicht ins Gespräch gekommen war.

Es gab noch einen Jungen, der Gitarre spielte. Michael, bei ihm zeichnete sich aber anhand seiner schulischen Leistungen ab, dass er nach der vierten Klasse auf ein Gymnasium geht.

Dennoch wollte ich gerne wissen, wie er spielt und was er bereits auf der Gitarre kann. Eines Nachmittags hatte er mich eingeladen, ihn zu besuchen. Er hatte eine Konzertgitarre, die sich natürlich im Klang bedeutend besser anhörte als meine Wandergitarre. Das lag aber wiederum auch daran, dass er deutlich weiter war als ich. Er nahm im Nachbarhaus Unterricht bei einem jungen Mann. Ich bat damals meine Eltern darum, auch dort Unterricht nehmen zu können, was sie mir dann auch erlaubten. Die Stunde kostete damals fünf Deutsche Mark, wobei ich aber auch sagen muss, dass ich nicht wirklich etwas gelernt habe. Michael war damals spielerisch viel weiter, so dass ich gar nicht hinterher kam. Anscheinend hatte der angebliche Lehrer das nach einigen Stunden auch gemerkt und zog es vor, uns das Canasta spielen beizubringen. Und die fünf Mark hat er dafür auch noch kassiert. Ich hatte meinen Eltern davon erzählt, die es mir kurzerhand verboten, den Unterricht fortzuführen.

Es folgten dann immer wieder Übungsstunden in unserem Hobbyraum. Claudius sang mit ganzem Herzen, wobei er auch keine Scham hatte, wie es sich vielleicht in diesem Alter vermuten lässt. Texte hatten wir keine, er sang einfach was in Englisch. Immerhin hatten wir ja in der Grundschule schon Englisch-Kenntnisse erworben. Ich hörte immer wieder „A Rocket" heraus, wobei wir uns dann auch dazu entschieden, diesen Song so zu nennen. Es war eine tolle Melodie, hatte irgendwas. Kommende Übungsstunde wollten wir diesen Song wieder spielen, aber Claudius hatte die Melodie vergessen. Das einzige, woran er sich noch erinnern konnte, war der Titel des Songs. Wir haben also versucht, den Song wieder so hinzukriegen, wie er war, aber es kam eine ganz neue Version heraus, die mir aber nicht mehr gefiel. Es schien mir so, als wenn Claudius auch keine richtige Lust mehr an der Musik hatte.

Aber eines Tages kam Claudius mit einem Text, den wohl seine große Schwester für uns geschrieben hatte. „It's me" hieß der Song. Eine Melodie hatte er sich schon ausgedacht. Anscheinend hatte auch er bemerkt, dass es so wie vorher nicht funktionierte. Er stellte uns seinen Song vor, wobei ich feststellen musste, dass meine zwei Akkorde, auf denen ich immer noch saß, gar nicht zu seinem Gesang passten. Also standen wir wieder mal vor einem Problem und kamen nicht weiter. Trotzdem spielten wir „It's me" pausenlos, so das sich sogar mein Vater die Melodie einprägte und sie noch Jahre später auf seiner Orgel spielte.

Zwischenzeitlich hatte auch Didi schon mal sein Gesangstalent unter Beweis gestellt. Heraus kam der Song „Silly Boy", natürlich mal wieder ohne Text, einfach so dahin gesungen. Aber irgendwie schien es mir so, als hätte Didi auch Gefallen am Singen gefunden. Claudius war zu den Proben nicht erschienen, also haben wir das mal selbst in die Hand genommen.

Bei der nächsten Übungsstunde stand auch Claudius wieder auf der Matte. Er schwärmte genau wie ich für die Bay City Rollers. Wir entschlossen uns kurzerhand, diese doch einfach mal nachzuahmen. Auf einem Tonbandgerät, das wir von Bekannten hatten, befand sich bereits Musik von ihnen. Also Tonband eingefädelt, und ab ging die Post. Didi trommelte wieder wie ein Tier, übertönte alles. Claudius machte dieselben Bewegungen wie der Sänger der Bay City Rollers, und ich spielte wieder meine zwei Akkorde hin und her und fühlte mich wie „Woody", den derzeitigen Gitarristen der Bay City Rollers. Wir fühlten uns wie die Stars selber, immerhin hatten wir sie schon ein paar Mal im Fernsehen gesehen und kannten daher ihre Mimik und Gestik.

Mein Großvater war zu uns zu Besuch gekommen. Auch ihn interessierte es brennend, was sich hinter dem Krach verbarg. Er kam in unseren Übungsraum voller Erwartung. Sein Grinsen sowie das gleichzeitige Kopfschütteln ließ mich seine Gedanken erahnen. Was soll´s, uns hat es jedenfalls Spaß gemacht!

Nur irgendwann waren auch mal die Nerven meiner Eltern strapaziert. Sie haben das Ganze dann kurzerhand unterbunden, weil es natürlich auch zu nichts führte. Mittlerweile hatten Claudius und Didi unseren Tischfußball-Kicker mehr im Visier als die Sache, für die wir uns eigentlich getroffen hatten. Mein Vater hatte dann die Tische wieder weggeräumt und den Schrott, ich meine unser Drum, entsorgt. Mir tat es irgendwie weh, immerhin war es meine kleine Welt, die zerstört wurde.

Nach einigen Wochen stellten wir aber fest, dass unser Traum uns immer noch festhielt. Im Fernsehen sah man nun auch die Bay City Rollers öfters, was gerade Claudius und mich erfreute. So haben wir uns dazu entschlossen, die Band mit neuem Namen wieder auferstehen zu lassen. Immerhin hatten wir ja mit der ersten Band auch einiges geschafft, auch wenn es manchmal nicht den Anschein hatte. Nun gingen die Planungen für ein neues Drum los. Geld war ja immer noch keins da, also mussten wir uns dazu wieder etwas Neues einfallen lassen.

Bei uns in der Schule hatten wir Schüler, die das Mauern lernten. Unter anderem mauerten sie mit Kalk-Sandsteinen, was mich auf die Idee brachte, diese doch als Füße für unser Drum zu benutzen. Die Steine hatten viele runde Löcher, genau in der Größe eines Besenstiels. Also die Stiele passend geschnitten, dem Vater zwei Putzeimer geklaut, und fertig waren die neuen Trommeln für Didi. Als Becken benutzten wir wieder die Deckel der Blechtonnen. Immerhin standen die Trommeln jetzt etwas schräg, was dem Drum gleich ein ganz neues Bild gab. Didi war jedenfalls zufrieden, und ich auch, denn das neue Drum klang etwas dumpfer als das alte. Meine Eltern hatten sich auf dem Schulgelände einen kleinen Garten angelegt, wo mein Vater auch seine Kanarienvögel hatte. Ich wusste zwar, dass ich das neue Drum dort nicht lange vor meinen Eltern verstecken konnte, tat es aber trotzdem. Zumindest war es erst mal für denselben Tag aus der Schusslinie. Wie es natürlich kommen musste, hatte mein Vater noch am selben Tag das Drum entdeckt und dokumentierte es mit folgenden Worten: „Jetzt geht die Scheiße wieder los."

Dennoch erlaubten mir meine Eltern, dass wir uns in einer großen Garage auf dem Schulgelände unserem Traum hingeben konnten. Jetzt war die Zeit gekommen, es mit dem neuen Bandnamen „The Star Boys" zu versuchen. Komischerweise hatte jeder von uns ein T-Shirt, wo Sterne drauf zu sehen waren, so dass wir auch das passende Outfit für unsere Band hatten. War wohl anscheinend gerade groß in Mode.

Wie zu vermuten ist, quälte ich mich immer noch mit meinen zwei Akkorden herum. Allerdings wollten wir ja auch nicht da weitermachen, wo wir aufgehört hatten. Also musste Verstärkung her. Ich hatte dann Michael angesprochen, mit dem ich ja den Kurzzeitunterricht gemacht hatte, ob er bei uns einsteigen möchte. Natürlich sagte er zu, was uns sehr freute. Immerhin hatten wir uns unseren neuen Übungsraum etwas hergerichtet. Dazu hatten wir Schuhkartons mit Stoff bezogen, so dass wir zumindest optisch das Gefühl hatten, riesige Verstärker hinter uns zu haben. Bei der ersten Übungsstunde riss Michael gleich das Ruder an sich. Er forderte gleich eine Gage von zwei Deutschen Mark pro Übungseinheit, was wir ihm auch gleich zahlten. Da wir ja selbst kaum Geld hatten, ging uns das natürlich gewaltig gegen den

Strich. Und war er nun etwas Besonderes? Nein, natürlich nicht!

Schnell bemerkten wir, dass zwischen uns die Chemie nicht stimmte, wahrscheinlich auch, weil wir uns nichts sagen lassen wollten. Wir ließen ihn dann auch ziehen, wobei wir genau wussten, dass er die Schule wechselt und wir ihn eh aus den Augen verlieren würden. Irgendwie vermuteten wir, dass der neue Bandname uns kein Glück brachte. Also beschlossen wir mal wieder kurzerhand, unseren Bandnamen zu ändern. Da wir ja, bis auf Didi, Bay City Rollers Fans waren, stand für uns fest, wir nennen uns „The Bay Coanter Story Band", was auch immer das heißen mag. Ich hatte den Namen sogar mit einem Kugelschreiber auf meine Jeansjacke geschrieben.

Mit Didi zusammen habe ich mich dann hingesetzt, Texte zu schreiben. Allerdings in Deutsch, da unsere Kenntnisse in Englisch zu dieser Zeit nicht ausreichend waren. Wir haben versucht, die Texte ins Englische zu übersetzen, indem wir die „Bravo" zur Hilfe nahmen. Dort fanden wir die Übersetzungen bekannter Songs vom Englischen ins Deutsche. Also gingen wir Wort für Wort durch, um die entsprechende Vokabel für das gesuchte Wort zu finden. Das brachte uns aber auch nicht wirklich weiter und wir gaben es auf, unsere Texte ins Englische zu übersetzen.

Eines Tages war mein Cousin bei uns zu Besuch, von dem ich wusste, dass er eine höhere Schule besuchte. Also ging ich davon aus, dass er Englisch kann. Prima, mit ihm hatte ich einen wahren Übersetzer gefunden. Wahrscheinlich wusste er auch, dass es sinnlos war, aber er übersetzte uns unseren ersten selbstgeschriebenen Song. Claudius fand für „In Birmingham" auch gleich eine gute Melodie, und wir spielten die vier endlos langen Strophen durch. Der Song hatte zwar keinen Chorus, aber für uns nahm es langsam Formen an. Mit Didi zusammen hatte ich bereits vier Songs geschrieben, allerdings ohne Übersetzung. Aber um Claudius machte ich mir mal wieder Sorgen. Seine Bereitschaft zum Üben ließ immer mehr nach. Mit Didi zusammen hatte ich ihn bereits aus meinem Kinderzimmerfenster beobachtet, wie er mit anderen auf dem gegenüberliegenden Grundstück einen Bolzplatz herrichtete. Wollte er jetzt Fußballer werden?
Zwischendurch hatten wir zwar immer mal die Rollers imitiert, aber anscheinend machte ihm das auch keinen Spaß mehr. Es kam, wie es kommen musste, Claudius zog sich aus dem „Showgeschäft" zurück.

Mittlerweile waren wir am Ende des vierten Schuljahres angekommen und die Ferien, sowie der erneute Klassenwechsel standen an. Didi hatte sich in den Ferien für ein paar Tage zu Besuch bei uns angekündigt. Meine Eltern hatten sich in dem Stadtteil, in dem wir einst wohnten, ein kleines Wochenendhaus gebaut, wo wir unsere Ferien verbrachten. Es war schönes Wetter und von meinem Onkel hatten wir ein Zelt bekommen, was wir auch zusammen mit ihm aufbauten. Didi und ich haben dann auch einige Tage darin übernachtet. Abends haben wir bei Taschenlampenbeleuchtung irgendwelche Lieder gesungen. Doch eines Morgens kam uns die Idee, vielleicht mal ein Konzert zu geben. Immerhin hatte Didi ja bereits bei „Silly Boy" sein Gesangsdebüt gegeben. Aber für mich war Claudius der Sänger, auch wenn er nicht mehr bei uns war. Didi sollte sich auf das Trommeln konzentrieren. Pausenlos haben wir versucht, Claudius zu erreichen. Wahrscheinlich war er bei dem schönen Wetter auf seinem eigens kreierten Bolzplatz. Irgendwann schafften wir es aber, ihn an die Strippe zu bekommen. Claudius hatte überhaupt kein Interesse mehr an uns, geschweige denn an unserer Musik. Vielleicht sah er darin auch nichts Positives mehr. Ich weiß es nicht!

Also hatten wir keine andere Wahl, als das Ding alleine durchzuziehen. Didi hatte hier die Hauptlast, indem er Drum spielen und dazu singen musste. Ich konnte ja bereits meine zwei Akkorde im Schlaf hin und her spielen.

Wir sind dann zusammen mit der Straßenbahn zu mir nach Hause gefahren, um meine Gitarre zu holen. Da die Haltestelle unmittelbar bei uns vor der Schule war, sahen wir natürlich Claudius mit seinen neuen Kumpels auf dem Bolzplatz. Uns wurde dann auch klar, dass er durch die neuen Freunde auch neue Interessen gefunden hat.

Zurück in Richtung „Showbühne", mussten wir noch das Problem Drum lösen. Hier hatten wir natürlich Erfahrung und besorgten uns einfach zwei Putzeimer. Diese sollten für unser spontan geplantes Konzert reichen. Ich hatte mein Plektrum zu Hause vergessen, aber Gott sei Dank hatte mein Onkel die Idee, mir ein Plektrum aus einer alten Waschmittelflasche zu schneiden. Didi bekam Drumsticks aus einem Holunderbusch, wie immer umwickelt mit Klebeband. Kurzes Üben und ein Zusammenstellen unserer Songs, fertig! Jetzt mussten wir nur noch genug Publikum einladen, und die „Show" konnte beginnen.

Wir gingen durch die Nachbarschaft und luden Leute ein, die wir so gut wie nicht kannten. Egal, irgendwie mussten wir ja unsere kleine Ecke, die uns mein Onkel zur Verfügung stellte, voll bekommen. Jedenfalls kamen einige Kinder aus der Straße, Nachbarn, meine Tante sowie meine Eltern. Wir nahmen fünfzig Pfennig Eintritt, so dass wir später ganz stolz auf unsere erste Gage waren. Wie viel es war, kann ich heute nicht mehr sagen. Didi trommelte wieder wie ein Tier und sang um sein Leben. Ich allerdings musste feststellen, dass es gar nicht so einfach war, etwas vor Publikum vorzutragen. Allerdings wusste ich zu diesem Zeitpunkt auch nicht, dass mich das mein ganzes Leben lang begleiten wird. Uns hat man jedenfalls gefeiert und wir haben, wie ich denke, das sehr gut gemeistert.

Didi hat sich zwei Tage darauf auch verabschiedet, was mir wehtat, weil er mir ja auch irgendwie ans Herz gewachsen war. Dass sich mit dem Klassenwechsel im fünften Schuljahr einiges verändern würde, war mir klar, dass hier aber vorerst meine musikalische Laufbahn endet, daran hatte ich nicht gedacht.

Die kommenden zwei Jahre hatten nichts mehr mit Musik zu tun. Mit Didi und Claudius hatte ich auch weiterhin Kontakt. Beide waren mittlerweile einem Handballverein beigetreten und sie ermunterten mich dazu, dort mitzumachen. Natürlich hat es Spaß gemacht, trotzdem war es etwas anderes als die Musik. Eigentlich habe ich auch beim Handball eine recht gute Leistung gebracht. Aber bei unseren Punktspielen merkte ich wieder, vor Zuschauern zu spielen, das war etwas anderes als Training. Dieses Gefühl kannte ich ja bereits von unserem Auftritt. Eigentlich war es mir recht unangenehm.

Aber sollte es das mit der Musik gewesen sein. Da war doch immer noch ein Traum, den ich hatte. In meiner Klasse gab es noch einen Gunther. In den Klassen fünf und sechs war er mir irgendwie gar nicht aufgefallen. Nach der sechsten Klasse stand ja nun mal wieder ein Klassenwechsel an. Wie schon in der Vergangenheit ein leidiges Thema. Dort kamen andere Schüler von der Realschule oder dem Gymnasium zurück. Die siebte Klasse wurde dadurch zu groß, also hat man sie in die Klassen 7a und 7b aufgeteilt. Mit Gunther zusammen bildete sich in der 7b eine kleine Gruppe von Jungs, auch mit welchen von den anderen Schulen. Gunther kannte ich ja bereits vom Handball, aber durch die anderen Jungs wurde der Kontakt mit ihm auch intensiver.

Ich, der immer noch die Bay City Rollers mochte, traf bei Gunther musikalisch auf eine ganz andere Welt. Er hörte überwiegend Rockmusik, meistens „Status Quo". Da ich mich bei Gunther mit den Rollers lächerlich machte, begann für mich das Experiment Rockmusik! Als kleines Statussymbol verbrannten wir auf Gunthers Kompost meine einzige Rollers-Single „Saturday Night".

Gunther hatte ich von meinen zwei bereits gehabten Bands erzählt, was er natürlich ins Lächerliche zog. Wie sich aber im Laufe der Zeit herausstellte, war er auch nicht abgeneigt, irgendein Instrument in einer Band zu spielen. Dass sein Herz an der E-Gitarre hing, blieb mir nicht lange verborgen. Das brachte uns auf den Plan, zusammen eine Band zu gründen. Allerdings hatte Gunther weder eine Gitarre, noch konnte er spielen. Aber egal, ich hatte wieder einen Verbündeten, mit dem ich meinen Traum weiter verfolgen konnte.

Mit Didi und Claudius hatte ich zwischenzeitlich keinen privaten Kontakt mehr, nur noch ein kurzes „Hallo" auf dem Schulhof. Sie waren zwar beide in meiner Klasse, aber auch sie hatten sich neue Freunde mit anderen

Interessen gesucht. Auch beim Handball hatte sich einer nach dem anderen zurückgezogen. Aber immerhin hatte ich noch die Ehre, mit einem späteren bekannten Schiedsrichtergespann in dieser Zeit in einer Mannschaft gespielt zu haben. Leider sind die beiden vor einigen Jahren bei einem Autounfall tödlich verunglückt!

Zusammen mit Gunther fieberte ich mal wieder Weihnachten entgegen, wobei es gerade mal Herbstanfang war. Mit meiner Wandergitarre kam ich in der Rockmusik natürlich nicht weiter. Bei meinen Eltern äußerte ich natürlich den Wunsch, zu Weihnachten eine E-Gitarre geschenkt zu bekommen. Was mögen meine Eltern wohl nach den zwei Jahren Musikabstinenz gedacht haben. Bestimmt, jetzt geht das wieder los! Kurzerhand bekam ich auch Antwort auf meinen Wunsch, dessen Erfüllung allerdings mit einer Bedingung verknüpft war. Ich bekam die E-Gitarre und einen Verstärker nur, wenn ich auch an einem Gitarrenunterricht teilnehme. Das musste ich meinen Eltern versprechen, was ich natürlich auch gerne tat. Prima, es ging wieder bergauf!

Die Entstehung der zweiten Band

Zusammen mit Gunther hatte ich große Pläne gemacht. Einen gewissen Theo von unserer Schule kannten wir bereits. Er hatte zwar immer eine große Klappe, aber irgendwie war er ja auch ganz okay. Auch er hatte mal davon gesprochen, gerne Schlagzeug zu spielen. Wie es sich sicherlich vermuten lässt, hatte auch er weder ein Drum, noch konnte er spielen. Also musste irgendwie Geld her, damit wir uns wenigstens ein kleines Drum leisten konnten. Wir hatten uns überlegt, durch den Stadtteil zu ziehen und die Bewohner zu fragen, ob sie vielleicht Hilfe im Garten brauchten. Immerhin war gerade Herbst und wir gingen davon aus, dadurch ein paar Mark verdienen zu können. Nur leider hatte keiner Interesse an uns und an dem, was wir angeboten hatten. So kamen wir nicht weiter, immerhin hatte Gunthers Vater aus dem Schweinestall einen Hobbyraum gemacht, der perfekt für unser gemeinsames Vorhaben war.

Gunther hatte einen Tick, er baute immer aus alten Radios oder gar aus alten Musikboxen die Lautsprecher aus. Er nahm alles, was er bekommen konnte. Dass es uns allerdings mal zum Vorteil werden würde, hatte ich nicht gedacht. Denn gute Boxen oder einen vernünftigen Verstärker konnten wir uns ja eh nicht leisten. Ich hatte auch einen anderen Cousin von mir angesprochen, der sich gut mit Elektronik auskannte. Er tüftelte an allem herum, was unter Strom stand. Aus alten Elektronikbauteilen wollte er uns einen Verstärker bauen, ich glaubte nun, meinem Ziel wieder etwas näherzukommen. Leider warte ich bis heute immer noch auf den Verstärker.

Mit Gunther zusammen hatte ich bereits eine riesige Box aus alten Lautsprechern gebaut, die bei uns zum Einsatz kommen sollte. Nur was war mit Theo? Kein Drum, kein Üben, keine Band! Ach ja, und Gunther hatte ja auch noch keine Gitarre und spielen konnte er natürlich auch noch nicht. Na ja, mal ehrlich, ich saß ja auch noch auf meinen zwei gelernte Akkorden. Weihnachten nahte endlich, wobei ich schon mitbekommen hatte, dass mein Vater von einem Bekannten eine E-Gitarre mit Verstärker für mich gekauft hatte. Ich konnte es kaum erwarten, sie endlich in die Hand nehmen zu können. Mann, was musste das für ein Gefühl sein.

Es war endlich soweit, meine Hände waren nass geschwitzt und ich war unheimlich nervös. Mein Herz pochte und ich sah mich schon als Gitarrist einer großen Band. An diesem Abend drehte sich natürlich alles um meine Gitarre.

Aber eins holte mich gleich wieder auf den Boden der Tatsachen zurück. Die Gitarre klang auch nicht anders als meine Wandergitarre. Mit meinen zwei Akkorden fühlte ich mich wieder, wie in meiner ersten Band. Trotzdem ging ich frohen Mutes mit der Situation um, weil ja auch mit der Gitarre der Unterricht kam, was mich sicherlich weiterbringen würde.

Gunther hatte viel Geld zu Weihnachten bekommen und kaufte sich gleich nach den Feiertagen eine gebrauchte Fender Stratocaster. Dachten wir zumindest! Da wir ja eh keine Ahnung hatten, konnte man uns natürlich auch leicht übers Ohr hauen. Das einzige was original war, war der Hals. Das bekamen wir aber auch erst später heraus. Ansonsten war sie recht ramponiert, was uns auf den Plan brachte, sie doch einfach zu zerlegen und neu zu lackieren, was wir dann auch taten. Die Gitarre ist nach dem Lackieren nie wieder im Einsatz gewesen!

Jedenfalls konnte ich Gunther dennoch dazu überreden, mit mir den Gitarrenunterricht anzutreten. In einem Musikgeschäft hatten wir uns dazu angemeldet. Gunther hatte ich meine alte Wandergitarre aufgedrückt. Ich hingegen schlappte mit der E-Gitarre dorthin. Der Lehrer sagte gleich beim ersten Mal, dass er so etwas in seiner ganzen Laufbahn noch nicht erlebt hat, dass jemand mit der E-Gitarre in den Unterricht kommt. Einen Verstärker hatte man mir auch nicht zu Verfügung gestellt. Egal, was soll es, man hat zwar so gut wie nichts gehört, aber das sollte sich ja auch bald ändern. Zumindest außerhalb des Unterrichtes.

Zuhause hatte ich mir ja bereits, wie von Gunther abgeguckt, eine Box aus alten Radiolautsprechern gebaut. Diese konnte ich noch zusätzlich an meinen Verstärker anschließen. Endlich wusste ich, wo die „Großen" ihren Sound her hatten. Mann, war das verzerrt! Die Radiolautsprecher hatten damals bedeutend weniger Watt als mein Verstärker, was wohl der Grund für diesen geilen Sound war. Dass man den Sound auch anders hinbekommt, wusste ich da noch nicht. Zusammen mit Gunther war ich fleißig am Üben. Im Unterricht habe ich einiges gelernt, wobei ich dann auch feststellen musste, dass Gunther eigentlich gar kein Talent zum Gitarre spielen hatte. Für ihn war es mühselig, die einzelnen Akkorde zu greifen. Auch die ganze Haltung der Gitarre sah etwas seltsam aus, was mich vermuten ließ, mit Gunther wird es wohl auf Dauer auch nichts.

Eines Tages hatte sich ein Freund von meinem Bruder angekündigt, der wohl mitbekommen hatte, dass ich auch eine E-Gitarre habe. Er spielte derzeit in eine sehr bekannten regionalen Band, die wohl auch schon bei einem Talentwettbewerb mitgemacht hatte. Ich kann mich noch genau daran erinnern als er kam, weil er sich gleich auf meine Gitarre stürzte und diese gleich als Hobel bezeichnete. Ich war stolz darauf und er beleidigte gleich meine Gitarre. Was war das denn für ein Arsch? Meine Meinung über ihn änderte sich aber nach kurzer Zeit. Eigentlich war er ja gar nicht so verkehrt. Er hat immer sehr hektisch und schnell gesprochen, und natürlich sehr viel. Mir hatte er einiges gezeigt, unter anderem auch, dass man zum Verzerren ein Zusatzgerät benutzt und nicht die Lautsprecher bis zum Anschlag quält. Gunther war auch gekommen, er wollte sich das Spektakel nicht entgehen lassen. Mein Vater war wohl von dem Krach so angenehm überrascht, er musste erst mal in mein Zimmer schauen, ob ich im Unterricht so viel gelernt hatte. Nein, Volker war es, der gespielt hat, er hatte alles gegeben. Mann, das war die Welt, in die ich aufsteigen wollte.

Mein Vater fragte dann Gunther, ich zitiere: „Und Gunther, du lernst auch Gitarre?" Gunther antwortete: „Was? Ja, was heißt das da, was er spielt hier, oder was? Ja, Unterricht, ja, ja da lernen wir ja nur Scheiße, Junge!"
Oh Mann, was sollte das nur mit Gunther geben. Und beim Gitarre spielen war er ja auch nicht gerade eine Leuchte! Vielmehr hat mir nun die Spielweise von Volker gefallen. Aber mit Volker Musik zu machen, erschien mir sehr weit weg, so dass ich mit Gunther noch mal den Versuch unternahm, Musik zu machen.

In der näheren Umgebung von Gunther hatten wir mal jemanden Schlagzeug spielen gehört. So machten wir uns auf den Weg, um herauszubekommen, wer das war. Wir klingelten einfach, hatten ja nichts zu verlieren. Uns öffnete jemand in unserem Alter. Christian, lange zerzauste Haare, Wollpullover, wohl ein echter ÖKO! Egal, noch an der Haustür erzählten wir von unserem Vorhaben. Zu ihm kam immer wieder mal ein Freund, mit dem er lediglich mal eine Session machte. Er war ebenfalls auf der Suche nach einer richtigen Band. Also waren wir wie füreinander geschaffen und beschlossen ab da, gemeinsame Wege zu gehen.

In den kommenden Tagen trugen wir sein Drum zu Gunther in den Hobbyraum. Mein Bruder, der bereits einen Führerschein hatte, brachte meinen Verstärker und auch meine Gitarre dorthin. Christian war recht gut an seinem Drum und ich hatte ja auch bereits einiges im Unterricht und von Volker gelernt. Das machte doch Mut für eine gute Zusammenarbeit. Allerdings musste ich sehr schnell feststellen, dass unser Zusammenspiel überhaupt nicht zusammen passte. Jeder spielte irgendwie für sich, was weder Sinn machte, noch war es das, was ich wollte. Diese Besetzung war von Anfang an zum Scheitern verurteilt.

Christians Drum stand noch einige Wochen im Hobbyraum, so dass ich Theo wieder aktivierte, um einmal auszutesten, wie er sich am Drum macht. Letztendlich kam nichts dabei heraus, außer dass wir uns alle mal richtig an Christians Drum austobten. Also hatte sich auch das gemeinsame Vorhaben mit Gunther und Theo erledigt.

Aber irgendwie ließ mich der Gedanke nicht los, mich doch an Volkers Fersen zu hängen. Von ihm konnte ich doch noch einiges lernen. Dass er sich bereits von seiner Band getrennt hatte, wusste ich bis zu diesem Zeitpunkt noch nicht. Der Rest der Musiker wollte jetzt Tanzmusik machen, weil sich damit mehr Geld verdienen ließe. Hier ging es wohl nicht um den Spaß an der Musik, sondern anscheinend nur um die Kohle. Mein Bruder hatte Volker durch unseren Cousin, den angeblichen Verstärkerbauer, kennengelernt. Sie hatten immer zusammen abgehangen, wie das unter Freunden so üblich ist. Dass Volker aber meinen Bruder dazu überredet hatte, sich ein Schlagzeug zu kaufen, erfuhr ich als kleiner Bruder erst eine ganze Zeit später. Mir kam es schon recht seltsam vor, weil mein Bruder mir doch eigentlich recht unmusikalisch vorkam. Trotzdem hatte er sich das Drum gekauft und es erst mal bei Volkers Eltern im Keller versteckt. Hier hatten sie wohl schon ein paar Probeläufe gemacht. Anscheinend hatte er mit großem Widerstand meiner Eltern gerechnet, dass er diesen Weg ging. Aber meine Eltern hatten nichts dagegen, dass er sein Drum mit nach Hause brachte und er sich dort ebenfalls musikalisch entfalten konnte.

In der siebten Klasse war auch Alim vom Gymnasium zurückgekommen, der ebenfalls zu unserer Clique gehörte. Er war Jugoslawe und kam eigentlich aus einem recht ärmlichen Elternhaus. Ich hatte mitbekommen, dass auch er Gitarre spielt. Kurz nachdem ich mit ihm zu dem Thema ins Gespräch gekommen war, lud ich ihn für den nächsten Tag nach der Schule zu uns nach Hause ein. Ich fragte meine Mutter an diesem Tag, ob sie etwas gegen Ausländer hat, was sie mir mit einem Nein beantwortete.

Alim hatte, wie jeden Tag, seine schwarze lange Kunstlederjacke an. Unter dieser versteckte er eine Flasche „Gülden Geister" Perlwein, die er gleich mit mir leeren wollte. Mein Vater, der in seinem Büro saß, hatte ihn natürlich vorbeigehen sehen. Da ihm etwas recht komisch vorkam, rief er ihn natürlich zurück und fragte ihn, was er dort unter seiner Jacke hat und wo er hin wolle. Dass er zu mir wollte, das war ja okay, aber die Flasche Wein musste er unten lassen und konnte sie anschließend wieder mit nach Hause nehmen. Bei meinen Eltern hatte er jedenfalls erst mal verschissen.

Gunther war an diesem Tag auch zu mir gekommen, irgendwie haben wir ja auch in der Schule immer zusammengehangen. Alim nahm also das erste Mal eine E-Gitarre in die Hand. Gunther hatte sich mal wieder köstlich amüsiert, als Alim mit „Smoke on the Water" anfing. Er hatte das auf nur einer Saite gespielt. Ich konnte Gunther nicht verstehen, weil er es ja eigentlich selbst nicht konnte. Anscheinend hatte sich Alim damit wohl etwas warm spielen wollen, wie mir schien. Denn danach folgte ein Beatles Song, den er sich wohl selbst beigebracht hatte, und sogar noch mit Gesang. Er spielte noch nicht so lange wie ich, war aber anscheinend schon ein bisschen weiter. Er schien mir recht ehrgeizig zu sein, was ich aus seinen Erzählungen her ableitete.

Nun kam Alim und ich auch mit Volker und meinem Bruder zwecks einer Bandgründung ins Gespräch. Hier machte es schon den Anschein, dass Volker wohl gleich das Ruder in die Hand nehmen wolle. Das hatte ich ja schon mal, was mir ja überhaupt nicht gefiel. Wollte er jetzt vielleicht auch noch Gage von uns haben, oder warum wollte er das mit uns Anfängern durchziehen. Volker war sehr dominant, war anscheinend süchtig danach, den Chef heraushängen zu lassen. Aber was konnte uns besseres geschehen. Er hatte bereits viele Erfahrungen sammeln können, was uns natürlich auch von Vorteil sein konnte. Also sind wir den Deal mit ihm eingegangen.

„A new Band is born"

Da wir jetzt aber drei Gitarristen waren, hatten wir ein kleines Problem. Wir brauchten einen Bass! Volker konnten wir das nicht aufdrücken, er war zu wertvoll an der Gitarre, und ich konnte mich mit diesem Gedanken überhaupt nicht anfreunden. Also musste Alim in den sauren Apfel beißen und sich einen Bass besorgen, wenn er mitmachen wollte. Da wir ja eigentlich alle irgendwie klamm waren, was das Geld betraf, konnten wir Alim in dieser Hinsicht auch nicht unterstützen. Wo wollten wir nun einen Bass herbekommen, den wir so dringend brauchten. Zu unserem Glück hatte Volkers Vater das mitbekommen und er stellte uns erst mal eine Bassbox und einen alten Fender Bass zu Verfügung. Er selbst war professioneller Musiker, spielte aber überwiegend Saxophon. Das war ja alles schön und gut, aber wir brauchten weiteres Equipment. Gerade mit dem Gesang wollte ich nicht wieder so anfangen wie einst mit Claudius.

Wir hatten uns nun erst mal zu einer gemeinsamen Übungsstunde verabredet. Mein Vater hatte uns erlaubt, in einem weit von der Straße abgelegenen Klassenraum unser bereits vorhandenes Equipment aufzubauen. Also brachten wir zuerst mal das Drum von meinem Bruder, was ja bereits in unserem Hobbyraum stand, in den Klassenraum. Dort hatten wir die Stühle und Tische beiseite geräumt, damit wir uns hier nun so richtig entfalten konnten. Von oben aus meinem Zimmer holten wir meinen kleinen Verstärker, meine E-Gitarre sowie meine selbstgebaute Box. Volker kam natürlich etwas später als vereinbart und wir halfen ihm natürlich beim Ausladen. Auch er hatte bereits seinen Führerschein gemacht und fuhr einen Opel Kadett Coupe. Und er brachte einiges mit, angefangen bei einer riesigen Gitarrenbox, einem separaten Verstärker, die Bassbox sowie den Bass für Alim, seine Gitarre, eingepackt in einem Koffer, sowie einige Tretmienen, damit meine ich Zusatzgeräte für den Sound. Oh Mann, das war ja schon einiges. Im Auto hinter dem Sitz hatte er auch noch sein Mikro sowie den passenden Ständer dafür. Allerdings hatten wir ja auch noch nichts, wo wir das hätten anschließen können. Volker sagte, dass er Zuhause noch einen alten 360 Watt Röhrenverstärker stehen hat, den man auch später mal für die Gesangsanlage nehmen kann. Allerdings hatten wir aber noch keine Boxen dafür, was uns aber in diesem Moment recht egal war, weil gerade Alim und ich unserer ersten gemeinsamen Übungsstunde entgegenfieberten. Volker hatte sich rechts neben dem Drum positioniert, Alim und ich auf der linken Seite. Oh Mann, ich war ganz schön aufgeregt. Alim hingegen hatte sich zwar auch auf diesen Moment gefreut, schien mir aber recht ruhig zu sein. Immerhin hatte er zum ersten Mal einen Bass in der Hand. Ich war schon recht erstaunt darüber, dass er genau wusste, wie man ihn spielt. Er hatte gleich zu Beginn einfach mal so losgelegt. Ach ja, loslegen, was wollten wir eigentlich spielen? Volker, der wie immer das Zepter in der Hand hielt, schlug vor, doch einen Song aus alten Zeiten zu spielen. Klar, für ihn war das ja auch einfach, er konnte ihn ja schon. Allerdings hatte ich nicht daran gedacht, dass er uns das alles zeigen muss. Angefangen beim Drum, über den Part, den Alim zu spielen hatte, bis hin zu meinem Part, den ich durch meinen bereits erfolgten Unterricht gut meisterte. Trotzdem war es sehr holprig und doch auch sehr durcheinander. Hier angelangt, wusste ich, dass jetzt erst die richtige Arbeit beginnt. Ich wollte mir das auch nicht nehmen lassen, mit Volker Musik zu machen. Hier war ich doch meinem Traum wieder etwas näher gekommen, auch wenn Volker sehr dominant war. Selbst die anderen tanzten alle nach seiner Pfeife, was mir aber egal war. Mir ging es nur darum, weiterzukommen, immerhin wollte ich ja ein ganz Großer werden.

Wir hatten nun den ersten Song rauf und runter gespielt und unsere erste gemeinsame Übungsstunde war auch recht schnell vorbei. Allerdings mussten wir das ganze Equipment aus dem Klassenzimmer wieder wegräumen, weil da am Montag ja auch wieder Unterricht war. Mein Vater hatte uns einen Platz zugewiesen, wo wir unsere Sachen hinstellen konnten. Also mussten wir alles wieder in Richtung Hobbyraum zurücktragen. Diesmal musste auch Volker mit Hand anlegen.

Aus der Klasse heraus ging es einen ca. 30 Meter langen Gang entlang, um ein paar Ecken herum, bis wir letztendlich am Hobbyraum angelangt waren. Das war zwar etwas mühselig, aber wir alle waren sehr froh darüber, dass uns unser Vater das erlaubte.

Mit Alim hatte ich bereits abgesprochen, uns an einem Punkt zu treffen, um unseren Schulweg ab da jeden Tag gemeinsam zu gehen. Es gab ja viel zu besprechen, vor allem lästerten wir über Volker. In der Schule bereits in der achten Klasse angekommen, bekam natürlich auch Gunther etwas von unserer Band mit. Er hatte sich natürlich gleich für die kommende Übungsstunde angekündigt, was mir eigentlich gar nicht gefiel. Wollte er mal wieder gleich alles ins Lächerliche ziehen, so wie er das vorher immer gemacht hat?

Alim und ich freuten uns natürlich auf das kommende Wochenende. Mein Bruder war ebenfalls wie Volker schon in der Lehre und sie mussten beide bis Spätnachmittags arbeiten. Alim und ich hatten ja bereits freitags um 13:10 Uhr Schulschluss. In der Berufsschule ging der Unterricht bis 15:00 Uhr, so dass wir gleich, nachdem auch die Lehrer weg waren, damit beginnen konnten, im Klassenzimmer wieder unser Equipment aufzubauen. Bis die anderen zwei kamen, hatten wir bereits alles nach hinten geschafft und sie mussten nur noch ihre Sachen richtig hinstellen. Natürlich fehlten uns immer noch unsere Gesangsboxen. Volker hatte den 360 Watt Verstärker mitgebracht, der ehemals von einer Schulsprechanlage stammte. Mein Bruder und Volker hatten sich bereits darauf verständigt, Boxen zu bauen. Lautsprecher hatte mein Bruder bereits gekauft. Also sind wir alle vier in einen Baumarkt gefahren, der gleich bei uns um die Ecke war. Ich hatte mich schon gewundert wie groß die Platten im Zuschnitt waren. Das sollten wohl riesige Boxen werden. Volker wusste, dass es aus Metall Boxen-Ecken gab, die wir auch dort kauften. Dann noch ein paar Dosen schwarz matte Farbe, und nun brauchten wir das nur noch zusammenschrauben und ein Loch für den Lautsprecher aussägen. Klingt einfach, was es aber nicht! Ende der 70er-Jahre kannte noch niemand einen Akku-Schrauber, wir mussten alle Schrauben mit der Hand eindrehen. Also hatte sich das Üben schon mal erledigt, weil wir den Rest des Abends mit dem Boxen bauen beschäftigt waren. Samstag haben wir dann die Boxen noch gestrichen, allerdings mussten sie ja auch richtig trocknen. Somit konnten wir sie an diesem Wochenende noch nicht benutzen. Trotzdem hatte es uns nicht davon abgehalten, am Samstag zumindest den ersten Song noch mal anzuspielen. Aber nach wie vor hörte es sich immer noch sehr holprig an.

Gunther hatte sich auch nicht blicken lassen, war ja eigentlich auch gut so. Montags in der Schule sagte er uns, er hätte etwas Besseres vorgehabt. Na ja, eigentlich war ich ja auch gar nicht böse drum, dass er nicht gekommen war. So hätte er wahrscheinlich genug Nährstoff gehabt, um alles wieder ins Lächerliche ziehen zu können.

Das kommende Wochenende begann genau wie das vorherige. Alim und ich trugen unser Equipment wieder in die Klasse und stellten alles wieder so hin, wie wir es die Woche zuvor getan hatten. Mein Bruder und Volker waren natürlich mal wieder begeistert, dass alles fertig war. An unseren Gesangsboxen musste Volker erst noch die Kabel anlöten und die Klinken-Buchse einbauen. Die Boxen-Ecken mussten auch noch montiert und die Lautsprecherkabel gelötet werden. Also war der Freitag auch vorbei. Somit konnten wir erst am Samstag den großen Boxen-Test starten. Wir haben uns dann nachmittags getroffen und die neue Gesangsanlage aufgebaut. Volkers Mikro war recht verbeult. Wer weiß, was das schon alles mitgemacht hatte. Die Boxen hatten wir seitlich vor uns gestellt, damit wir alle einigermaßen etwas vom Gesang hören konnten. Ich war schon beeindruckt, als ich ans Mikro durfte und Volker den Lautstärkeregler langsam hochdrehte. Da kam schon ganz gut was raus. Volker, der wie immer alles im Griff hatte, schlug nun vor, einen neuen Song aus dem Programm seiner alten Band einzuspielen. Er hatte eine kleine Mappe mit Texten sowie mit den dazu gehörigen Akkorden mit. Den Song, den er ausgewählt hatte, soll wohl ein Klassiker seiner alten Band gewesen sein. Die Akkorde waren mir bekannt, so dass wir den Song auch recht schnell einspielen konnten. Natürlich war es immer noch nicht das Gelbe vom Ei, aber immerhin nahm es mit dem Gesang von Volker langsam Formen an. Logischerweise ging auch dieses Wochenende recht schnell vorbei, und wir mussten wieder eine Woche warten, bis wir rocken konnten.

Mit Alim hatte ich mich jetzt auch öfters nachmittags verabredet. Sein Vater arbeitete, nur seine Mutter war immer zu Hause. Sie war behindert und konnte nicht arbeiten. Allerdings hatte sie auch fast immer etwas gegen das, was Alim machte. Genauso war es mit der Musik. Er hatte zwar seine Akustik Gitarre, auf der er die Beatles Songs spielte, durfte das aber auch nur, wenn seine Mutter gut gelaunt war. Manchmal waren wir drin, aber im Sommer haben wir auch öfters bei ihm vor der Haustür gesessen und lauthals die Beatles Songs gesungen.

Alim war mittlerweile auch soweit, dass er sich einen eigenen Bass kaufen wollte. Das Geld dafür soll er von seiner großen Schwester bekommen haben, die in Frankfurt lebte. In seiner näheren Umgebung verkaufte jemand einen Beatles Bass. Er als großer Fan der Beatles war daran natürlich sehr interessiert. Das kommende Wochenende brachte er ihn zum Ausprobieren zur Übungsstunde mit. Volker sah sich den Bass natürlich gleich genauer an, er hatte ja auch die meiste Erfahrung. Technisch schien er in Ordnung zu sein, allerdings hatte Volker eine sehr empfindliche Nase, so dass er Alim gleich anmachte, was er denn mit dem Bass gemacht hätte. Der stank nämlich unheimlich nach Fisch! Ich weiß nicht, ob es daran lag, jedenfalls hat Alim ihn nicht gekauft.

Mittlerweile waren wir im Jahr 1979 angekommen und nach den Sommerferien begann nun unser letztes Schuljahr. Wir hatten bis dahin einige Stücke gemacht. In den Ferien hatte uns unser Vater erlaubt, den Klassenraum die ganzen sechs Wochen benutzen zu dürfen. So war dieses lästige hin und her tragen der Boxen erst mal vom Tisch, da Alim und ich das ja sowie meistens alleine gemacht hatten, zumindest beim Aufbauen. Aber immerhin waren wir bis dahin so schlau geworden, uns einen Hubwagen für den Transport durch den langen Gang zu nehmen, den wir in der Berufsschule hatten.

Alim hatte sich bereits auch einen neuen Bass in einem Musikgeschäft gekauft, worauf ich eigentlich neidisch war. Ich hatte ja immer noch meine erste E-Gitarre und den kleinen Kofferverstärker mit zehn Watt. Während der Ferien wollte nun Volker sich auch eine neue Gitarre zulegen und die alte verkaufen. Meinem Bruder hatte er das so schmackhaft gemacht, dass er Volkers Gitarre für mich kaufte. Nun waren wir zumindest bei den Gitarren technisch auf einem ganz guten Stand. Auch das Drum von meinem Bruder war recht gut. Was mir nun noch fehlte, war eine vernünftige Gitarrenbox. Also bin ich zusammen mit meinem Bruder wieder in den Baumarkt gefahren, um Holzplatten zu holen. Daraus bauten wir eine gigantische Box für mich. Zwei Lautsprecher hatte er auch noch gekauft, Farbe dran, Boxen-Ecken dran und fertig war das Monstrum. Geil!

Auch Alim hatte dann nachgezogen und sich einen Verstärker mit Box gekauft. Nun waren wir für das kommende Wochenende gerüstet und luden natürlich gleich zur ersten Übungsraum-Party ein. So hatte Gunther zugesagt, ein gewisser Harry, sowie mein guter Freund Manou, mit dem ich noch viele Jahre befreundet war. Auch er hatte noch seinen musikalischen Auftritt, dazu komme ich später noch. Wir hatten Bier geholt und die Jungs brachten auch noch einiges mit. Also hoch die Tassen, was so einigen von uns gar nicht bekam. Volker und mein Bruder waren ja etwas älter und vertrugen das schon etwas besser als wir. Alim konnte den Alkohol überhaupt nicht vertragen, er flippte regelrecht aus. Gunther und Harry hatten sich natürlich mächtig über unsere Musik amüsiert, Alim schrie sie nach jedem gespielten Song an: Applaus, Applaus! Gunther zuckte jedes Mal zusammen, grinste und spendete den geforderten Applaus. Harry hatte gewaltigen Respekt vor Alim, so dass auch er Applaus gab. Mann, hatten wir getankt! War das das Rock'n'Roller-Leben? Dieses Übungswochenende hatte sich dann auch erledigt. Keiner bekam noch irgendetwas auf die Reihe. Aber so „volltrunken" hat man auch ein wenig die Hemmungen verloren, wie ich feststellen musste. Wir haben dann auf alten Liegen-Auflagen im Übungsraum geschlafen.

Nachdem wir am Sonntag dann halbwegs ausgenüchtert waren, haben wir uns für das kommende Wochenende wieder verabredet. Nun sollte es etwas gesitteter zugehen. Freitag haben wir erst mal unsere Songs durchgespielt, wobei hier auch schon wieder der Alkohol floss. Das war aber immer noch im Rahmen und wir konnten eine gute Übungseinheit verbuchen. Für den Samstag hatten sich bereits Manou und unser Cousin, der angebliche Verstärkerbauer, angemeldet. Natürlich wurde wieder genug Bier gekauft und unsere nächste Party konnte gefeiert werden. Unser Cousin kannte Volker ja musikalisch schon von seiner alten Band, so dass er bei uns auf eine ganz andere Truppe traf. Mittlerweile klang es zwar schon ganz gut, war allerdings noch lange nicht perfekt. Unser Cousin hatte sich unser Programm angehört und nebenbei ein Bierchen getrunken. Er wollte auch gleich das Management für uns übernehmen, wofür wir aber noch nicht bereit waren. Also zwitscherte er auch kurz danach wieder ab. Manou hatte auch einen gesegneten Bierdurst. Alle hatten wir mal wieder richtig zugelangt und unser Biervorrat ging dem Ende zu. Volker und mein Bruder hatten beschlossen, dass Alim und ich zur Tankstelle laufen sollten, um noch ein paar 6er-Träger Bier zu holen. Immerhin würden sie das bezahlen, so ihre Begründung. Da Volker ja immer sehr aufbrausend und bestimmend war, Alim sich in dem Zustand schon mal gar nichts mehr sagen lassen wollte, fingen die beiden an, sich zu prügeln. Mein Bruder hatte dann auch noch eine große Klappe, so dass wir uns dann auch noch im Vorraum des Übungsraumes an die Kehle gingen. Und Manou? Manou saß in der Ecke und heulte!

Oh Mann, wie weit waren wir gesunken! Volker hatte Alim beruhigt und ich meinen Bruder. Wie sollte das nur weitergehen, immerhin fing ich gerade an, meinen Traum zu leben, auch wenn ich ihn mir so nicht vorgestellt hatte. Irgendwie haben wir uns wieder aufgerappelt und weiter Musik gemacht, auch wenn dabei nichts Gescheites mehr herauskam.

Das folgende Wochenende sollte wieder ganz normal laufen. Üben, üben, üben! Der Freitag war eigentlich recht gut, wir hatten uns ausgesprochen und die Übungsstunden sollten in Zukunft auch wieder der Musik gewidmet werden. Alim, der abends fast immer nach Hause musste, kam am Samstag mit einem Super8 Filmprojektor und einigen Filmrollen zum Üben. Er hatte das Zeug bei seinen Eltern im Schlafzimmerschrank gefunden. Sein Schwager muss das da wohl vor einigen Wochen deponiert haben. Nach kurzem Üben beschloss man, doch den Projektor mal anzuschließen. Alim wusste ja, was sich auf den Filmrollen befindet. Also haben wir erst mal eine Menge knallharter Pornos angeschaut. Das danach keiner mehr Lust zum Üben hatte, ist ja wohl klar. Groupies hatten wir noch keine, also haben wir das alle bis auf Alim so hingenommen. Er ist erst mal, na ja, das ist eine andere Geschichte!

Jedenfalls war dieses Wochenende auch gelaufen. Für die kommenden Übungseinheiten hatte ich mir mehr Einsatz erwünscht. Allerdings hatte Volker ein Mädchen kennengelernt und er begann seine Freizeit jetzt anders zu gestalten. Er war auch nicht mehr so verrückt, Musik zu machen. An den letzten

Ferienwochenenden lief auch nichts Richtiges mehr. Vielleicht hatten wir es übertrieben und brauchten erst mal eine Pause, die wir dann auch machten. Wahrscheinlich hatten wir in den letzten Wochen zu viel miteinander unternommen. Aber wer weiß, für was das gut war. Letztendlich war ja auch einiges passiert, was wir ja nicht wegzaubern konnten.

Alim sah ich ja dann nach den Ferien wieder in der Schule und Gunther schwänzelte auch um uns herum. Für meinen Bruder sowie für Volker kam langsam die Zeit, beim Militär zu dienen. Sie hatten sich beide für vier Jahre verpflichtet, was unser Vorhaben natürlich auch weiter beeinträchtigte, zumindest für die ersten Monate, wo sie in der Grundausbildung waren. Dachte ich zumindest! Aber irgendwie war bei den beiden die Luft raus. Volker war jedes Wochenende, wenn er da war, mit seiner Elfe zusammen, und mein Bruder hatte beim Militär auch neue Freunde gefunden, mit denen er sich am Wochenende traf. Also wurde aus meinem Traum wieder ein Albtraum!

Mittlerweile waren wir in der Schule im letzten Halbjahr angekommen. Gunther hatte mitbekommen, dass in einer nächst gelegenen Stadt die Band UFO ein Konzert gibt. Er hatte eine LP von ihnen, die er des Öfteren auflegte, wenn ich bei ihm war. Also beschlossen wir, auf dieses Konzert zu gehen. Mein Bruder hat uns dann dorthin gefahren und natürlich auch wieder abgeholt.

Als ich mit Gunther in die große Konzerthalle kam, fing mein Herz ganz schnell an zu pochen. Riesige Verstärkerwände, Drum Podest, rechts und links von der Bühne meterhohe Boxen. Mann, das war doch meine Welt. Das war der Traum, den ich immer vor mir sah. Wie gerne hätte ich jetzt da oben gestanden.

Wir positionierten uns rechts vor der Bühne und fieberten dem Moment entgegen, wo die Band endlich anfängt. Wie aufgeregt war ich, endlich mal eine Band live zu sehen und zu hören. Es war so weit, mit mächtigem Applaus wurde die Band auf der Bühne begrüßt. Mann, muss das ein Gefühl sein! Da Gunther und ich eigentlich genau vor den Boxen standen, flogen uns fast die Ohren weg, als UFO mit ihren ersten Song begannen. Wir fingen etwas zögerlich an, Luftgitarre zu spielen. Die anderen um uns herum machten das auch. Aber als der Song „Doctor Doctor" kam, hatten auch wir unsere Hemmungen verloren. Gunther gab immer noch bei der Haltung der Gitarre ein komisches Bild ab, na ja, sah eher verkrampft aus. Wir sind dermaßen ausgeflippt, als dann auch noch der Song „Light´s out" kam. Wie oft hatten wir gerade diese beiden Songs von der LP gehört. Es war, als wenn wir die Größten wären. So hatte ich mich auch noch nicht gekannt, auch nicht, als ich noch die Bay City Rollers imitierte. Leider ging das Konzert zu schnell zu Ende. Aber das war es doch, was ich eigentlich wollte. Musik machen und eines Tages auch auf solch einer großen Bühne stehen.

Da ja bei uns im Moment gar nichts mehr lief, beschloss ich, noch einmal mein Glück mit Gunther zu versuchen. Ich hatte mich ein paar Tage später mit ihm verabredet. Bei mir Zuhause nahm er gleich meine Gitarre in die Hand und spielte einfach drauflos. Na ja, ein bisschen was war ja auch bei ihm hängengeblieben. Ich hörte da etwas heraus, was ich gleich nachspielte. Ich sagte, Gunther, sing doch mal was dazu. Er sang dann „If got no to say, if got no to play, Baby when I say, I love you today". Hey, wir hatten einen Song zusammen gemacht. Wir beschlossen dann natürlich auch gleich eine Band zu gründen und diese „Agnes" zu nennen.

Der Sohn eines Kollegen meines Vaters kam zufällig bei uns vorbei. Ihm hatten wir das natürlich vorgespielt. Er war so begeistert, dass er uns gleich engagiert hat. Er wollte eine riesige Party geben, dort sollten wir auftreten. Allerdings hatten diese vier Zeilen sowie die drei dazu gehörigen Akkorde keine Zukunft, wie man sich vorstellen kann. Mit Gunther hatte ich das ja schon einmal versucht. Also alles wieder nur ein Traum!

Kurz danach meldete sich Volker wieder. Er habe einen Song geschrieben und ob wir nicht Lust hätten, diesen mal zu spielen. Man könnte doch einfach mal ein kleines Drum Set sowie einen Verstärker hinstellen, halt ohne großen Aufwand. Ich trommelte die Jungs zusammen und wir trafen uns zu unserer ersten gemeinsamen Übungsstunde nach einigen Monaten. Sollte es jetzt und hier mit der Band weitergehen?

Volker brachte seine Elfe zur Übungsstunde mit. In kurzer Zeit zeigte er uns, was wir zu spielen haben. Er liebte es ja, dominant zu sein, so konnte er sich vor seiner neuen Freundin zeigen. Er betonte noch, dass er den Text zusammen mit seiner Elfe geschrieben hat, was uns sehr verwunderte, weil er recht gut war. Also dudelten wir den Song rauf und runter. Anschließend hatten wir uns darauf verständigt, wieder regelmäßig zu üben, als Volker mit der Wahrheit über den angeblich geschriebenen Song herauskam. Er war von den Puhdys! Anscheinend hatte Volker das alles nur zum Vorwand genommen, um uns alle wieder an einen Tisch zu bekommen. Irgendwie hatte ja auch wieder jeder richtig Bock. Wir nahmen ihm das alle nicht übel, vor allem ich nicht. Denn für mich ging mein Traum weiter oder fing gerade wieder an, je nachdem, wie man es nimmt. Also hieß es am kommenden Wochenende wieder für Alim und mich Boxen schleppen.

Die erste Übungsstunde war jedenfalls mal wieder sehr holprig. Aber alle waren recht gut drauf und es hat richtig Spaß gemacht, wieder in die Saiten zu hauen. Und irgendwie gab es auch nichts zu saufen. Hatten wir alle aus der Vergangenheit gelernt?
Die kommenden Übungsstunden gingen sehr gesittet zu. Zielstrebig arbeiteten wir an unserem Programm weiter. Es kamen zwar immer wieder mal Gäste zu uns, die einfach mal hören wollten, was wir so machen. Auch Manou, der mit dem gehörigen Bierdurst, stand gelegentlich auf der Matte. Hatte auch er Gefallen an der Musik gefunden? Anscheinend, denn er fragte uns, ob er auch mal den Song „Lebenszeit" von den Puhdys singen darf. Da wir ja experimentierfreudig waren, drückten wir ihm das Mikro in die Hand. Und siehe da,

ich war beeindruckt, was er doch für eine tolle Stimme hatte. Und da kamen Manou, Alim und ich auf die Idee, doch bei unserer Schulabschlussfeier aufzutreten. Equipment hatten wir ja, also brauchten wir nur noch die passenden Songs auszusuchen, die Manou singen konnte. Unter anderem hatten wir „Der Nippel" von Mike Krüger und „Lebenszeit" von den Puhdys sowie zwei andere Stücke herausgesucht. Wir hatten das unserem Klassenlehrer vorgeschlagen, der uns mit Begeisterung zusagte. Das hatte er gerade von uns nicht erwartet. Na ja, wir waren ja in der Schule auch immer zusammen und hatten ja auch einiges ausgeheckt. Also hieß es jetzt verstärkt mit Manou üben.

Zwischenzeitlich hatte mir mein Rektor aufgetragen, ein Referat im Unterricht zu halten. Ich hatte gefragt, ob wir das auch zu zweit machen können. Für ihn war es kein Problem, ihm ging es lediglich um das freie Reden. Jetzt hatte ich aber wieder ein Problem. Bei meinem ersten Auftritt, sowie auch beim Handball, hatte ich ja bereits gemerkt, dass es für mich nicht einfach ist, etwas vor Menschen vorzutragen. Also brauchte ich dafür Unterstützung. Alim hatte sein Referat über die Beatles schon gehalten, er fiel raus. Da

Gunther sein Referat auch noch nicht gehalten hatte, fragte ich ihn, ob wir das zusammen machen wollen. Er war von der Idee sofort begeistert. Nun mussten wir uns nur noch ein Thema aussuchen. Da wir ja beide an Musik interessiert waren, entschlossen wir uns, gemeinsam das Thema Gitarren zu nehmen. Allerdings wollte ich auch gerne was vortragen, wofür ich aber Alim brauchte, weil Gunther das nicht hinbekam. Auch er sagte mir zu, mich dort zu unterstützen, was der Rektor auch erlaubte. Auch wenn mir das Vortragen unangenehm war, diese Hürde musste ich jetzt nehmen.

Ich hatte mich dann mit Gunther nachmittags verabredet. Wir haben in meinem Zimmer auf der Erde gelegen und versucht, unser Referat vorzubereiten. Gunther machte sich mal wieder über alles Mögliche lustig, so dass wir eigentlich gar nicht zu dem kamen, wofür wir uns getroffen hatten. So ging das über mehrere Tage, aber irgendwie haben wir es doch geschafft, etwas auszuarbeiten. Die Referate fanden in unserer Klasse immer samstags statt, den besonders ich, mit gemischten Gefühlen entgegenfieberte. Aber was soll es, da musste ich halt durch, immerhin hatte ich ja noch jemanden an meiner Seite.

Ich hatte meinen Bruder gefragt, ob er mich am Samstagmorgen mit dem ganzen Equipment in die Schule fährt. Natürlich tat er das. Also beluden wir sein Auto bis unters Dach mit Boxen, Verstärkern und Gitarren, dass ich selbst kaum noch Platz in seinem Auto hatte. Dass ich in dieser Nacht schlecht geschlafen habe, kann man sich sicherlich vorstellen. Morgens konnte ich nicht einmal etwas essen, so nervös war ich. Mein Gott, das einzige, was mir passieren konnte, war, das ich eine schlechte Note bekam. Also warum machte ich mich eigentlich so verrückt?

Mit Alim hatte ich mich super vorbereitet, wir waren ja auch ein eingespieltes Team, zumindest musikalisch. Aber mit Gunther hatte ich ein wenig Bedenken, hatte er seinen Part wirklich drauf?

Wir sind dann zeitig losgefahren, immerhin mussten wir ja auch einiges im Klassenraum aufbauen, unter andrem auch das Mikro, das Alim auf mysteriöse Weise besorgt hatte. In der Schule angekommen, hatten wir natürlich gleich einige Kinder um uns herum, die fragten, was das alles ist. Ich habe nur gesagt, das werdet ihr schon hören! Unser Rektor schlug die Hände über dem Kopf zusammen, als wir die ersten Boxen rein getragen hatten. Oh Mann, was mag der wohl gedacht haben.

Wir haben dann erst mal ein paar Tische beiseite geräumt, darin hatten Alim und ich ja Übung. Für Gunther war alles mal wieder nur Belustigung. Er hatte zwar beim Tragen geholfen, das war es aber auch schon. Ich war sehr darauf gespannt, ob er beim Referat auch noch so drauf ist. Es dauerte auch nicht mehr lange, bis zum ersten Mal die Schulklingel ertönte. Für mich hieß das, in fünf Minuten beginnt der Unterricht und somit mein Referat. Gunther wurde nun auch ganz ruhig, anscheinend war auch er mittlerweile etwas angespannt. Wir nahmen jetzt alle unsere Plätze in der Klasse ein. Es dauerte auch nicht lange, bis der Rektor zum Unterricht kam. Nun wurde es ernst, das erste Referat meines Lebens. Der Rektor bat Gunther und mich nach vorne, um unser Thema vorzustellen. Da es ja hauptsächlich mein Referat war, musste ich auch mit dem Reden beginnen. Meine Stimme war zittrig, mein Kopf war rot und der Angstschweiß stand mir auf der Stirn! Wie sollte ich das nur schaffen?

Ich musste ja zumindest meinen Part erst einmal vortragen, bis ich Gunther das Ruder in die Hand geben konnte. Aus dieser Perspektive hatte ich den Klassenraum auch nur sehr selten gesehen. Also begann ich stotternd die verschiedenen Themen vorzustellen. Ich wusste gar nicht wo ich hinschauen sollte, weil sich einige Schüler über das, was ich erzählte, lustig machten. Allerdings waren es die Schüler, die noch nicht hier vorne gestanden und ihre Referate gehalten hatten. Mir fiel aber auch auf, dass mich ein Mädchen sehr genau beobachtete, was mir wieder die Schamröte ins Gesicht trieb und meine Stimme stottern ließ. Eigentlich hatte ich mich ja bis dahin halbwegs gefangen. Trotzdem, meine Hände waren klatschnass und selbst der Rektor konnte sich das Grinsen nicht verkneifen. Mittlerweile erzählte ich von den verschiedenen Gitarren und ihren Besaitungen und ich wusste, dass ich langsam an dem Punkt ankam, wo ich Gunther das Ruder in die Hand geben konnte.

Geschafft! Nun hatte Gunther seinen Part vorzutragen. Mir fiel eine riesige Last von den Schultern, auch wenn der musikalische Part ja noch offen war. Aber immerhin durfte ich mich jetzt setzen und Gunthers Ausführungen anhören. Meine Hände trockneten schnell und auch mein Gesicht bekam wieder eine normale und gesunde Farbe.

Während Gunther sein Referat hielt, fiel mir auf, dass er dabei mehr den Rektor ansah, als in Richtung der Klasse zu schauen. Anscheinend war es ihm auch etwas unangenehm, dort vorne zu stehen. Trotzdem lieferte er ganz gut ab, was ich doch recht erstaunlich fand. Sicher hatte er sich zu Hause noch zusätzlich vorbereitet. Allerdings hatte er auch nur einen kleinen Part, der große war ja bereits an mir hängengeblieben.

Alim war ganz heiß drauf, endlich in die Saiten hauen zu können. Allerdings lag noch eine Pause dazwischen, die mir gerade recht kam, um noch einmal Luft holen zu können, bevor es für mich in die zweite Runde ging. Alim hatte sich vorgenommen zu singen, worüber ich eigentlich recht froh war, da ich mir erhoffte, dass er damit erst mal die Blicke der Klassenkameraden auf sich zieht.

Es war soweit, meine Hände begannen wieder feucht zu werden und mein Herz schlug wieder bis zum Anschlag. Alim nahm gleich das Zepter in die Hand und begann mit Ausführungen, die wir anscheinend vergessen hatten. Für ihn war es kein Problem, sich hinzustellen und zu reden. Irgendwie war ich auch froh, dass er sich damit in den Vordergrund setzte. So zog er erst mal die Blicke auf sich, was mir wieder sehr gelegen kam. Wir hatten einen Beatles Song vorbereitet und einen eigenen, den Volker mitgebracht hatte. Der Song von Volker war instrumental. In diesem spielte ich sogar den Solo Part, während Alim die Rhythmus Gitarre spielte. Noch während wir den ersten Song spielten, merkte ich, dass hinter uns die Klassentür aufging und die Kinder der Klasse von nebenan hereinschauten. Anscheinend hielt sie nichts mehr auf den Stühlen. Auch die Lehrerin wagte es, durch die Tür zu schauen. Wahrscheinlich hatte sie gedacht, dass die Jungs aus der neunten wieder etwas ausgefressen haben. Aber als sie den Rektor sah, entspannte sich ihr Gesichtsausdruck auch wieder ganz schnell. Nachdem wir auch den Beatles Song gespielt hatten, mussten wir feststellen, dass die ganze Schule vor unserem Klassenzimmer stand. Alle wollten wissen, was da los war. Und freiwilligen Applaus haben wir auch noch bekommen, ohne das Alim etwas sagen musste. Mann, da haben wir ganz schön gerockt!

Mein Bruder kam zur verabredeten Zeit, um uns abzuholen, während wir uns noch ein wenig von den Schülern unserer Schule feiern ließen. Mit Alim feierte ich unseren ersten kleinen gemeinsamen Erfolg. Das Referat war ab da zur Nebensache geworden, ebenso wie die Benotung dafür. Viel wichtiger war es für mich, diese wichtige Hürde genommen zu haben. Auch in den nächsten Tagen bekamen wir sehr viel Zuspruch von Schülern, aber auch von den Lehrern, die uns immer mehr dazu ermutigten, auf unserer Schulabschlussparty aufzutreten, was wir ja ohnehin vorhatten. Nun begann die heiße Phase, in der wir uns bemühen mussten, Manous Gesanges-Künste weiter auszubauen. Also ging es mit der Euphorie des letzten Auftritts an das kommende Projekt Schulabschlussparty.

Es waren nur noch wenige Wochen bis zu unserem neuen Lebensabschnitt. Den alten wollten wir mit Pauken und Trompeten beenden und ebenso den neuen beginnen. Die vier Stücke hatten wir ja bereits zusammen mit Manou ausgewählt. Also nahmen wir uns freitags die Zeit, um mit Manou zu üben. Da Volker und mein Bruder ja immer erst gegen Abend zum Üben kamen, hatten wir nachmittags genügend Zeit dazu, Manou fit zu machen. Erstaunlicherweise konnte er die Texte schnell auswendig. Anscheinend hatte ihn unsere letzte Vorstellung in unserer Schule auch motiviert. So ging die Vorbereitung der Songs auch recht schnell. Wir waren ja einerseits auch froh, dass wir im „Bunten Programm" Musik machen durften. Viel schlimmer hätte es uns getroffen, wenn wir etwas hätten machen sollen, wozu wir keine Lust hatten. Schließlich sollte ja jeder etwas dazu beitragen, egal in welcher Form.

Die Feier sollte in unserer Sporthalle stattfinden. Hier hatten wir das Glück, das sich in der Sporthalle eine Bühne befand. Für uns war sie wie geschaffen. Das erste Mal auf einer Bühne stehen! Die Sporthalle kannte ich ja unter anderem auch vom Handballtraining. Auch der hiesige Karnevalsverein hielt dort immer seine Sitzungen ab. Also wurde es Zeit, dass dort mal richtig gerockt wurde. Zusammen mit Klassenkameraden, Lehrern und dem Hausmeister haben wir dann Tische und Stühle für unsere Gäste in die Sporthalle geschleppt und alles perfekt hingestellt. Die Schulabschlussfeier war an einem Donnerstagabend, so konnte uns mein Bruder noch die ganze Anlage und alles was wir brauchten am frühen Abend dorthin fahren. Da wir gleich zu Beginn zwei Songs spielen sollten, konnten wir unsere Anlage auch gleich entsprechend positionieren und für den kommenden Tag stehenlassen. Denn da sollten wir das Ganze noch einmal vor den Schülern der ganzen Schule vorgetragen.

Wir hatten einen Mitschüler von uns gefragt, ob er sich um die Technik kümmern würde. Er wollte Radio– und Fernsehtechniker lernen und war auf dem Gebiet auch schon ganz fit, was er uns bereits bei unserer Klassenabschlussfahrt bewies. Viel gab es ja für ihn nicht zu tun, aber immerhin hatten wir jemanden, der sich mit der Technik auskannte. Wir hatten alles soweit vorbereitet, dass wir nun zum Soundcheck die Bühne betraten. Es war schon ein komisches Gefühl zu wissen, dass dort unten in ein paar Stunden ca. 150 Leute sitzen und uns zuhören und vor allem zusehen werden. Einerseits hatte ich mich darauf gefreut, aber andererseits war es eine neue Hürde, die ich nehmen musste. Wir hatten beim Soundcheck gerade angefangen zu spielen, da unterbrach unser Lehrer auch gleich das Geschehen. Leiser, leiser rief er! Mann oh Mann, Manou hatte noch nicht einmal angefangen zu singen. Also drehten wir alle an unseren Instrumenten etwas leiser, natürlich auch unser Klassenkamerad an der Gesangsanlage. Soundcheck, die zweite, und wieder rief er leiser, leiser. Oh Mann, was sollte das nur geben, eine riesige Halle und da waren unsere 10 Watt Verstärker noch zu laut? Schließlich konnten wir uns mit unserem Lehrer auf eine vernünftige Lautstärke einigen. So, nun hieß es warten.

Nach und nach kamen die ersten Gäste, die mit uns unseren neuen Lebensabschnitt feiern wollten. Meine Eltern hatten sich ziemlich weit nach hinten gesetzt. Sie wussten schon, was sie hier gleich erwartet. Im Saal wurden die Lichter so langsam gedimmt und der Vorhang auf der Bühne war zugezogen. So konnten wir unbemerkt durch den Seiteneingang auf die Bühne schleichen, ohne dass uns jemand gesehen hatte. Schließlich sollte ja ein „Wow Effekt" entstehen, wenn sich der Vorhang öffnet. Und der ist entstanden! Alim hatte sich eine dunkle Sonnenbrille aufgezogen und als sich der Vorhang der Bühne öffnete, kam erst mal Gelächter auf. Alim schien das zu gefallen, dass sich fast alle über ihn amüsierten. Na ja, und ich musste ja auch grinsen. Also fingen wir auch gleich mit unserem ersten Song an. Aber irgendwie waren wir alle drei doch recht locker, Manou gab sein Bestes und ich war erstaunt, dass er zwischen unseren zwei Songs auch noch den Mut hatte, unser Publikum zu begrüßen. Wow! Leider gingen die ersten beiden Songs sehr schnell vorbei und wir durften nach einigen Darbietungen unserer Klassenkameraden noch einmal auf die Bühne. Zwischenzeitlich schwänzelte Gunther auch wieder um uns herum und zog mal wieder auf seine Art alles durch den Dreck. Allerdings hatte er mitbekommen, dass auch unser Rektor einen Vortrag halten wollte, was uns natürlich nicht passte. Wir hatten nämlich vor einigen Wochen in unserem Kochkurs Bier getrunken und da wollte er drauf hinaus. Klar, wenn wir so dämlich sind und uns erwischen lassen, sind wir auch selber schuld. Es war in der großen Mittagspause. Irgendjemand fragte, ob wir uns nicht Bier holen wollen. Also schlichen wir uns vom Schulgelände in Richtung Kiosk. Dort holten wir zwei Sechser-Träger Bier und noch für jeden eine halbe Liter Flasche. Die kleinen Flaschen aus den Sechser-Trägern leerten wir bereits auf dem Spielplatz gegenüber unserer Schule. Zum Pausenende hatte jeder seine Flasche Bier unter der Jacke versteckt. Oben in der Klasse saßen wir natürlich genau am anderen Ende der Tafel. Also war unsere Lehrerin weit weg, so dass wir das Bier noch gemütlich zischen konnten, bevor es zum Kochen ging. Die Flaschen waren bereits geöffnet und standen an den Tischbeinen. Plötzlich riss jemand die Klassentür auf und stürzte zielstrebig auf uns zu. Es war unser Rektor, anscheinend hatte uns jemand dabei beobachtet, wie wir das Bier gekauft haben und hat dann umgehend bei ihm angerufen. Komischerweise ging er gleich zu Alim, nahm dessen Flasche, die neben dem Tischbein stand, und schüttete sie ihm über den Kopf. Das Alim in dem Moment nach den paar Bierchen vom Spielplatz nicht total ausgerastet ist, verwundert mich heute noch. Eigentlich war er es, wenn er was getrunken hatte, der sich nicht unter Kontrolle hatte. Aber anscheinend hat er gewusst, was auf dem Spiel steht, wenn er jetzt den Rektor zerlegt. Immerhin wollte er ja schon mal unserem „Cheesy", ich meine Rudolf, den Kopf abreißen, und da war er nüchtern! Gott sei Dank hat er sich zusammengerissen, wer weiß, was sonst passiert wäre. Jedenfalls hat jeder von uns einen blauen Brief bekommen. Mit uns meine ich Alim, Manou, Gunther und ich.

Alims Vater hatte den Brief bekommen, konnte ihn aber nicht lesen. Alim musste ihm die Post immer übersetzen. Also hat er ihm erzählt, dass es eine Einladung für den Elternabend sei, wo seine Eltern eh nicht hingingen. Sein Vater hat das so hingenommen. Allerdings bat sein Vater einen Bekannten, das noch einmal zu übersetzen. Nun kam die ganze Wahrheit ans Licht und als Alim nach Hause kam, wollte sein Vater mit einem Messer auf ihn los.

Gunther und Manou konnten die Post zuhause abfangen, so dass ihre Eltern davon nichts mitbekamen. Ich hingegen hatte diese Möglichkeit nicht! Also war dicke Luft angesagt, als ich nach Hause kam. Mein Vater konfrontierte mich mit dem Schreiben, indem er sagte, dass er eine gute und eine schlechte Nachricht für mich hätte, welche ich denn zuerst hören wolle. Ich sagte die schlechte. Er warf mir den Brief zum Lesen herüber und fragte, was ich dazu zu sagen hätte. Ich hatte ihm erzählt, was passiert war, in der guten Hoffnung, nicht gleich eine gescheuert zu bekommen. Er warf mir dann einen zweiten Brief herüber und sagte, hier ist die gute Nachricht. Es war mein Lehrvertrag. Also hielten sich die gute und die schlechte Nachricht die Waage und ich hatte nicht mit weiteren Konsequenzen zu rechnen.

Na jedenfalls begann unser Rektor auf der Abschlussfeier, sein Gedicht vorzutragen. Immer wieder kam der Reim: „Was wollten die vier, die vier wollten Bier". Heute finde ich es ja lustig, aber damals wollten wir ihn verprügeln, wenn er unsere Namen nennt. Allerdings brauchte er die auch nicht zu nennen, es wusste ja ohnehin sowieso jeder, wer gemeint war.

Nach der kleinen Aufregung mussten wir uns aber wieder auf unseren zweiten Auftritt konzentrieren. Bei der zweiten Runde ließ Alim auch die dunkle Brille weg. Die zwei Songs gingen so schnell vorbei und somit auch der langersehnte Abend. Wir wollten gerade nach Hause gehen, als uns unsere Musiklehrerin ansprach. Sie war doch sehr verwundert darüber, dass wir musikalisch gar nicht so schlecht waren. Im Unterricht hatten wir ja nur Faxen gemacht. Auf irgendwelchen Pauken zu trommeln, das machte uns natürlich keinen Spaß. Unsere Lehrerin fügte dann noch hinzu, dass sie, wenn sie gewusst hätte, wie musikalisch wir waren, jedem eine eins in Musik gegeben hätte. Na ja, hätte uns das was gebracht?

Das ganze Programm spielten wir am kommenden Tag noch einmal für die Schüler unserer Schule. Uns allen ging der Abschied von der Schule und unseren Klassenkameraden sehr nahe. Aber immerhin haben wir an diesen zwei Tagen viel Applaus bekommen, was uns für unseren weiteren musikalischen Lebensweg neuen Mut gab. Nein, Alim hatte damit nichts zu tun, es war ehrlicher APPLAUS!

Ich persönlich hatte in den letzten Monaten viele Erfahrungen gesammelt. Doch eins bemerkte ich besonders: Für mich war es leichter, vor großem Publikum zu stehen, als vor ein paar handverlesenen Leuten!

Kapitel 2

Für uns alle begann nun ein neuer Lebensabschnitt. Alim begann eine Lehre als LKW-Mechaniker, Manou als Karosseriebauer, Gunther als Industriemechaniker und ich als Gas- und Wasser Installateur. Zuvor war ich aber noch mit meinen Eltern und meinem guten Kumpel Manou zusammen in Spanien im Urlaub. Meine Eltern hatten es ihm erlaubt, mitzufahren. Ich war sehr froh darüber, wer will schon in diesem Alter allein mit seinen Eltern in den Urlaub fahren. Oh Mann, wie hat das in unserer Bude ausgesehen. Dem Zimmermädchen haben wir immer ein paar Peseten gegeben, damit sie unser Zimmer aufräumt. Hier konnten wir ausgelassen feiern und wir plauderten über die Zeit in der Schule. War ja noch nicht lange her, aber vermisst haben wir den einen oder anderen schon. Schließlich haben wir ja Tag für Tag zusammengehangen.

Nachdem wir uns in Spanien ein wenig eingelebt hatten, lernten wir ein junges Pärchen aus Frankfurt kennen. Carmen und Mike, sehr nette Leute, die ein paar Jahre älter waren als wir. Mit ihnen sind wir dann immer losgezogen und haben die Discos unsicher gemacht. In den spanischen Urlaubsgebieten kam man dort auch als Jugendlicher in die Clubs. Die haben das in dieser Zeit nicht so eng gesehen. Jedenfalls haben wir mit den beiden viel unternommen und auch gelacht, was uns gut tat, weil wir ja auch noch nicht so richtig wussten, was in den nächsten Wochen auf uns zukommt. Wir genossen jede Minute der Zeit in Spanien, die Sonne, das Baden im Meer sowie das spanische Essen.

Ach ja, der vorletzte Tag sollte Manou auch in Erinnerung bleiben. Beim Mittagessen ist ihm sein Glas aus der Hand gerutscht, auf den Tellerrand geknallt und in gefühlte eine Million Stücke zerbrochen. Oh Mann, war ihm das peinlich! Das hat vielleicht geknallt. Ich konnte mir das Lachen nicht verkneifen und meine Eltern auch irgendwie nicht. Die Kellner waren natürlich sofort zur Stelle und haben die kleine Misere bereinigt. Und neues Essen haben sie uns auch gebracht. Gut, dass ich mit dem anderen fast fertig war! So gab es noch eine extra Portion.

Nach dem Mittagessen kam mein Vater auf die Idee, doch mal das Hotel zu besuchen, wo wir eigentlich hinwollten, aber keine Plätze mehr bekommen hatten. Schließlich war es unser letzter Abend. Also beschlossen wir, gemeinsam, am frühen Abend dorthin zulaufen. Es waren schon ein paar Kilometer, alleine der

Hinweg war schon sehr lustig. Dass der Heimweg noch lustiger werden würde, das wussten wir bis da noch nicht.

Wie die meisten in unserem Alter, hatten wir natürlich eine große Klappe. Mein Vater wollte uns am letzten Abend ein paar Bacardi-Cola ausgeben, was wir natürlich gleich als Herausforderung ansahen. Hatten wir doch wahrhaftig gedacht, wir würden mehr vertragen als mein Vater. Viel haben wir nicht gebraucht, oh Mann, die hatten ganz schöne Mischungen gemacht. Ein bisschen was konnten wir ja bereits auch vertragen, aber das war dann für uns doch zu viel. Also mussten wir frühzeitig den Heimweg antreten. Meine Mutter stützte mich und meine Oma, die auch mit war, stützte Manou. Junge, Junge, der Heimweg war verdammt lang. Und lustig wurde es auch noch, als ich ins ausgetrocknete Flussbett stürzte, wo uns eine Abkürzung hinführte. Meine Mutter konnte mich mit Hilfe meines Vaters wieder auf die Beine stellen und so stolperten wir nun weiter zurück in unser Hotel. Am nächsten Morgen zeitig erwacht, verabschiedeten wir uns mit dickem Schädel von unseren neuen Freunden, was mir sehr wehtat. Unsere Telefonnummern hatten wir zwar ausgetauscht, aber dennoch wusste ich nicht, ob wir uns je wiedersehen würden. Für uns hieß es nun Koffer packen und uns seelisch und moralisch auf die lange Heimfahrt mit dem Bus vorzubereiten. Nun ging auch mein vorerst letzter Urlaub dem Ende zu. Leicht unter Tränen verabschiedete ich mich von der Sonne und dem Meer, was ich für viele Jahre erst mal nicht mehr sehen würde, abgesehen von der Sonne, die vielleicht bei uns mal scheint! Zumindest versüßten Manou und mir ein paar nette Mädels die Heimfahrt im Bus. War ja auch ein Trost!

Zuhause wieder angekommen, hatte ich noch eine Woche bis zum Antritt meiner Lehre. Irgendwie hatte ich mich darauf gefreut, auch wenn ich nicht wusste, was mich dort erwartet. Mein eigenes Geld zu verdienen, gab mir natürlich neue Möglichkeiten, meinen Traum weiter zu verfolgen.

Meine Eltern waren noch für eine Woche in ihrem kleinen Ferienhaus. Ich hatte alle noch mal motiviert, am Wochenende eine Übungsstunde einzulegen. Na ja, eher eine Schulabschlussparty mit Live Musik, denn am Montag begann ja für einige von uns der Ernst des Lebens. Diesmal haben wir alle zusammen aufgebaut, was recht zügig ging. Und die Bierchen durften natürlich auch nicht fehlen. Also waren die komplette Band, Manou,

Gunther und ein gewisser Harry mit von der Partie. Schon beim Spielen wurden wieder die Flaschen geleert, und das nicht wenig! Diesmal stand mal wieder nicht das Üben im Vordergrund, sondern nur wieder das Saufen. Also beschlossen wir, doch das Wohnzimmer meiner Eltern zu belagern. Hier konnten wir ausgelassen feiern und hatten auch genügend Sitzmöglichkeiten.

Es dauerte auch nicht lange, bis der erste „Hunger" schrie. Eier hatten wir genug im Haus, so dass sich Volker gleich in die Küche begab und für alle „Volkers Spezialeier" machte. Auch noch einige andere Vorräte wurden geplündert. Schließlich hatten alle nach den paar Bierchen riesigen Hunger bekommen. Alim begann sich schon beim Essen wieder ein wenig danebenzubenehmen. Der hat gefressen wie ein Schwein! Logisch, mit Alkohol im Blut benahm er sich wie ein Tier. Gunther und Harry schmiedeten derweil Pläne für die Zigarettenbesorgung und ich musste mir etwas einfallen lassen, wie ich den „Raubzug" durch unsere Küche meinen Eltern erklären sollte. Schließlich hatte ich das Ganze angezettelt. Nach dem Essen sind Gunther und Harry erst mal los, Zigaretten besorgen. Wohlgemerkt besorgen, nicht kaufen! Eigentlich weiß man ja, dass so etwas hundert Mal gut gehen kann, aber irgendwann kommt der Tag, wo es schiefgeht. Da sie mit den Zigarettenautomaten in der weiträumigen Umgebung schon Bekanntschaft gemacht hatten, wussten sie auch genau, welcher sich am besten um diese Tageszeit eignet. Doch diesmal kam alles anders. Es musste sie wohl jemand beobachtet haben und hat die Polizei gerufen. Sie flüchteten in verschiedene Richtungen und hatten natürlich nichts Besseres zu tun, als zu uns zu laufen. Wir hatten uns schon gewundert, dass die beiden so lange weg waren. Als Erster stand Harry vor der Tür und klingelte Sturm. Er kam ganz außer Atem die Treppe hoch, zitterte und berichtete uns von dem, was passiert war. Er wusste nicht, wo Gunther abgeblieben war. Plötzlich klingelte es wieder Sturm. Ich hatte schnell den Türdrücker betätigt, es konnte ja nur Gunther sein. Er kam ebenso zitternd und außer Atem die Treppe hochgeschossen. Er war über den Bauhof hinter der Schule gekommen. Dort hat ihn noch der Schäferhund der Baufirma über den Platz gejagt. Letztendlich ist er dann gerade noch so über den Zaun gekommen, wobei er sich seine teure Lederjacke zerrissen hat. Ich glaube, dass ich mindestens genau so aufgeregt war wie die beiden. Wenn nun auch noch die Polizei vor der Tür steht, wie sollte ich das meinen Eltern nur erklären!

Gott sei Dank ist das nicht eingetreten. Bier hatten wir zum Glück genug, so dass wir weiter mit unserem Programm fortfahren konnten. Allerdings hatten wir die Vorhänge zugezogen und leichtes Dämmerlicht angemacht, weil wir von außen nicht auffallen wollten. Was für ein Blödsinn!

Bei Alim war mittlerweile wieder mal der Punkt erreicht, wo er total ausflippte. Das fing bei Gläser werfen an und endete schließlich damit, dass er Harry am Kragen hatte und ihn wieder mächtig einschüchterte. Also heckte ich zusammen mit Volker und meinem Bruder folgenden Plan aus:

Wir wollten Alim in die eiskalte Badewanne setzen, damit er wieder einigermaßen klar im Hirn wird. Dazu hatte ich kaltes Wasser eingelassen und zusätzlich noch alles an Eiswürfeln aus dem Eisfach geholt. Glaubt mir, dagegen ist die heutige „Ice Bucket Challenge" ein Scheißdreck!

Wir haben ihn dann mit vier Mann gepackt, bis auf die Unterhose ausgezogen und ihn dann in das eiskalte Wasser gesetzt. Oh Mann, der war ganz schnell wieder klar im Kopf. Schließlich mussten wir ihn ja irgendwie bändigen, sonst wäre er vielleicht noch total ausgerastet. Dass wir ihn so schnell ruhig stellen konnten, hatte ich nicht gedacht. Also holten wir ihn wieder aus der Wanne und wickelten ihn in eine Decke. Brav ging er zitternd mit uns zurück ins Wohnzimmer und sagte kein Wort mehr. Na ja, der eine zitterte vor Kälte, die anderen noch vor Angst!

Doch Alim fing auf einmal so heftig an zu zittern, dass wir uns langsam Sorgen machten. Also packten wir ihn in das Bett von meinem Vater, um ihn wieder aufzuwärmen. Nach kurzer Zeit besserte sich sein Zustand und er fing an, seinen Rausch auszuschlafen. Ihn hatten wir zumindest ruhiggestellt. Auch die zwei „Zigarettenexperten" hatten sich mittlerweile wieder beruhigt, so dass wir nun versuchten, noch ein wenig weiter zu feiern, was uns aber nicht gelang, weil Alim bereits nach kurzer Zeit das Bett meines Vaters vollgekotzt hatte. Oh Mann, das roch nach Ärger. Jetzt mussten wir alle ran und die Spuren unserer spontanen Fete beseitigen. Alim hatten wir erst mal auf die Seite meiner Mutter gerollt, um die Bettwäsche zu wechseln und die Matratze zu reinigen. Wenn das unser Vater erfahren hätte, wäre der Blitz eingeschlagen. Also fassten alle mit an, sogar Manou, der sich bis dahin das Bier schmecken lassen hat. Aber irgendwie waren wir nach dieser Aktion alle platt, so dass wir uns einer nach dem anderen in irgendeine Ecke zum Schlafen legten.

Am nächsten Morgen hatten wir alle einen dicken Kopf, mussten aber dennoch die restlichen Spuren des Abends beseitigen. Danach sind alle nacheinander so langsam nach Hause gegangen. Ich allerdings hatte noch die schwere Aufgabe, das Ganze wenigstens meiner Mutter zu beichten. Denn wir haben nur das eine Bett frisch bezogen. Ihr wäre das mit Sicherheit aufgefallen. Na ja, sie war ganz schön sauer, aber unserem Vater hat sie von der Aktion nichts erzählt. Sie hat gleich damit begonnen, die Matratze nochmals zu reinigen und beide Betten frisch zu beziehen. Dass die Eier alle waren und einige der Vorräte fehlten, wurde Gott sei Dank zur Nebensache. Nun hieß es ausruhen, denn am kommenden Morgen begann der Ernst des Lebens.

Ich ging den Morgen doch mit etwas wackeligen Beinen zu meinem ersten Arbeitstag. In der Nacht hatte ich sehr schlecht geschlafen, nicht nur weil ich so aufgeregt war, sondern wahrscheinlich auch, weil der Alkoholpegel sich langsam normalisierte. Ich musste laufend an Alim, Gunther und Manou denken, sie hatten ja auch ihren ersten Arbeitstag. Wie würde es ihnen wohl ergehen?

Aber was soll es, ich hatte ja bereits auch andere Hürden genommen, also warum sollte ich das hier nicht schaffen. Immerhin hatte ich dreieinhalb Jahre Lehre vor mir. Und wer weiß, was sich hier alles so zum Thema Musik ergibt. Also versuchte ich das Beste aus dieser Zeit zu machen, immerhin bekam ich ja auch Geld dafür, was mir wieder neue Türen öffnete für weitere Investitionen in meinen Traum.

Noch am selben Abend traf ich mich mit meinen Freunden zum Austausch der Erfahrungen des ersten Arbeitstages. Allesamt mussten wir feststellen, dass wir unheimlich platt waren. Logisch, das frühe Aufstehen und das körperliche Arbeiten waren wir ja auch gar nicht gewöhnt. Nicht zu vergessen die Exzesse vom Samstag.

Den ersten Tag war ich in der Firma geblieben, doch am Dienstag musste ich auf die Baustelle. Oh Mann, da erwartete mich so ein alter Obermonteur. Der war ca. fünfzig und dermaßen schlecht gelaunt, dass ich am liebsten geflüchtet wäre. Er hieß Adolf, also einer der alten Garde!

Na irgendwie ging auch dieser Tag vorbei, und der nächste und der nächste, bis wir endlich am Freitag angekommen waren. Da hatte ich um 13:30 Uhr Feierabend, so dass ich rechtzeitig damit beginnen konnte, das

Equipment für unser Übungswochenende aufzubauen. Alim hatte ich seit Montag nicht mehr gesehen, wusste aber, dass auch er wie die anderen erst gegen Abend auflaufen würde. Sollte ich Idiot das jetzt immer alleine aufbauen?

Jedenfalls hatte ich bis zum Abend alles aufgebaut, damit wir gleich starten konnten. Aber irgendwie hatte ich das Verlangen, mal Bass zu spielen. Auch die riesigen Lautsprecher in den Bassboxen hatten mich fasziniert, die ich ja einst auf dem U.F.O. Konzert gesehen hatte. Also sprach ich das direkt an, als die anderen eingetroffen waren. Alim hatte nichts dagegen und die anderen auch nicht. Also tauschte ich einfach das Instrument mit Alim und schon ging die Post ab. Volker musste mir zwar wieder einiges zeigen, was er aber auch gerne tat. Nun kam auch wieder Schwung in die ganze Sache. Irgendwie waren alle wieder motivierter, und wir spielten noch an dem Freitag einige Stücke mit mir am Bass. Mir schien es, als wenn diese kleine Veränderung neue Energie aus jedem von uns herausholte. Sollte sich das am Samstag fortsetzen?

Und wie sich das fortgesetzt hat. Alim hatte in der Nacht zuhause noch ein Lied geschrieben. Er musste ja fast immer nach Hause, weil sonst sein alter Herr bei uns vor der Tür stand, um ihn abzuholen. Jedenfalls hatte es diesmal ja auch etwas Gutes, dass er heim musste. Mit Begeisterung stellte uns Alim seinen Song „Träume" vor. Da Alim gesanglich ja nicht besonders gut war, fragte ich, ob ich diesen Song singen darf. Keiner hatte etwas dagegen, und ich fing an, auch mein Gesangstalent unter Beweis zu stellen. Dazu benutzte ich erst einmal Alims Mikro. Doch leider gab das noch am selben Abend seinen Geist auf, so dass ich nun ohne Mikro dastand. Sollte das vielleicht ein Zeichen sein, mit dem Singen gar nicht erst anzufangen!

Den anderen schien es gefallen zu haben, so dass mein Bruder den Vorschlag machte, mir das Geld für ein Mikro vorzuschießen. Ich bekam ja in ein paar Wochen meinen ersten Lohn, da sollte ich ihm das dann wiedergeben, was ich natürlich auch tat. Jedenfalls konnte ich an diesem Abend nicht mehr singen. Volkers Mikro durfte ich nicht benutzen, weil er sich beklagte, dass er dann Herpes bekommen würde. Was für ein Schwachsinn!

Also spielten wir an diesem Abend noch andere Songs, schließlich musste ich mich mit Alim noch auf die neuen Instrumente umstellen.

Mein Bruder besorgte das Mikro in einem Musikgeschäft, Alim hingegen mal wieder ein neues auf mysteriöse Art und Weise. So konnten wir am kommenden Wochenende wieder alle unsere Gesanges-Künste anbieten. Es kam, wie es kommen musste, ich Idiot habe mal wieder alles alleine aufgebaut und die Herren setzten sich mal wieder ins gemachte Nest. Mir ging das tierisch auf den Senkel und ich beklagte mich darüber auch. Volker preschte gleich los und die anderen beiden machten natürlich mit, was ich nicht erwartet hatte. Da hatte ich mir doch ein wenig Unterstützung gewünscht! Klar, wir haben an diesem Wochenende noch geübt, aber der Haussegen hing mal wieder gewaltig schief.

In den Wochen zuvor haben sich viele aus unserer alten Klasse immer in einem Gemeindehaus getroffen. Dort hatte ich mittlerweile mit einer Klassenkameradin angebandelt. Das Interesse für Mädchen war schon länger da, aber eigentlich war ich in dieser Beziehung sehr schüchtern. Mir gefielen die Knutscherei und das nähere Kennenlernen. Plötzlich waren meine Gedanken nicht mehr so der Musik gewidmet, sondern da kam etwas Neues, Interessantes auf mich zu. Das erste Mal wollte ich genau mit diesem Mädchen haben. Die hat mir ganz schön den Kopf verdreht und ich entschloss mich kurzerhand dazu, die Band zu verlassen. Das kommende

Wochenende hatte ich nichts aufgebaut, wollte ja mit den Jungs reden. Irgendwie tat es mir ja auch leid, aber meine Gedanken waren ganz woanders. Volker fluchte, mein Bruder war geknickt und Alim sagte nur, machen wir halt ohne ihn weiter. So einen Abgang hatte ich mir nicht vorgestellt. Hier war nun mein Traum geplatzt, den ich doch mein Leben lang verfolgte. Nun konnte ich mich meiner neuen Leidenschaft widmen. Aber war es das wert?

Die Woche über hing ich nur mit ihr im Gemeindehaus zusammen und machte auch hier neue Erfahrungen. Jeden Tag von der Arbeit heim, Badewanne, aufs Mofa und weg. An den Wochenenden trafen wir uns vor dem Gemeindehaus an einer Bank. Auch Alim und Manou machten hier gelegentlich mit ihren Mofas halt. Und Gunther wohnte ja gleich um die Ecke. Hier war irgendein alter Freund aus der Schulzeit fast immer anzutreffen. Irgendetwas war da immer los, so dass ich keinen Gedanken mehr an die Musik verschwendete. Auch mein erstes Mal hatte ich bereits hinter mir. Nach Wochen kam ich mit meiner Freundin zu mir nach Hause. Ich hörte von irgendwo Musik. Beim Aufschließen der Haustür ahnte ich etwas. Die drei hatten sich zu einer Übungsstunde getroffen. Wollten die wirklich ohne mich weitermachen oder hatten sie sogar einen Ersatz für mich gefunden?

Sie hatten sich in unserem Hobbyraum ein kleines Set aufgebaut, wo ich einst schon mit Claudius und Didi rockte. Wir sind da einfach so reingeplatzt, ohne zu wissen was uns dort erwartet. Sie waren zu dritt und hatten sich die Tiger Orgel von unserem Vater geborgt. Was wollten sie damit?

Sie hatten mal was ausprobiert und zeigten uns das. Meine Freundin schrie gleich herum, wie sie das immer gerne mal gemacht hat. Mann, was war denn mit der los? War das alles richtig, was ich gemacht habe? Meinen Lebenstraum für so eine schreiende Alte aufzugeben? Hier stellte ich mir eine Frage nach der anderen. Volker bat mich, doch mal kurz die Orgel zu spielen. Es waren nur vier Töne zu einem Puhdys Song, die er mir zeigte. Ich tat das natürlich, auch wenn die Alte weiter schrie und dumme Bemerkungen machte. Aber irgendwie hat mir das Ganze doch wieder Spaß gemacht. Nun kamen mir doch echt erste Zweifel darüber, ob ich das richtig gemacht hatte. Musik war doch das, was mein Leben bestimmen sollte. Klar, eine Freundin sollte auch sein, aber nicht so ein schreiendes und bestimmendes Stück Etwas.

Wie es natürlich kommen musste, hat sie mir kurz darauf den Laufpass gegeben. Meine

Jungs hatte ich bis dahin enttäuscht, so dass ich bei ihnen um ein Gespräch bat. Mir hatte es sehr wehgetan, als ich sie im Hobbyraum alleine üben sah. Okay, ich hab ja kurz mitgemacht, vielleicht geben sie mir eine zweite Chance?

Gesagt, getan, wir trafen wir uns am kommenden Wochenende bei mir zuhause. Noch mit Bauchweh wegen der kaputten Beziehung, wenn ich das so nennen darf, trug ich den Jungs mein Anliegen vor, was mir nicht leicht fiel. Ich hatte ihnen erklärt, dass ich gerne wieder mitmachen wolle, sich aber an der Situation des Aufbauens der Anlage an den Freitagen etwas ändern müsse. Die Jungs nahmen mir meine vorherige Entscheidung nicht mehr übel und wir verständigten uns darauf, dass wir an den Freitagen die Anlage abends gemeinsam aufbauen. Prima, ich war wieder dabei. Mir fiel ein Stein vom Herzen, dass meine Jungs mir das verziehen haben und wir nun wieder gemeinsam den Musikolymp erklimmen wollten.

Mittlerweile klappte das mit uns wieder super und ich fragte meinen Bruder, ob er mir nicht das Geld für einen neuen Bass vorstrecken könnte. Immerhin spielte ich ja immer noch mit Alims Bass und Alim im Gegenzug mit meiner

E-Gitarre. Kurzerhand entschloss ich mich mit meinem Bruder dazu, meine E-Gitarre in Zahlung zu geben, da dadurch der finanzielle Aufwand sich in Grenzen hielt. Also bekam ich eine Rikenbacker Bass Kopie. Mann, war ich stolz, was für ein Hammer Teil. Jetzt musste es doch klappen, mit eigenem Bass und neuem Mut ging es an die Arbeit. Alim hingegen musste sich nun wieder mit seiner alten Gibson SG Kopie zufrieden geben.

Nachdem wir nun mehrmals die Anlage zusammen aufgebaut hatten, merkte ich schon den Unmut, der so langsam bei den Jungs aufkam. Volker beschwerte sich darüber, dass wir nicht mal spontan in der Woche eine Übungseinheit starten konnten. Er wollte natürlich auch mal ein Wochenende mit seiner Elfe verbringen. Das Aufbauen des Drums ging meinem Bruder auf den Keks und Alim stank die Schlepperei auch langsam. Mann, waren die alle bequem geworden.

Nun, da Alim und ich ja nun auch Geld verdienten, machten wir uns gemeinsam Gedanken darüber, ob wir uns nicht einen Übungsraum anmieten sollten. Volker hatte da was gehört, wo man eventuell was bekommen könnte. Also gingen wir los, um uns kundig zu machen. Auf einem alten Firmengelände bot man so etwas an. Dort war ein einzeln stehendes Gebäude, was doch sehr unserer Schule ähnelte. Ein Mitarbeiter dieser Firma zeigte uns einen Raum von 65 qm. Mann, war das riesig. Aber hier mussten wir erst mal richtig Hand anlegen. Da war noch eine Tür, die zugemauert werden musste, Farbe fehlte auch an den Wänden und eine Heizung gab es auch nicht. Man erzählte uns, dass bei uns auf dem Gang die Rocker sind und wir uns mit denen die Toilette unter der Treppe teilen müssen. Wir hofften allesamt, dass das gut geht, denn mit solchen Jungs hatten wir ja gar nichts am Hut. Nun gut, mein Bruder und Volker übernahmen den Mietvertrag, weil Alim und ich noch nicht volljährig waren, geschweige denn, genügend Verdienst nachweisen konnten. Also hieß es jetzt erst mal reinhauen und die Bude auf Vordermann bringen. Schließlich wollten wir es ja auch gemütlich haben. Mein Vater hatte versprochen, uns zu unterstützen, indem er die Tür zumauerte und uns einen Ofen besorgte und diesen auch einbaute. Die Decken haben wir mit Alufolie tapeziert, warum auch immer. Für die Wände hatten wir von meinem Vater Farbreste bekommen, die er nicht mehr brauchte. So haben wir die Bude kunterbunt gestrichen. Schließlich durfte es nicht viel kosten, da wir ja eh nicht viel hatten. Irgendwoher hatten wir noch ein paar alte Teppiche bekommen, so war der Fußboden auch nicht mehr so kalt. Mein Vater hatte uns auch noch zwei Schlafsofas besorgt, damit wir auch Sitzmöglichkeiten hatten. Als Volker plötzlich mit einem PKW mit Anhänger auftauchte, machten wir auch zum ersten Mal Bekanntschaft mit den Rockern. Aber irgendwie schienen die ganz okay zu sein, weil sie uns gleich beim Abladen des Anhängers behilflich waren. Jedenfalls hatte Volker von seinem Onkel Bühnenelemente bekommen, mit denen wir für das Drum und unsere Boxen ein Podest bauen konnten. Das war richtig stabiles Zeug, ehemals von einem Laufsteg. Da waren wir wieder unheimlich stolz auf das, was wir geschafft hatten. Nun konnten wir jederzeit zum Üben fahren und unser Ziel weiter verfolgen.

Nachdem wir nun alles aufgebaut hatten, fiel uns natürlich auf, dass uns das Üben im Neonlicht nicht gerade viel gibt. Also musste eine Lichtanlage her. Gut, dass wir uns keine neue leisten konnten, war klar. Aber so ein bisschen buntes flackerndes Licht, das wäre ja nicht schlecht. Also streckte Volker mal wieder seine Fühler aus. Er hatte wohl gehört, dass eine Band, die auch in einer Schule ihren

Übungsraum hatte, eine zu verkaufen hat. So sind Volker und mein Bruder dorthin gefahren, um sie sich anzuschauen. Na ja anschauen, die haben sie gleich eingepackt. Es waren einfache schwarze Kästen aus Spanplatte (passte ja zu uns, alles andere war ja auch daraus) mit jeweils vier Hundert-Watt-Birnen. Davon hatten wir vier Kästen, also gesamt eine 1600 Watt Lichtanlage mit einem Schaltpult. Die Anlage war selbst gebaut, funktionierte aber einwandfrei. Mann, sah das geil aus. Man konnte am Pult Dauerlicht einstellen, oder man hat einzeln die Tasten gedrückt, so wie man es haben wollte. Zum Bedienen hatten wir ja immer genug Leute im Schlepptau. Egal ob Manou, Gunther oder irgendjemand anders, irgendwer wird das Pult schon bedienen.

Wir postierten die Lichtanlage genau neben den Gesangsboxen, damit sie uns genügend Licht spendete. So, nun hieß es erst mal Soundcheck, die Erste. Alle waren gespannt darauf, wie der Sound in unserem neuen Übungsraum ist. Also hauten wir in die Saiten. Wir spielten so zwei drei Songs, da fing Volker schon wieder an zu meckern. Ihm war der Sound zu dumpf, also versuchte er irgendwas am Gesangsverstärker einzustellen, was ihm aber nicht gelang. Er schrie mal wieder herum. „Wir brauchen Hochtonlautsprecher, das ist doch Scheiße so, das geht so nicht!"

Mann, warum war er schon wieder so unzufrieden. Nun hatten wir doch fast alles, was wir brauchten. Mein Bruder fing dann auch noch an, sich zu beklagen, dass seine Hängetoms zu niedrig sind und er die höher haben möchte. Nun fing auch er noch an, sein Drum zu zerlegen, Volker machte schon die Pläne für Aufsatzboxen und Alim verstand die Welt nicht mehr, genauso wenig wie ich. Also hieß es mal wieder, in den Baummarkt zu fahren und Spanplatten zu kaufen. Statt zu üben, bastelten wir mal wieder an irgendwelchen Boxen, die wir ja so unbedingt brauchten. Weil das mit den Aufsatzboxen ja nun eine kniffelige Sache war, brauchten wir zwei Wochenenden, bis wir sie fertig hatten. Sie waren von den Maßen genau so groß wie unsere Gesangsboxen, nur halt zwanzig Zentimeter hoch und die Ecken waren abgeschrägt. Mein Bruder hatte sich mittlerweile auch seine Hängetoms erhöhen lassen, indem ihm unser Vater an die Sechskant-Aufhänger eine Verlängerung anschweißte. Nun hoffte ich, dass wir nun endlich mal unser Programm komplett durchspielen würden.

Nachdem wir alle Tests durchgeführt hatten und alles so funktionierte, wie es sich einige von uns vorgestellt hatten, konnten wir nun endlich zur Tat schreiten. Mein Bruder zählte vier vor, und ab ging die Post. Endlich legten wir los und ich fühlte mich zum ersten Mal wieder wie ein kleiner Rockstar. Das bunte Licht, die Bühne, wo das Drum draufstand, einfach perfekt!

Plötzlich ging unsere Tür vom Übungsraum auf. Da kamen auf einmal ein paar Rocker hineingestürmt. Oh Mann, ich habe mich gefragt, was ist denn jetzt los? Waren wir zu laut?

Wir haben dann gleich aufgehört zu spielen, weil wir wissen wollten, was los ist. Sie sagten, sie wollen nur mal hören, was wir für Musik machen. Okay, sagten wir und begannen ein paar Songs zu spielen. Sie sind dann einfach ohne jegliche Bemerkung wieder gegangen, was immer das auch heißen sollte. Volker schaute auch schon wieder auf die Uhr und erklärte uns, dass er jetzt erst mal seine Elfe holen muss. Alim flippte aus, ihm war schon wieder die Lust am Üben vergangen, weil er sich nicht in den kalten Übungsraum setzen wollte, um zu warten bis Volker mit seiner Elfe kam. Immerhin wäre da etwa eine Stunde ins Land gegangen. Also sind wir alle nach Hause gefahren, natürlich alle mit einer mittelschweren schlechten Laune. Aber immerhin hatte der Übungsraum auch einen Vorteil. Hier konnten wir nicht saufen, weil ja jeder irgendwie fahren musste. Wenn wir uns dort trafen, kamen Volker und mein Bruder mit ihren Autos und Alim und ich mit unseren Mofas.

Aber eine Übungsraum-Party musste ja nun auch mal sein. Da sich nun mein sechzehnter Geburtstag mit großen Schritten näherte, kam ich auf die Idee, diesen doch dort zu feiern. Also lud ich schon mal einige Leute ein, unter anderem auch Carmen und Mike, die ich ja aus Spanien kannte. Ich hatte mich sehr, genau wie Manou, auf ein Wiedersehen mit den beiden gefreut. Nun musste ich meinen Eltern erst mal beibringen, dass wir Schlafgäste hatten. Sie waren ja meinen Eltern auch nicht fremd, aber trotzdem gab es erst mal riesigen Krach, weil ich sie vorher nicht gefragt hatte. In meinem Trotzkopf habe ich dann einfach beschlossen, dass sie bei Manous Bruder übernachten. Der hatte bereits eine Wohnung und bei ihm übernachteten ja immer irgendwelche Leute. Also, warum sollte er was dagegen haben. Für ihn war es kein Problem, schließlich war ja auch er auf meine Party eingeladen. Nun hieß es erst mal fleißig für die Party einkaufen. Ich bat meinen Bruder, dies mit mir zu tun, was er auch nicht ablehnte.

Nun kauften wir erst mal richtig ein. Jede Menge Schnaps, Bier und was man sonst alles noch so braucht. Ich war also bestens vorbereitet, was meine Party anbetraf. Aber ein wenig Bauchschmerzen bereitete mir noch die Übernachtung von Carmen und Mike. War das auch für sie so in Ordnung?

Als ich Freitagmittag von der Arbeit kam, sagten mir meine Eltern, dass die beiden doch bei uns übernachten dürften. Allerdings nicht bei uns in der Wohnung, sondern unten in einer kleinen Umkleide, wo sich auch eine Dusche und eine Toilette befanden. Mir fiel ein Stein vom Herzen, dass meine Eltern mich da nicht hängen gelassen hatten.

Carmen und Mike hatten sich für den Freitagabend angesagt. Beide mussten erst noch arbeiten, so dass sie erst gegen einundzwanzig Uhr da waren. Ich fuhr abends mit dem Mofa in Richtung Autobahn, um sie abzuholen und ihnen den Weg zu weisen, weil sie sich logischerweise nicht auskannten. Diesen Abend haben wir bei Manous Bruder verbracht, haben ein wenig getrunken und viel gelacht. Ich musste ihnen ja schließlich noch den Weg zu uns nach Hause zeigen, was aber nicht weit war. Es war aber schon spät, als ich ihnen ihre „First Class Suite" zeigte. Mike hatte gleich gefragt, ob es auch einen Schlüssel für die Umkleide gab, da es ihm etwas schaurig war, wo er schlafen sollte. Carmen hingegen war sehr gelassen. Natürlich steckte ein Schlüssel in der Tür, dass sie in dieser Nacht hoffentlich gut schlafen konnten. Am kommenden Morgen sollten sie, wenn sie ausgeschlafen hatten, einfach nach oben kommen und klingeln. Meine Eltern freuten sich auch, die beiden wiederzusehen und wir frühstückten gemeinsam und auch recht ausgiebig.

Am Vormittag machte ich mit Manou und den beiden erst mal eine Rundreise durch unsere Stadt. Für meine Party war ja eigentlich alles vorbereitet, so dass wir genügend Zeit dafür hatten. Dennoch mussten wir rechtzeitig im Übungsraum sein, damit keiner von meinen Gästen vor der Tür stehen musste. Zusammen mit Carmen und Mike bin ich dann in den Übungsraum gefahren. Ihnen musste ich ja wieder den Weg weisen. Mein Bruder und die anderen waren auch bereits eingetroffen, so konnten wir gleich noch mal unsere Instrumente stimmen, bevor die anderen Gäste kamen. Langsam füllte sich der „Saal", Manou, Gunther und der gewisse Harry waren natürlich auch eingeladen. Die Meute hat sich gleich über alle alkoholischen Getränke hergemacht.

Mann, hatten die einen Durst! Gott sei Dank hatte ich genug eingekauft. Nach einigen Bierchen waren wir alle so locker geworden, dass es uns nichts ausmachte, nun vor „heimischen Publikum" in die Saiten zu hauen. Wir spielten alle Songs aus unserem Programm, und es war für mich auch eine Premiere, vor Publikum zu singen. Die Rocker kamen gleich nach den ersten Tönen zu uns herüber und begannen damit, die ersten Bierflaschen zu leeren. Während wir spielten, hatte ich gar nicht bemerkt, dass Gunther und Harry sich auf den Weg gemacht hatten, Zigaretten zu besorgen. Mir fiel es erst auf, als wir fertig waren und Gunther mit einer blutüberströmten Hand vor uns stand. Er hatte sich bei der Zigaretten-Besorgung in die Hand geschnitten, was die Rocker aber nicht wussten. Sie fragten ihn, wie das passiert war. Gunther antwortete, dass er gerade auf der Herbstmesse gewesen sei und ihn die Türken verprügelt hätten. Also haben sie Gunther hinten auf ein Motorrad gesetzt und sind allesamt auf die Herbstmesse gefahren. Ich meine, den gesamten Motorrad Club! Und Gunther ohne Helm!

Auf der Herbstmesse steuerte Gunther zielgerecht auf ein Karussell zu. Er wusste wohl, dass sich dort immer die Türken treffen.

Sie fragten ihn, welche es nun gewesen seien, da sich dort mehrere Gruppen positionierten. Gunther zeigte zweifelhaft mit dem Finger auf eine Gruppe und schon schossen die Rocker los und verprügelten die ganzen Türken, die sich am Karussell versammelt hatten. Gunther beobachtete die wilde Keilerei aus sicherem Abstand. Und das alles nur, weil er mal wieder Zigaretten brauchte!

Nachdem die Rocker sich an den Türken richtig ausgetobt hatten, ging es wieder zurück auf meine Feier, wo Gunther uns das erzählte. Die Rocker zogen sich nun in ihren Clubraum zurück und meine Feier ging auch so langsam dem Ende zu. Carmen und Mike hatten mir erklärt, dass sie nicht mit im Übungsraum schlafen wollten. Mike hatte so gut wie nichts getrunken, er konnte noch fahren. Also fuhr ich gut betrunken mit den beiden nach Hause, um ihnen den Weg zu weisen.

Am folgenden Vormittag haben sich Carmen und Mike nach dem Frühstück verabschiedet. Ich habe die beiden nie wieder gesehen und sonst auch nichts mehr von ihnen gehört. Mann, was mögen die wohl gedacht haben!!!

Nun hieß es erst mal, mit dem Mofa in den Übungsraum zu fahren und die Spuren des letzten Abends zu beseitigen. Allerdings war der eine oder andere schon wach und zischte schon wieder ein Bierchen. Alle haben letztlich mit angepackt, um wieder einen Übungsraum aus dem Chaos zu machen. Jeder von uns hing zwar irgendwie in den Seilen, aber um so schneller wir waren, desto eher kamen wir nach Hause, um uns auszukurieren, denn am nächsten Tag hieß es ja wieder früh aufstehen.

Nun verging die Zeit wie im Flug und Weihnachten stand mal wieder vor der Tür. Wir hatten zwischenzeitlich immer wieder unsere Übungseinheiten gehabt, jedoch fehlte uns irgendwie der Biss. Volker hatte gehört, dass am Heiligen Abend eine Band gegen 22:00 Uhr spielt und fragte, ob wir uns die nicht mal anhören wollen. Kann ja nicht schaden, wenn man mal hört, was die anderen Bands so machen. Also gingen wir zu diesem Konzert. Natürlich hatten die mächtig aufgefahren, das Bühnenbild sah richtig geil aus. Hier war alles perfekt, wie mir schien, und ich machte mir Gedanken über unsere Band. Konnte ich eines Tages mit meiner Band auch in solch einer Lokalität spielen? Waren wir gut genug dafür? Diese und andere Fragen stellte ich mir am laufenden Band und mir kamen mal wieder erste Zweifel. Mann, ich hatte diese Band noch nicht einmal gehört und ich wusste, dass wir zu schlecht waren, um irgendwo aufzutreten. Natürlich konnte ich mich mit diesem Gedanken überhaupt nicht anfreunden. Aber an diesem Abend nahm ich das einfach mal so hin und wir zischten vorweg schon einmal ein paar Bierchen.

Die Band betrat so langsam die Bühne. Sie machten keinen großen Hickhack und begannen gleich, ihren ersten Song zu spielen. Mann, haben die uns mit ihrer PA weggeblasen! Der Bass dröhnte bis in die Magengegend, was mir natürlich gefiel. Aber warum war das bei mir nicht so?

Also schaute ich mir das Equipment des Bassisten etwas genauer an. Mir fiel auf, dass er eine Bassrutsche benutzte, was mich auf folgenden Plan brachte.

Da ich nach Weihnachten frei hatte, genau wie mein Bruder, beschloss ich, mir eine solche Bassrutsche nachzubauen. Mit meinem Bruder zusammen fuhr ich in den Baumarkt, um das entsprechende Material zu kaufen. Da hatte ich mir was vorgenommen, denn die Rutsche sollte ja rund sein!

Zuhause angekommen, machte ich mich gleich ans Werk, zeichnete die Rundung auf die Spanplatten und setzte auch gleich die Stichsäge an. Hier wollte ich dann die Presspappe in die Rundung nageln und dann den Abschnitt wieder daraufsetzen. Womit ich aber nicht gerechnet hatte, dass das Oberteil nicht mehr obendrauf passte. Hier hatte ich auf einmal Versatz nach vorne und hinten. Also bin ich wieder mit meinem Bruder in den Baumarkt gefahren, um Außenplatten zu holen. So wurde die Box natürlich extrem schwer und war ohnehin sehr klobig. Aber was sollte es, immerhin bekam sie ja Rollen, um sie einigermaßen bewegen zu können. Jetzt war dieser „Klotz" endlich fertig, und ich freute mich riesig auf ihren ersten Einsatz. Nun, in den Kofferraum des Autos von meinem Bruder passte die nicht mehr. Wir mussten uns einen Anhänger leihen, um sie zu transportieren. Ich war gespannt, was die anderen für Augen machen würden. Also rauf auf den Hänger und ab damit in den Übungsraum.

So, nun hieß es Testlauf Nummer eins. Auf dem Podest neben Alims Box machte der „Klotz" schon mal eine gute Figur. Aber kam da auch wirklich genug raus?

Also, Bass um, Kabel rein und den Power-Schalter umlegen. Huch! Mein Gott, es funktionierte! Noch ein paar Einstellungen am Verstärker, auch wenn ich nicht viele Möglichkeiten hatte. Aber der Sound war viel besser als vorher, leider etwas leise. Aber was wollte ich auch von einem 10 Watt Verstärker erwarten, auch wenn es ein Röhrenverstärker war. Ich war aber zufrieden mit dem, was ich gebaut hatte, und freute mich auf die nächste Übungsstunde und auf die Augen, die die anderen machen würden.

Wir hatten uns nun zur nächsten Übungsstunde erst wieder im neuen Jahr verabredet. Na ja, mir hat es ehrlich gesagt etwas lange gedauert, schließlich wollte ich ja meine neue Box vorführen. Wir hatten alle unsere erste Arbeitswoche im neuen Jahr hinter uns, als wir uns endlich trafen. Ich war mit meinem Bruder und Alim frühzeitig dorthin gefahren, um natürlich auch die erste Reaktion von Volker mitzubekommen. Alim machte zwar große Augen, war aber schon wieder irgendwie genervt, weil wir nicht vorankamen. Er sagte nur, schön! Und Volker fing gleich an zu lachen und sagte nur, was das denn für ein Kasten sei! Mal ehrlich, ich hatte mir etwas mehr Euphorie erhofft. Na ja, die Übungsstunde war wie immer, Programm spielen und nur nichts Neues machen. Vielleicht waren da ja Hoffnungen bei dem ein oder anderen, dass wir doch mal einen Auftritt bekommen sollten. Wer weiß!

So verging Woche für Woche, immer nach dem gleichen Schema. Einige Male musste Volker zu seiner Elfe. Das hieß für uns kurze

Übungseinheiten, das andere Mal schliefen wir auch nach einer etwas längeren Nacht dort. Mein Bruder und Volker, die ja beide noch beim Militär waren, hatten ja auch mal Wochenenddienst oder waren im Manöver, was unsere Übungsintensität auch mächtig einschränkte. Aber irgendwie war auch kein Vorankommen mehr zu sehen, wie Alim das ja vor einiger Zeit schon bemerkt hatte. Sollte nun wieder aus meinem Traum ein Albtraum werden?

Ich merkte nun, auch mein Bruder war derzeit nicht richtig bei der Sache. Auch er hatte mittlerweile eine Freundin und hatte wahrscheinlich auch Besseres zu tun. Ihr wisst was ich meine!

Jedenfalls waren seine Gedanken nicht mehr nur bei der Musik, so wie ich es ja auch schon erlebt hatte. Nun wusste ich ja auch, was sich aus solchen Situationen ergeben kann. Schließlich bin ich auch schon mal wegen meiner „großen Liebe" aus der Band ausgestiegen. Stand uns nun der Austritt meines Bruders aus der Band bevor?

Nach wie vor traf ich mich in der Woche oder auch am Wochenende mit Alim, Gunther und den anderen am Gemeindehaus. Über die Wintermonate waren wir natürlich immer im

Jungendraum der Gemeinde, wir waren dort auch nicht unbekannt. Kurioserweise kam dort eine Kasse mit 80,- DM abhanden. Dieses Geld sollte für einen Ausflug von Jugendlichen der Gemeinde verwendet werden. Das Geld war weg und musste ja irgendwie wieder beschafft werden. Da wir ja coole Jungs in diesem Alter waren, beschlossen Alim und ich, in dieser Sache zu helfen, was mich mal wieder auf folgenden Plan brachte.

Ich schlug Alim vor, doch ein Benefiz-Konzert zu veranstalten. Und da die Gemeinde einen großen Saal hatte, der wie für uns geschaffen war, plante ich mit Alim schon mal das Konzert, ohne die anderen darüber informiert zu haben. Schließlich wusste ich ja nicht, wie es um meinen Bruder steht. Hatte er denn überhaupt Lust dazu?

Egal, da musste er jetzt halt durch, ob er wollte oder nicht! Diese Chance konnten wir uns nicht entgehen lassen. Also trommelte ich die Jungs zusammen und erzählte zusammen mit Alim von unserem Vorhaben. Volker und mein Bruder waren sofort begeistert. Vielleicht war es ja das, was allen gefehlt hat:

Ein Erfolgserlebnis!

Nun kam auch wieder frischer Wind in die Band und die Übungseinheiten vermehrten sich auch wieder. Schließlich sollte ja auch alles perfekt sein, so wie wir es Weihnachten bei der Band gesehen hatten. Volker brachte auf einmal einen dritten Gitarristen mit. Was sollte denn das? Wir waren in den Konzertvorbereitungen und konnten uns nicht noch auf einen neuen Gitarristen konzentrieren. Mann, was hat uns der Kerl angefleht, doch diesen Auftritt mitmachen zu können. Da wir ja noch ein wenig Zeit hatten, bis der „große Auftritt" war, beschlossen wir auf Drängen von Volker ihn mit auf die „Reise" zu nehmen. Volker kannte ihn von seiner vorherigen Band. Dort hatte er ihm bereits den Spitznahmen „Schrubber" gegeben, weil er auf seiner Gitarre dermaßen über die Saiten schrubbte. Da er für mich wie ein Atomfreak aussah, verpasste ich ihm gleich den Namen „Atomschrubber". Aber das ganze Programm mit ihm einzuüben, war doch recht unrealistisch. Vor allem, weil der „Atomschrubber" oftmals gar nicht richtig bei der Sache war. Zwischen den Songs, die wir geübt hatten, fing er auf einmal an „Stairway to Heaven" von Led Zeppelin zu spielen. Mich hat das schon beeindruckt, dass er das konnte, aber für Faxen hatten wir nun gar keine Zeit. Schließlich sollten ja zumindest die Songs bei

112

ihm sitzen, die er mitspielte. Also haben wir mit ihm nur ein paar Stücke eingeübt. Bei den restlichen Songs musste er halt so machen, als wenn er mitspielt. Auch wenn es sehr mühselig war, aber im Großen und Ganzen waren wir dann recht gut vorbereitet und konnten uns nun auf unseren Tag, auf den ersten öffentlichen Auftritt freuen.

Wir hatten die letzte Übungseinheit hinter uns und begannen schon mal, unsere Anlage abzubauen. In der Woche hatten wir keine Zeit mehr dafür. Je mehr wir vorbereitet hatten, desto einfacher hatten wir es am kommenden Freitag mit dem Transport der Anlage. Oh Mann, auch das Podest hatten wir zerlegt, das war schon einiges an Material, was wir da bewegen mussten. Schließlich hatten wir keinen Transporter, das wäre natürlich einfach gewesen. Nein, wir haben alles mit dem Auto von Volker und dem Auto von meinem Bruder transportiert. Zum Glück hatte der Wagen von meinem Bruder eine Anhängerkupplung, so dass wir uns einen Anhänger geliehen hatten. Sonst hätten wir die Bühne gar nicht erst mitnehmen können, weil diese bereits einen ganzen Hänger füllte. Wir mussten ohnehin mehrmals fahren, also kam es jetzt auch nicht mehr auf eine Extrafahrt an. Im Stillen hatte ich ja gehofft, das die Rocker auftauchen und uns wieder beim Tragen helfen. Aber Fehlanzeige, keine Spur von denen!

Na ja, einerseits hatten wir das Ganze ja extra auf den Freitag gelegt, damit wir am Samstag genug Zeit hatten, unser Programm gegen Mittag noch einmal zu spielen. So war zumindest der Plan!

Gott sei Dank hatten wir im Gemeindehaus genügend Helfer, die tatkräftig mit anpackten. Irgendwie kam es mir so vor, als wenn der eine oder andere mit zu uns gehören wollte. Und man glaubt es kaum, sogar Gunther packte kräftig mit an. Nun hatte anscheinend auch er begriffen, dass es mit unserer Band so langsam aufwärts ging. An diesem Abend verkniff er sich sogar seine dummen Sprüche, das machte mich doch etwas stutzig. Jedenfalls haben wir zuerst das Podest aufgebaut, so wie wir es ja auch im Übungsraum hatten. Der Hausmeister des Gemeindehauses, na ja, eigentlich war es der Küster, sagte uns, das im Keller noch ähnliche halb so hohe Podeste stünden. Ich bin gleich mit Alim los, um uns das mal anzuschauen. Mann, die waren perfekt. Da wir ja genug Helfer hatten, ließen wir uns die Elemente von den Helfern hochtragen und dirigierten die Jungs, wo sie die Teile hinstellen sollten. War auch eine Erfahrung, da Alim und ich eigentlich immer von meinem Bruder und Volker dirigiert wurden. Nun nahm es langsam Formen an, die Bühne stand, die Anlage war aufgebaut, nun fehlte nur noch der Soundcheck. Da es aber mittlerweile spät geworden war, sagte uns der Küster, wir sollen den Soundcheck auf Samstag verschieben. Einerseits war es gut, schließlich hatten wir genug geackert, so kamen wir wenigstens zeitig ins Bett. Andererseits hätte ich schon gerne für Samstag alles fertig gehabt. Schließlich wollten wir ja gegen Mittag vorsichtshalber das Programm noch einmal durchspielen. Also hatten wir uns für Samstag um 14:00 Uhr dort verabredet. Anschließend wollten wir uns bei uns Zuhause ein wenig herrichten und dann gemeinsam zum Auftritt fahren.

Nachts konnte ich ganz schlecht schlafen, weil mir laufend irgendwelche Dinge durch den Kopf gingen. Hatten wir nichts vergessen? Ich war alles noch einmal geistig durchgegangen. Würde die Stromversorgung halten, schließlich zogen die Verstärker und auch die Lichtanlage mächtig Strom. Volkers Lötpistole war auch vor Ort, falls mal wieder eines seiner selbstgelöteten Kabel den Geist aufgab. Würden denn genug Leute kommen? Oh Mann, ich habe es gewusst! Wir haben die

Werbung vergessen! Es existierte nicht mal ein Plakat, was auf unseren Auftritt hinwies. Heutzutage hätte ich mir das Handy geschnappt und alle informiert, aber Anfang der achtziger war daran noch nicht im Geringsten zu denken. Also war ich allein mit dem Problem, was ich auch nicht mehr lösen konnte. Auch meinen Bruder konnte ich diesbezüglich nicht ansprechen, der war noch mit Volker unterwegs. Nun grübelte ich darüber, ob denn überhaupt genügend Leute kommen. Wir hatten zwar mündlich dazu eingeladen, aber würde das reichen, um die Jugendkasse der Gemeinde wieder aufzufüllen? Irgendwann bin ich dann eingeschlafen, wachte aber morgens mit demselben Gedanken wieder auf!

Mein Bruder war irgendwie überhaupt nicht nach Hause gekommen. Was war denn da los?

Also erst mal Alim informieren, über das, was mir noch eingefallen war. Der hingegen war mal wieder ganz locker und nahm das Ganze recht gelassen hin. War ich eigentlich der einzige, der sich hier verrückt machte? Anscheinend schon!!!

Auch meine Eltern wussten nicht, wo sich mein Bruder aufhielt. Ich hoffte nur, dass mittags alle auf der Matte standen. Schließlich war es unser erster Auftritt in dieser Größenordnung, gar nicht zu vergleichen mit dem Spielen im Übungsraum vor ein paar Freunden. Ich jedenfalls bibberte voller Erwartung dem großen Auftritt entgegen.

Irgendwie verging die Zeit nur recht schleppend. Alim wollte zeitig zu mir kommen, so hatte ich das mit ihm am Telefon besprochen. Da ich meinen Bruder und Volker nicht erreichen konnte, wollten wir schon mal mit den Mofas ins Gemeindehaus fahren, um zu sehen, ob sie sich vielleicht dort aufhielten. Ich blickte wieder mal zur Uhr, aber es waren wieder erst fünfzehn Minuten vergangen. Mich hat das Warten zermürbt. Was war eigentlich mit dem „Atomschrubber"? Wie wollte er eigentlich zum Auftritt kommen? Nun machte ich mir Gedanken, die ich mir vielleicht schon ein paar Tage vorher hätte machen sollen. Drohte hier mal wieder mein Traum zu zerplatzen?

Endlich, nachdem ich nun pausenlos aus dem Fenster gestarrt hatte, sah ich Alim mit dem Mofa um die Ecke kommen. Ein Glück, wenigstens war schon mal einer der „Bande" da. Alim kam ganz gelassen die Treppe herauf. Irgendwie schien es mir, als wenn ihn das alles kalt ließ. Aber immerhin konnte ich ihn dazu überreden, erst mal ein Bierchen zu zischen.

Vielleicht brachte ihn das irgendwie in Wallung. Ich musste natürlich aufpassen, dass er nicht auf den Geschmack kommt und dann wieder völlig ausrastet!

In Gesellschaft verging die Zeit nun etwas schneller in Richtung 14:00 Uhr. Nach den zwei Bierchen war auch ich etwas entspannter geworden. Der Alkohol hatte wohl für den Moment eine beruhigende Wirkung auf mich. Wir haben uns keine Gedanken darüber gemacht, dass wir gar nicht mehr fahren durften. Aber wie oft sind gerade Alim und ich an die Tanke gefahren, um bei den Übungseinheiten in der Schule meiner Eltern für Nachschub zu sorgen.

Schließlich sind wir dann los und mussten bei unserer Ankunft am Gemeindehaus feststellen, dass kurz vor 14:00 Uhr noch niemand da war. Egal, was wollten wir machen, wir mussten das erst einmal so hinnehmen in der guten Hoffnung, dass die anderen gleich kommen werden. Alim und ich haben schon mal alles angestellt und unsere Gitarren gestimmt. Gunther war der Erste, der um die Ecken kam. Natürlich hatte er auch gleich wieder einen dummen Spruch auf Lager. Ich dachte eigentlich, dass er seit dem Vorabend kuriert sei, aber da habe ich mich wohl getäuscht. Auf ihn haben wir ja nun gerade nicht gewartet. Da bei mir nun so langsam wieder die Nervosität zurückkam, brauchte ich Gunther zu diesem Zeitpunkt nicht wirklich! Allerdings war es diesmal nicht der Auftritt, der mich nervös machte, sondern weil die anderen drei nicht pünktlich erschienen. Nun gut, auf den „Atomschrubber" hätten wir ja verzichten können. Aber wo waren Volker und mein Bruder?

So nach und nach kamen schon verschiedene Leute, so dass wir den Küster bitten mussten, die Tür doch noch mal zu verschließen. Schließlich wollten wir ja das Programm vorher noch mal spielen, da konnten wir noch keine Zuschauer gebrauchen. Aber dafür mussten die anderen zwei oder drei erst mal auftauchen!

Alim und ich checkten erst mal die Kasse, wofür wir Ein-Pfennig-Stücke besorgt hatten. Wir wollten neunundneunzig Pfennig Eintritt nehmen, dafür brauchten wir das Wechselgeld. Man hatte uns gesagt, wenn wir unter einer Mark Eintritt nehmen würden, bekämen wir auch keinen Ärger mit dem Finanzamt. Also taten wir das!

Aufgrund der Situation - die anderen waren immer noch nicht da - kam zu meiner Nervosität auch noch schlechte Laune auf.

Wollte man hier etwas boykottieren?

Aber warum haben wir dann so einen Aufwand betrieben? Sollte hier wieder mein Traum zerplatzen?

Ich verstand die Welt nicht mehr, selbst Alim bekam auch so langsam schlechte Laune. Aber was wollten wir machen, uns blieb nichts anderes übrig, als zu warten. Warten bedeutete, dass wir uns ein Bierchen schnappten und erst mal nach draußen sind, um eine zu rauchen. Hier hatten sich bereits einige Leute versammelt, die unser Konzert besuchen wollten. Mit ihnen plauderten wir eine ganze Zeit, als wir plötzlich Volkers Auto vorfahren sahen. Endlich, zumindest waren er und der „Atomschrubber" vor Ort. Ach ja, und natürlich seine Elfe, die wohl auch der Grund für die Verspätung war, was er uns auch gleich lauthals mitteilte, so dass wir gar nicht erst auf den Gedanken kamen, irgendetwas zu sagen. So war Volker, gleich losschießen und alles im Griff haben. Aber wo war mein Bruder abgeblieben?

Auch Volker wusste nicht, wo er steckte. Er hatte zwar bei ihm genächtigt, ist dann aber gegen Mittag gefahren. Anscheinend hatte Volker auch schon wieder schlechte Laune, weshalb auch immer!

Nun musste sich wieder alles um ihn drehen. Er gab gleich wieder Anweisungen, was Alim und ich noch machen sollten, was uns wiederum ankotzte. Erst zwei Stunden zu spät kommen, und dann gleich das Kommando an sich reißen, das konnte er gut! Immerhin hatten wir immer noch keinen Soundcheck gemacht, was uns alle ankotzte, weil sich bereits immer mehr Leute vor der Tür versammelten. Auch Volker nahm sich gleich ein Bierchen, was uns dazu animierte, doch auch gleich noch eins zu trinken. Vielleicht musste auch er sich erst mal den Frust von der Seele spülen. Also warteten wir gemeinsam draußen mit dem „Atomschrubber" auf meinen Bruder. Der machte schon wieder Faxen und erzählte uns so einen komischen Witz mit dem Bruder vom Zieher, dem Schraubenzieher und so ein dummes Zeug. Hab den Witz nie verstanden!
Plötzlich fuhr ein roter Ford Escort RS 2000 vor. Wer sollte das wohl sein?
Aha, jetzt wusste ich auch den Grund der Verspätung, als mein Bruder aus diesem Auto stieg. Er musste wohl etwas länger auf den Wagen warten, als ursprünglich vereinbart, was er uns gleich mit einer Entschuldigung erzählte. Volker flippte jetzt auch aus, obwohl er eigentlich der Letzte war, der Grund zum Ausflippen hatte. Eigentlich wären Alim und

ich erst mal an der Reihe gewesen, was wir uns aber beide verkniffen haben, um nicht noch mehr Unmut aufkommen zu lassen. Schließlich reichte es mir auch schon wieder, weil er noch seine Freundin vorher abgeholt hatte, die jetzt auch noch Stress machte. Also rundum eine Stimmung, die ich mir für diesen Abend nicht gewünscht hatte.

Nachdem wir nun alle erst mal den neuen Wagen begutachtet und sich die Gemüter wieder etwas beruhigt hatten, konnten wir nun endlich zur Tat schreiten. Mittlerweile war es bereits 17:00 Uhr durch, und wir mussten uns jetzt etwas sputen, da um 18:00 Uhr Einlass sein sollte und das Konzert um 19:00 Uhr beginnen musste, weil das Gemeindehaus ihre Pforten um 22:00 Uhr wieder schließt. Also standen wir auch wieder unter Zeitdruck, was die Laune in der Band nicht gerade verbesserte. Mein Bruder spielte auf dem Drum den Takt so schnell, dass es mir so vorkam, als wenn er zeitig zuhause sein wollte. Volker unterbrach das Ganze auch schnell und legte dabei schon wieder einen Ton an den Tag, dass meine Laune steil bergab ging. Schließlich hatte ich mir das alles ja ein wenig anders vorgestellt, vor allem stressfreier!

Volker wollte mit aller Macht das ganze Programm noch mal durchspielen, obwohl bereits einige Leute vor der Tür standen. Aber wie immer konnte keiner was gegen ihn sagen, auch Alim noch nicht, da war der Alkoholpegel noch nicht hoch genug.

Um 18:30 Uhr konnten wir dann endlich die Türen für das Publikum öffnen. Gott sei Dank waren uns die Leute nicht weggelaufen. Die hatten sich am Kiosk um die Ecke schon mit Getränken versorgt, währenddessen sie warteten. Ich war doch erstaunt, dass so viele unser Konzert sehen wollten, obwohl wir nicht einmal ein Plakat aufgehängt hatten. Anscheinend hatten die Leute, die immer im Gemeindehaus waren, noch jede Menge Freunde mitgebracht, was mich natürlich sehr freute.

Auch unsere Gemüter beruhigten sich langsam wieder, so dass ich doch auf einen halbwegs positiven Abend hoffen konnte. Zumindest konnten wir wieder gemeinsam über die Faxen, die der „Atomschrubber" machte, lachen.

Nun wurde es langsam ernst. Bei mir kam die Nervosität wieder auf, obwohl ich schon einige Bierchen getrunken hatte, was mich aber auch ein wenig beunruhigte. Eigentlich war das beim letzten Mal im Übungsraum anders. Aber vielleicht bewirkte ja zu viel Alkohol auch das

Gegenteil, ich weiß es nicht. Jedenfalls konnte es jetzt losgehen.

Der Saal war recht gut gefüllt. Es war anders als bei der Schulabschlussfeier, wo wir eigentlich weit weg vom Publikum waren. Hier standen wir fast Nase an Nase zum Publikum. Das war auch etwas Neues für mich. Wir hatten das zwar auf meinem Geburtstag im Übungsraum, aber die Leute kannte ich. Aber egal, die neue Erfahrung musste ich jetzt auch machen.

Wir wollten recht unspektakulär die Bühne betreten, was wir auch taten. Aber für den ersten Song haben wir uns etwas ausgedacht. Mit unserem Hall - und Effekt - Gerät hatte Volker im Übungsraum etwas gezaubert, was wir dort mit einem alten Radiorecorder aufgenommen hatten. Es klang wie ein Raumschiff, das wegflog, und passte ja auch ein wenig zu unserem Bandnamen. Also spielten wir die kurze Aufnahme vor dem ersten Song ein und starteten danach gleich mit unserem Song „Back to me". Einspielen hieß bei uns früher, Radiorecorder an, ein Mikro vor den Lautsprecher gehalten und ab ging es! Das brachte schon mal Stimmung in die Bude. Na ja, die ersten Töne waren ja bei allen etwas holprig, was sich aber noch während des ersten

Songs gab. Nun waren wir mitten in unserem Konzert und alle waren wie ausgewechselt. Kam die schlechte Stimmung vielleicht auch wegen der allgemeinen Nervosität?

Scheint mir so, denn auf der Bühne machten alle einen super Job. Sogar der „Atomschrubber" riss sich zusammen und spielte ohne Faxen die bis dahin mit ihm einstudierten Songs. Bei einem Song hatte es Alim nicht mehr auf der Bühne gehalten. Er ist mit seinem langen Kabel ins Publikum zu einer Gruppe Mädels und rockte mächtig mit ihnen ab. Eine durfte sogar auf seiner Gitarre spielen, hörte sich zwar gruselig an, aber das Volk hat getobt. Zurück auf der Bühne, kam Alim zu mir ans Mikro, wo wir beide zusammen einen Song gesungen haben. Das hat Eindruck auf das Publikum gemacht, hier gab es nicht nur etwas zu hören, sondern auch etwas zu sehen. Sogar Manou, der mit dem gehörigen Bierdurst, hatte seinen Spaß. Ihm hatten wir die Bedienung des Lichtpultes aufgedrückt. Auch er machte einen super Job und ließ die Hundert-Watt-Birnen glühen, so dass fürs Auge ein super Bühnenbild entstand. Wir spielten irgendwie wie im Rausch, na ja, wir hatten ja auch zwischenzeitlich schon einige Bierchen gezischt. Aber leider ging das Konzert auch sehr schnell vorbei, was mir etwas Bauchweh machte, weil ich mich so lange auf diesen Moment gefreut hatte. Aus diesem Konzert hatten wir natürlich auch sehr viel gelernt. Ein Kumpel von Matze, ich meine vom „Atomschrubber", hatte den Abend super Fotos geschossen. Leider sind die Fotos irgendwo abhanden gekommen. Volker hat es immer auf meinen Bruder geschoben und er auf Volker. Nützt aber nichts, sie sind nun mal weg! Leider!

Nach Konzertende haben uns die Leute regelrecht gefeiert, wollten uns alle die Hände schütteln. Das war ein echt tolles Gefühl, was uns eine Bestätigung für die Arbeit der letzten paar Jahre war. Irgendwie waren wir alle glücklich und genossen den Rummel um uns.

An diesem Abend haben wir die Anlage natürlich nicht mehr abgebaut. Das konnten wir am Sonntag nach dem Gottesdienst machen. Also sind wir anschließend noch in eine Kneipe gefahren, die gleich um die Ecke war. Dort kannte man uns, weil wir da ab und an auch mal zu Gast waren. Hier konnten wir noch ausgelassen mit einigen unserer Fans feiern. Sogar Gunther schwärmte in höchsten Tönen von uns und versuchte sich mal wieder einzuschleimen. Ihm waren nun endlich auch die dummen Sprüche vergangen. Ein rundum gelungenes Konzert, auch wenn es am Anfang so schien, als würde mein Traum wieder einmal zerplatzen.

Am Sonntag standen wir nun vor dem Problem, das mein Bruder keine Anhängerkupplung mehr hat. Also mussten wir unseren Vater fragen, ob wir sein Auto bekommen können. Er war auch nicht gerade davon begeistert, weder davon, dass mein Bruder den Opel Kadett verkauft hatte, noch davon, dass wir seinen Wagen haben wollen. Aber irgendwie mussten wir ja das ganze Zeug wieder vom Gemeinderaum zum Übungsraum bringen. Letztlich hat er uns den Wagen gegeben, wofür wir ihm sehr dankbar waren. Also machten wir uns zur vereinbarten Zeit auf den Weg ins Gemeindehaus. Volker war bereits da, was mich sehr verwunderte. Auch Alim, von dem wir bislang noch nichts gehört hatten, war schon mit dem Mofa dort hingekommen. Mir kam das mal wieder etwas seltsam vor, weil die beiden schon am Ackern waren. Ach ja, wo war eigentlich der „Atomschrubber?
Volker erklärte uns, dass er ihn abholen wollte, aber seine Mutter ihm gesagt hat, dass er diese Nacht nicht nach Hause gekommen sei. Nun gut, der wird wohl weiter um die Häuser gezogen sein!
Wie schon gesagt, beunruhigte mich die

Situation, dass Volker und Alim schon voll zu Gange waren. Ich suchte die beiden zu einem kurzen Gespräch auf. Volker erklärte mir mit mieser Laune, dass er seine Elfe abholen muss, und daher wenig Zeit hat. Alim hingegen hatte mal wieder Stress mit seinen Eltern, weil er gestern so spät nach Hause gekommen war. Oh Mann, das roch schon wieder dermaßen nach schlechter Laune, da hatte ich mir doch für den Tag einen schöneren Ausklang gewünscht.

Wir mussten natürlich wieder mehrmals fahren, bis wir alles wieder in den Übungsraum geschafft hatten. Hier wurde mehr oder weniger alles nur hineingestellt, kreuz und quer, ohne jeden Sinn und Verstand. Klar, wir hatten alle wenig geschlafen und am Vortag einiges getrunken. Logisch, dass jeder auf sein Sofa wollte, aber ein bisschen „harmonischer" wäre es mir in Bezug auf die Zukunft der Band lieber gewesen.

Ab Montag hieß es wieder arbeiten. Auch während der Arbeit machte ich mir nun Gedanken darüber, wie es mit der Band jetzt weitergehen soll. Sozusagen unsere Feuertaufe haben wir ja mit Bravour bestanden, darauf könnten wir eigentlich jetzt aufbauen.

Um das Chaos im Übungsraum zu beseitigen, hatten wir uns für das kommende Wochenende verabredet. Die ganze Woche über habe ich von niemanden etwas gehört. Mein Bruder war jeden Tag mit seinem neuen Wagen und seiner Freundin unterwegs, Alim hatte bestimmt Hausarrest und Volker war sicherlich mit seiner Elfe beschäftigt. Nun musste ich mir etwas einfallen lassen, um die Truppe bei Laune zu halten. Am Samstag kaum im Übungsraum angekommen, gingen schon gleich wieder die Diskussionen los. Volker war der Termin am Wochenende schon wieder zu viel, weil er seine Elfe schon wieder im Nacken hatte. Alim beschwerte sich über den „Atomschrubber", weil er letzten Sonntag nicht beim Abbauen geholfen hatte. Mein Bruder machte auch nicht gerade einen motivierten Eindruck und ich verstand die Welt nicht mehr. Ach ja, wo war eigentlich der „Atomschrubber"?

An diesem Samstag haben wir noch nicht einmal die Instrumente ausgepackt. Zwar haben wir einigermaßen Ordnung schaffen können, aber irgendwie schien mir wieder die Luft raus zu sein. So verging mal wieder Woche für Woche, ohne dass die anderen irgendein Interesse zeigten an dem, was uns doch eigentlich Freude machte.

Zwischenzeitlich hatte mich jemand aus dem Gemeindehaus angesprochen, dass sie eine Band für eine kleine Feier suchten und ob wir da nicht Interesse daran hätten, ein „Open Air" zu spielen. Okay, Open Air hört sich vielleicht etwas übertrieben an. Es sollte halt draußen vor dem Gemeindehaus stattfinden. Bei mir war da schon Interesse vorhanden, aber wie sah es bei den anderen aus?

Also musste ich den anderen wieder hinterherrennen, um diese Frage zu klären.

Gesagt, getan, lud ich mal wieder bei uns zuhause zur Krisensitzung ein. Wow, sie waren ja mal pünktlich!

Allesamt machten aber einen desinteressierten Eindruck. Ich erzählte von der Anfrage, wovon ich mir ein Weitergehen der Band erhoffte. Alim funkte gleich dazwischen, dass er derzeit viel für die Berufsschule lernen muss. Volker sagte uns, dass er zuhause viel Stress mit seinem Vater hat und er eine Wohnung sucht. Mein Bruder hingegen fügte nichts mehr hinzu, was mich Schlimmeres ahnen ließ. Volker sagte dann noch, dass er ohne P.A. nicht mehr spielen würde und das der Sound beim Auftritt Schweiße gewesen wäre. Warum kam er da jetzt erst mit raus?

Zum Schluss sagte mein Bruder nur, dass er mit der Musik aufhört und die Band mit dem heutigen Tag verlässt!

Bums!

Da waren sie wieder, meine drei Probleme. Kein Drummer, mein Bruder war Mitmieter des Übungsraumes und Alim und ich hatten kein Geld. Na ja, und ob die anderen überhaupt noch Lust hatten, war die nächste Frage. Ganz zu schweigen vom „Atomschrubber", der fand gar keine Erwähnung mehr. Nun musste ich zusehen, wie ich zumindest den Rest der Truppe zusammenhalten konnte.

In der Berufsschule hatte ich zwischenzeitlich einen Typen namens Roman kennengelernt. Irgendwie waren wir mal auf das Thema Musik gekommen und er erzählte mir, dass er Schlagzeug spielt. Er spuckte da große Töne, ich war, zumindest vom Erzählen her, sehr beeindruckt. Vor ein paar Wochen war das Thema neuer Drummer ja noch nicht in Sicht, aber für den kommenden Berufsschultag hatte ich mir vorgenommen, Roman doch noch mal zu dem Thema anzusprechen. Da sich weder Alim noch Volker um Ersatz bemühten, musste ich das wieder in die Hand nehmen. Roman war gleich Feuer und Flamme, als ich ihn zu dem Thema ansprach. Er hätte noch nie in einer

Band gespielt und würde sich sehr darauf freuen. Also hatte ich mich gleich nach der Berufsschule mit ihm verabredet. Ich konnte es kaum erwarten, bis die Schule zu Ende war. Mit meinem Mofa bin ich dann nach Hause gefahren, habe mich abgemeldet und bin gleich in großer Erwartung in Richtung Roman weitergefahren. Dass er den rechten Fuß in Gips hatte, muss ich wohl in dieser Euphorie übersehen haben. Bei ihm angekommen, haben wir zusammen erst mal eine geraucht und er hat mir einige Songs von Platte vorgespielt, die ihm sehr gefielen. Mich hatte das eigentlich gar nicht interessiert, ich wollte ihn trommeln hören, deshalb war ich da!

Ich unterbrach seine Erzählungen und forderte ihn regelrecht dazu auf. Nun nahm er mich mit in den Keller, wo sein Drum stand. Mit Kippe im Mund humpelte er zu seinem Drum, setzte sich hin und latschte mit dem Gipsfuß erst mal richtig auf die Bassdrum. Ich dachte, dass gleich die ganze Bassdrum durchknallt. Ich sagte, los Roman, gib alles. Er spielte zwar etwas unkontrolliert, was ich im Moment halt auf den Gipsfuß geschoben hatte. Aber ich muss sagen, das hörte sich trotz des Gipsfußes runder an, als das, was mein Bruder spielte. Kurzerhand teilte ich ihm mit, dass ich die anderen informieren würde und wir uns dann mal zusammen im Übungsraum treffen, um mit ihm das Zusammenspiel zu testen. Er war sofort begeistert, bedankte sich tausend Mal und sagte, dass wir kurz Maria holen müssten. Anscheinend seine Freundin. Also stiefelten wir los zu einem in der Nähe liegenden kleinen Einkaufsladen. Anscheinend arbeitete Maria dort. In dem Laden war nur eine ältere Frau und Roman stiefelte zielstrebig auf das Schnapsregal zu. Dort nahm er sich eine Flasche Mariacron aus dem Regal. Jetzt wusste ich auch, was er meinte. Dann schnappte er sich noch eine Kiste Bier und humpelte in Richtung Kasse und bezahlte. Ich sagte ihm, dass ich ihm beim Tragen helfe, aber er lehnte ab. Er nahm die Kiste Bier auf die Schulter, seine Maria in die Hand und humpelte in Richtung Heimat. Ach ja, und eine Kippe hatte er auch im Mund!

Ich fragte mich natürlich, was das jetzt geben soll. Immerhin war es erst 15:00 Uhr und mitten in der Woche. Na ja, da ich ja nicht abgeneigt war, ein paar Bierchen zu trinken, ließ ich mich mal überraschen, was an diesem Tag noch alles so passiert.

Bei ihm angekommen, löschten wir erst mal unseren Durst. Er griff gleich zum Telefon und rief ein paar Freundinnen an, die dann wenig später auch gleich zu ihm kamen. Ihnen hatte er am Telefon erzählt, dass jemand da sei, der in einer Band spielt. Anscheinend wollte er sie damit anlocken. Romans Mutter hatte die Mädels wohl kurz nach seinem Anruf rein gelassen. Genau in meinem Blickfeld öffnete sich vorsichtig die Tür. Das erste was ich sah, war ein Mädel mit kurzen Haaren und Pferdegebiss! Oh Mann, ich war gespannt, wie der Rest von ihr aussah. Nach einem kurzen Hallo machte Roman mich mit den Mädels bekannt. Die mit dem Pferdegebiss war Ella und die hübschere war Helen, ihre Zwillingsschwester. Zweieiige Zwillinge versteht sich!

Helen war sehr gepflegt, blonde Haare, Pferdeschwanz. Da hat sie wohl den besseren Teil vom Pferd mitbekommen!

Na ja, Spaß bei Seite, jedenfalls schien das eine lustige Runde zu werden. Roman fing natürlich gleich an zu erzählen, dass er in der Band mitmachen darf und legte auch gleich die Musik-Kassette auf, die ich mitgebracht hatte. Gemeinsam hörten wir uns unsere Songs an und die beiden Mädels waren begeistert. Ella machte mir schöne Augen, was ich in meiner Schüchternheit zwar bemerkte, aber verdrängte, weil mir Helen ehrlich gesagt besser gefiel. Nur hatte die kein großes Interesse an mir gezeigt, lediglich gesagt, dass ihr unsere Musik gefällt. Nun ja, Roman hatte sich bereits mit „Maria" vergnügt und für mich kam nach ein paar Bierchen jetzt auch der Zeitpunkt, wo ich so langsam das Weite suchen musste, weil Ella mir bereits halb auf dem Schoß saß. Oh Mann, hoffentlich bekam ich keine Albträume wegen der Pferde!

Ich hab mich dann kurzerhand verabschiedet, bevor noch Schlimmeres passieren konnte. Eigentlich hätte ich ja nicht mehr fahren dürfen, aber auch dieses Mal bin ich gut nach Hause gekommen. Mit Roman war ich so verblieben, dass ich mich in den nächsten Tagen bei ihm melden werde.

Nun musste ich erst mal Alim und Volker kontaktieren, um zu sehen, ob sie meinen Vorschlag annehmen. Volker war wohl sehr interessiert und wir verabredeten uns gleich für das kommende Wochenende. Alim hingegen hatte keine Lust, er müsse für die Berufsschule lernen. Oh Mann, was war das für ein Streber geworden!

Volker hatte mich an einem Samstagnachmittag abgeholt, anschließend sind wir zu Roman gefahren und von da aus in den Übungsraum. Roman hatte eine ganz mächtige Fahne, anscheinend hatte er sich Mut angetrunken. Mir fiel dazu gleich der Song „Aber bitte mit

Sahne" von Udo Jürgens ein, den ich gleich um textete in „Der Roman hat ne Fahne". Das sang ich dann lauthals, was Roman ein wenig verärgerte, Volker wiederum amüsierte. Aber andererseits war Volker auch angepisst, weil Roman dermaßen nach Alkohol stank. Seiner empfindlichen Nase ist das nicht entgangen. Also hatte sich das Thema eigentlich schon erledigt, bevor wir überhaupt einen Song mit Roman gespielt hatten. Aber wir wollten es immerhin versuchen. Roman benutzte dafür das Drum meines Bruders. Er spielte immer noch so unkoordiniert, obwohl er am Freitag seinen Gips abbekommen hatte. Er fand immer wieder einen neuen Grund, um sein Verspielen zu entschuldigen. Einmal waren es seine Schuhe, indem er schimpfte „scheiß Schuhe", das andere Mal waren es die „scheiß Drumsticks". So ging das laufend, so dass wir die Probe mit ihm auch kurzerhand abbrachen und Roman wieder nachhause fuhren. So hatte das keinen Zweck. Letztendlich lag es an seiner Sauferei, dass er nichts auf die Reihe bekommen hatte. Wir sagten ihm, dass wir es uns noch mal überlegen, obwohl unsere Entscheidung ja eigentlich schon feststand. Nachdem wir ihn abgeliefert hatten, diskutierte ich noch mit Volker über die derzeitige Lage der Band. Ehrlich gesagt, wussten wir nicht wie es weiter gehen sollte. Volker hat mich dann zuhause abgeliefert. Ich hatte mir vorgenommen, erst mal Alim anzurufen, um ihm zu berichten, wie die Sache ausgegangen ist. Seinen Vater war jedoch am Telefon, der mir sagte, dass er mit Gunther auf der Rolle sei.

Komisch! Der wollte doch lernen?

Ich hatte da schon wieder eine Vermutung, welche sich auch später bestätigte. Alim bat Volker und mich um ein Gespräch, was wir am folgenden Wochenende auch führten. Dazu hatten wir uns im Übungsraum verabredet. Alim war rechtzeitig da und hatte seine Sachen schon mal abgebaut und zusammengestellt. Diese wollte er mit dem Mofa mitnehmen. Okay, es war eh nur seine Gitarre, sein Kofferverstärker und sein Mikro. Volker trudelte zum Gespräch natürlich mit seiner Elfe ein.
Was sollte das denn bitte?
Musste die denn überall dabei sein?

Alim fackelte auch nicht lange und verkündete uns, auch er werde die Band verlassen. Er hätte keine Lust mehr, weil wir ja eh immer nur dasselbe machen würden und nie etwas Neues. Oh Mann, da waren sie wieder, meine drei

Probleme: Kein Drummer, keinen zweiten Gitarristen und keine Kohle für die Übungsraummiete. Alim hatte uns zugesagt, seinen Teil der Raummiete so lange zu bezahlen, bis wir Ersatz gefunden haben.

Volker wusste genau wie ich, dass wir auf die Schnelle keinen passenden Ersatz bekommen würden. Da wir ja jetzt zwei Leute brauchten, blieb uns keine andere Möglichkeit, als uns mit meinem Bruder an einen Tisch zu setzen, um die Auflösung des Übungsraumes zu besprechen. Für mich wurde mal wieder aus dem Traum ein Albtraum.

Nach dem Treffen mit meinem Bruder sind wir in der Woche darauf gemeinsam zum Vermieter gefahren, um noch mal die Einzelheiten der Kündigungsfrist zu erfahren. Hierzu sagte man uns, dass wir ein halbes Jahr Kündigungsfrist hätten, oder wir haben die Möglichkeit, einen Nachmieter zu finden. Geknickt sind wir drei aus dem Büro des Vermieters gegangen, weil wir wussten, dass wir noch ein halbes Jahr bezahlen müssen, wenn wir niemanden finden. Da mussten wir jetzt halt durch, schließlich wollten wir ja auch alle den Raum haben. Unser Equipment haben wir so nach und nach schon mal aus dem Raum geholt und es erst einmal bei meinen Eltern in der Schule gebunkert.

Mittlerweile waren schon mehr als zwei Monate vergangen. Alim hatte uns mit seinem Anteil an der Übungsraummiete hängenlassen. Er hielt es einfach nicht für nötig zu bezahlen! Also hat mein Bruder seinen Anteil auch noch übernommen. Dass wir, und besonders mein Bruder, da äußerst stinkig auf ihn waren, kann man sich ja wohl denken. Das hatten wir nicht erwartet. Ein langjähriger Schulfreund von mir und dann so was!

Ein paar Wochen später rief uns der Vermieter an und erzählte uns, dass er eventuell jemanden für unseren Raum hat. Wir hatten schon zur Auflage gemacht bekommen, dass wir den Raum wieder so herrichten sollten, wie wir ihn übernommen hatten. Also hätten wir den Ofen wieder abbauen müssen, die Alufolie von den Decke kratzen müssen und so weiter. Da wäre es uns sehr recht, wenn dieser Jemand den Raum so übernahm. Wir haben dann einen Termin mit dem Nachmieter gemacht, wo er sich den Raum mal anschauen konnte. Der Mann war Maler und wollte sich dort eine Art Atelier einrichten. Er sagte uns sofort zu, den Raum ab sofort zu nehmen, auch mit den ganzen Sitzmöglichkeiten, dem Ofen und dem Podest. Uns kam das sehr gelegen, so waren wir diese Sorge los. Nun konnten wir zumindest dieses Thema abhaken. Aber was sollte nun aus meinem Traum werden?

Für mich ging eine Ära genau wie für die anderen zu Ende. Nur mir hat das Ganze mächtig wehgetan, was ich mir aber nicht anmerken ließ. Für die anderen ging der Alltag weiter, aber ich hatte meinen Traum noch lange nicht aufgegeben. Wie es weiter gehen sollte, wusste ich bis dahin noch nicht. Also beschloss ich erst einmal, genau wie die anderen, ein wenig Abstand von der Musik zu bekommen, um mir meinen weiteres Vorgehen genau zu überlegen.

Musik war zu dieser Zeit mein zweites Leben. Was hätte ich alles gegeben, um es so weit zu schaffen, wie die Bay City Rollers. Aber was war eigentlich aus denen geworden?
Im Jahr 1979 hatte ich mir die letzte LP der Rollers, „Elevator" gekauft, diese aber nicht so richtig in Betracht gezogen. Zwar mal angehört, aber irgendwie hat sie mir bis auf den Song „Turn on the Radio" nicht gefallen. Nun ja, auch bei den Bay City Rollers hat es immer wieder personelle Wechsel gegeben. Vielleicht lag es ja daran, das Leslie, der Sänger der Bay City Rollers, nicht mehr dabei war. Jedenfalls habe ich mich für einige Zeit zurückgezogen

und habe mir laufend unter Tränen eine Bay City Rollers LP nach der anderen angehört. Es war doch immer mein Traum gewesen, so zu sein wie sie.

Von den anderen hatte ich kaum noch was gehört. Selbst mein Bruder traf sich so gut wie nicht mehr mit Volker. Hier ging anscheinend eine Freundschaft nach der anderen kaputt. Also musste auch ich damit anfangen, mir neue Freunde zu suchen.

Ich bin damals viel mit dem Mofa durch unsere Stadt gefahren. Dabei ist mir eine Kneipe aufgefallen, wo regelmäßig Live Musik stattfand. Alleine hatte ich nie den Mut, dort einfach rein zu stiefeln, um neue Kontakte zu knüpfen. Also blieb es dabei, dass ich immer zum besagten Tag dort vorbeifuhr, um ein wenig Live Musik zu hören, natürlich mit sicherem Abstand. Ich wusste nicht, wie ich andere Leute ermutigen konnte, Musik zu machen. Mit Claudius und Didi hatte das ja anfangs geklappt, aber aus meiner Geschichte heraus weiß man ja, dass es auch in die Hose gegangen ist. Also wie sollte ich an neue Leute heran kommen?

Heute im Zeitalter des Internets ist das sicherlich um einiges leichter, als Anfang der achtziger. Selbst heute liegt das Problem immer noch bei der Zuverlässigkeit der Musiker, verschiedene musikalische Auffassungen, verschiedene Charaktere. Also konnte ich damals eigentlich nur auf ein Wunder hoffen.

Selbst von den Bay City Rollers hörte man in Deutschland nichts mehr, weder im Fernsehen noch in der Bravo. Also habe ich mir gesagt, das wird wohl das musikalische Ende der Bay City Rollers sein, ebenso wie meins!

Mittlerweile waren einige Wochen vergangen und meine Gedanken hatten sich weit von der Musik entfernt. Ich habe sehr viel mit Manou abgehangen, na der mit dem gehörigen Bierdurst!

Meinen Bass hatte ich seit dieser Zeit auch nicht mehr in die Hand genommen, warum auch. Mein Leben schien irgendwie dahin zu laufen, ohne irgendeine Richtung eingeschlagen zu haben. Für den Moment fehlte mir nichts. Mit Manou hatte ich immer coole Musik gehört und am Wochenende natürlich auch das eine oder andere Bierchen mit ihm gezischt.

Volker hatte bereits seine zweite Wohnung, die unmittelbar bei uns in der Nähe war. Seine Elfe hatte sich auch von ihm getrennt und er war gleich mit seiner neuen Freundin zusammengezogen. Da wir seine neue Freundin noch von unserer Schule kannten, hatten wir die beiden einfach mal spontan besucht. Er hatte sich riesig gefreut und so saßen wir den Abend zusammen und haben uns über „alte Zeiten" unterhalten. Volker hatte wohl Alim getroffen, der ihm erzählte, dass er eine neue Band gefunden hat und sie in am Rande der Stadt einen Übungsraum haben. Dort machen sie ein, zwei Mal die Woche eine Session. Mir hat es sehr wehgetan, das mein langjähriger Freund uns erst mit der Übungsraummiete beschissen hat und sich dann noch eine neue Band ohne mich sucht! Schließlich hatte ich ihn ja damals in die Band geholt. Also blieb mir nichts anderes übrig, als mit ihm ein klärendes Gespräch zu führen. Da ich ja in manchen Sachen recht spontan bin, rief ich Alim auch gleich am nächsten Tag an, um mich mit ihm zu verabreden. Am Telefon sagte er mir schon, dass er an uns gedacht hat und ob Volker und ich nicht mal Lust hätten, mit seiner neuen Band eine Session zu machen. Sie hätten sich für den Freitagabend verabredet, um mal wieder richtig abzurocken.

Nun gut, eigentlich hatte ich ja erst mit dem Thema abgeschlossen. Trotzdem rief ich Volker an, der mich dann auch an dem Freitag abgeholt hat. Was soll es, wir hatte ja nichts zu verlieren.

Alim war mit seinem Mofa gekommen und stand bereits vor der Tür und wartete auf uns. Er hat dann dort geklingelt. Uns machte so ein komischer Typ die Tür auf, na ja, war eigentlich ein Eisentor. Wir sollten unsere Sachen runter in den Keller bringen, wo es dunkel war und etwas muffig roch. Durch eine etwas geöffnete Tür schien ein wenig Licht und ich hörte eine mir doch bekannte Stimme aus dem Raum schallen und ein Lachen, das ich früher schon mal gehört hatte. Ich betrat den Raum und konnte nun auch diese Stimme zuordnen. Es war Christian, der Drummer, mit dem wir vor einiger Zeit bei Gunther im Partyraum bereits eine Band gründen wollten.

In dem Übungsraum roch es irgendwie komisch. Mir kam es so vor, als wenn die dort erst mal einen Joint geraucht hätten. In der Ecke saß noch ein anderer Typ, Charlie. Der machte den Eindruck, als wenn er im siebten Himmel wäre, total zugekifft!
Mein Gott, wo waren wir denn jetzt hingeraten?
Trotzdem wollten wir natürlich ein wenig Musik machen und Volker nahm das Ruder mal gleich wieder in die Hand und schlug vor, doch mal einen Song aus alten Zeiten zu spielen, wo natürlich mal wieder alle genickt haben. Also los ging es mit neuem „Drive" und einer

gehörigen Portion Übermotivation. Schon nach den ersten Takten merkte man, wie in unseren Gesichtern wieder ein Strahlen aufkam, was uns neuen Mut für neue Herausforderungen gab. Und Charlie fühlte sich anscheinend, in der Ecke sitzend, auch wie ein Rockstar, obwohl er gar nicht mitspielte. An diesem Tag hatte sich eine neue Band formiert mit viel Hoffnung auf Erfolg.

Nun begann für uns eine neue Zeit in der Musikszene. Wir hatten uns darauf geeinigt, dass wir uns immer freitags zum Üben treffen. Christian war schon ein bisschen durchgeknallt. Er trommelte wie ein Wahnsinniger auf seinem Schlagzeug herum, so dass unsere alten Songs einen ganz neuen Charakter bekamen. Das ermutigte uns natürlich, jetzt auch neue Songs zu machen. Alim hatte dazu auch gleich eine Idee, die wir auch in der ersten gemeinsamen Übungsstunde umsetzten.

Christian war meistens am Lachen, anscheinend hatte der auch schon wieder was geraucht, jedenfalls kam es mir so vor. Alim hatte den neuen Song „My Mother is a Bitch" genannt. Mir lief es immer wieder eiskalt den Rücken herunter, weil wir den Song mehrere Male hintereinander spielten. Immer wieder und immer wieder!

Irgendwie hatte es mir der Song angetan, vielleicht auch, weil für mich mein Traum weiterging. Der Song hob sich gewaltig von den alten Songs ab. Lag wahrscheinlich auch daran, dass der Song von Alim kam und nicht von Volker. Wir alle hatten gemerkt, dass der neue Song besser zu uns passt. Also wussten wir nun, in welche Richtung wir arbeiten mussten. Alim hatte anscheinend nicht mehr so das Lernen im Visier, denn er kam zur nächsten Übungsstunde schon wieder mit einem neuen Song. Diesen nannte er „Marrakesch". Hier hatte er einen Instrumental Song geschaffen.

Nun gut, bei dem ersten Song sang er, was ihm gerade einfiel. Dafür gab es keinen Text. Also war wohl der Instrumental Song erst einmal eine gute Wahl. Jedenfalls hatten wir mit den zwei neuen Stücken viel zu tun, so dass die alten Songs nun erst mal weiter nach hinten rückten, was Volker natürlich nicht so gefiel, er es aber akzeptierte!

Anscheinend fühlte auch er sich mit den zwei neuen Songs wohl. Wir bekamen durch die zwei neuen Songs einen riesigen Schub an Motivation. Das merkte man auch daran, weil es keiner abwarten konnte, bis der nächste Freitag vor der Tür stand!

Auch diesen Abend verließen wir den Übungsraum mit Stolz auf das, was wir geschafft hatten.

Die Woche über war zwischen uns eigentlich Funkstille. Volker war mittlerweile nicht mehr beim Militär, ihn hatte man ausgemustert. Christian machte sein Abi, Alim und ich machten unsere Lehre weiter. Trotzdem wir nichts voneinander hörten, waren wir alle heiß auf die kommende Übungsstunde. Wir hatten ja noch genug mit den neuen Songs zu tun, worauf wir uns freuten. Volker hatte Alim und mich abgeholt und so fuhren wir gemeinsam zur Bandprobe. Christian war bereits da, seine alte Ente stand auf dem Parkplatz. Wir mussten wieder klingeln, uns öffnete der komische Typ wieder das Eisentor. Im Obergeschoss befand sich ein Treffpunkt für Punker. Der Typ war wohl der Chef und ließ keine ungebetenen Gäste hinein. Bei uns wusste er ja, wo wir hin wollten, also konnten wir passieren.

Schon im Flur hörten wir einige Stimmen aus dem Übungsraum. Was ging denn da ab? Christian hatte seinen Kumpel Charlie im Schlepptau, der sich natürlich schon wieder irgendwie seltsam verhielt. Christian sagte gleich zu Beginn, dass nachher noch ein paar Leute kommen, die sich unsere Musik anhören wollen. Na ja, viel gab es da ja noch nicht zu hören, aber immerhin hatte jemand Interesse an dem, was wir taten. Volker hatte nun wieder das Zepter in die Hand genommen und befahl uns, einen alten Song einzuüben. Er war zwar nicht mehr beim Militär, aber den Befehlston hatte er immer noch an sich. Also taten wir mal wieder, was er sagte!

Während wir den Song „Back to me" einspielten, kamen auch die Leute von Christian. Die waren irgendwie auf der Wellenlänge von Christian, anscheinend hatten die auch schon einen geraucht!

Sie sagten nur, los, jetzt wollen wir was hören. Also versuchten wir erst mal die neuen Songs zu spielen, die wir in dieser Probe noch nicht gespielt hatten. Charlie saß wie beim ersten Mal in der Ecke und spielte genau so komisch Luftgitarre, wie einst Gunther. Hatte der damals auch was geraucht?

Okay, ein anderes Thema!

Jedenfalls hatten wir nach dem ersten Song einen riesigen Applaus von den paar Leuten bekommen. Einer sagte: „Christian, endlich machst du vernünftige Musik!" Für mich war das eine Bestätigung, für das, was wir machten. Allerdings wusste ich auch nicht, was er mit Charlie so auf die Beine gestellt hatte. Aber nach dem Eindruck den ich von Charlie bekommen hatte, was er redete, wie er sich gab, konnte das nicht viel sein. Irgendwann ging auch diese Übungsstunde wie immer sehr schnell vorbei.

Wir arbeiteten jeden Freitag an unserem neuen Programm. Schließlich wollten wir uns ja auch auf irgendeiner Bühne präsentieren. Christian hatte dafür bereits seine Fühler ausgestreckt und einen Gig im „Haus der Jugend" für uns klargemacht. Oh Gott!!!
Eigentlich waren wir noch nicht so weit, aber früher oder später musste auch die neue Band die „Feuertaufe" überstehen. Nun hieß es richtig ackern, denn schließlich sollte diesmal alles perfekt sein. Ach ja, wir hatten noch gar keinen Bandnamen. Also setzten wir uns mit einem englischen Wörterbuch hin und suchten nach einem passenden Namen. Volker blätterte darin und rief auf einmal: „Dreadful, das ist es, Dreadful, so nennen wir uns."
Klar, hörte sich nicht schlecht an, aber mir wäre der alte Name lieber gewesen. Allerdings muss ich auch sagen, dass die Entscheidung, einen neuen Namen zu wählen, richtig war. Wir hatten neue Songs, die alten Songs in einem neuen Gewand, warum sollte sich nicht auch der Name der Band ändern.

Das „Haus der Jugend" hatte sich bereit erklärt, für uns Plakate zu drucken. Jedenfalls hatte diesmal jemand daran gedacht. Wir hatten uns auf ein Motiv mit einem Wolf geeinigt, was groß unter dem Bandnamen sein sollte. Weiter hatten wir damit nichts zu tun, den Rest machten die Leute vom „Haus der Jugend". Nur das Aufhängen der Plakate überließen sie uns.

Für uns hieß es nun ackern, ackern und nochmals ackern. Schließlich hatte Christian den Termin ohne viel Vorlauf abgemacht, so dass wir ein wenig in Bedrängnis kamen. Also legten wir die Übungseinheiten auf den Samstag, um mehr Zeit zu Verfügung zu haben. Alim hatte zwischenzeitlich Geburtstag gehabt, so dass er am kommenden Samstag Bier und ein paar Leute mitbrachte, um ein wenig zu feiern. Klar, Gunther war auch wieder von der Partie. Er brachte auch den Bruder des Klassenkameraden mit, der einst auf unserer Schulabschlussfeier die Technik betreute. Er hatte wohl bemerkt, dass er uns als Band gerne in Sachen Technik unterstützen möchte. Klar, so jemanden konnten wir gut gebrauchen, natürlich auch zum Boxen schleppen. Jedenfalls war es das erste Mal, dass wir mit dieser Band Alkohol tranken. Alim hatte eine ganze Menge 6er-Träger Bier mitgebracht, und wir zischten gleich zu Beginn die ersten Bierchen. Nach ein paar Songs sagte ich laufend, ich sehe meine Saiten nicht mehr. Ich war dermaßen abgefüllt und die anderen auch, bis auf Volker, der musste ja noch fahren. Es war zwar wieder mal ein Besäufnis, aber irgendwie gehörte es auch mal dazu. Gunther hatte zwar, wie immer, dumme Sprüche auf Lager, aber Bemerkungen wie früher, als ich noch mit Claudius und Didi rockte, verkniff er sich. Damals hatte er uns als „Softeis Band" oder „Knochensplitter Band" betitelt. Aber durch unsere neue musikalische Darbietung, die er ja auch noch nicht kannte, hatten wir ihn anscheinend langfristig kuriert. Dieser Abend war sehr lustig und auch Christian hatte nach ein paar Bierchen lustige Sprüche drauf. Irgendwann hat Volker mich dann nach Hause gefahren, keine Ahnung.

Filmriss!

Na, immerhin war das mal wieder eine gelungene Party, mehr oder weniger spontan. Nun mussten wir aber richtig Gas geben, denn in vier Wochen stand der Gig an und wir hatten bei einigen Songs noch erhebliche Probleme, die wir noch ausbügeln mussten.

Im „Haus der Jugend" hatten wir uns bereits die Räumlichkeiten angesehen. Alim mit blauem Auge, das er sich irgendwo wegen einem Mädchen eingefangen hatte. Konnte ich zwar nicht verstehen, weil er ja eigentlich bei so etwas zum Tier wurde. Jedenfalls waren wir so dahin gestiefelt. Mein Gott, was mögen die wohl von uns gedacht haben.

Vom Dachboden hörten wir laute Musik. Man erzählte uns, dass dort eine Band übt. Also hatten wir nach der Besichtigung der Räumlichkeiten nichts Besseres zu tun, als dort mal nachzusehen. Wir fragten einfach, ob wir mal zuhören dürfen, was man uns nicht verweigerte. Die Band war sehr gut ausgestattet, mit PA und allem drum und dran. Schon bei den ersten Tönen, die sie spielten, hörte ich, das die uns um Längen voraus waren. Das klang einfach rund und perfekt. Da mussten wir aber noch gewaltig zulegen, um in solch einer Liga mitspielen zu können. Vor allem haperte es uns am Gesang. Weder Volker, Alim, geschweige denn ich waren gute Sänger. Irgendwie haben wir jeder ein paar Songs gesungen, aber wie sich Qualität anhört, hatten wir gerade festgestellt.

Nun gut, wir hatten noch genug zu tun und konzentrierten uns auf unsere Aufgaben. Aber egal wie viel wir übten, die Songs saßen noch nicht richtig. Sie waren musikalisch sehr umfangreich, was uns doch in den verbleibenden Übungsstunden schwer zu schaffen machte. Aber wir gingen unserem ersten Gig in dieser neuen Formation frohen Mutes entgegen.

Mittlerweile waren wir mit der Plakatierung beschäftigt. Zusammen mit Volker bin ich losgefahren und habe verschieden Stromkästen und einige Litfaßsäulen mit unseren Plakaten beklebt. Dass wir das nicht durften, hatte uns damals niemand erzählt. Beim Bekleben eines Stromkastens hatte uns ein junger Türke angesprochen, ob wir die „Grauen Wölfe" seien. Wir verneinten das und machten uns erst mal keine Gedanken darüber.

Der große Tag rückte immer näher und mittlerweile kam bei mir, genau wie bei den anderen, Nervosität auf. Nichts klappte mehr richtig und wir überlegten, ob wir den Gig nicht absagen sollten, weil wir glaubten, dass wir noch nicht so weit waren. Aber Christian nahm das alles sehr gelassen und sagte, das wird schon klappen! Ha, ha, ha, wie er immer so schön lachte!

Also gingen wir die Mission erster Gig an und der Tag X stand unmittelbar vor der Tür. Im Großen und Ganzen war alles ganz gut vorbereitet, ich meine nicht die Musik, ich meine den Transport und den Rest drum herum. Zum Transportieren der Anlage hatten wir wieder das Auto von meinem Vater mit dem dazugehörigen Anhänger, den diesmal Volker fahren musste. Da wir aber keine Bühne mehr hatten, die wir mitnehmen mussten, bekamen wir alles mit einem Hänger transportiert. Auch sonst hatten wir unsere Anlagen auf das Äußerste beschränkt. Diesmal waren alle zum verabredeten Zeitpunkt vor Ort. Wir waren alle gut drauf und sehr zuversichtlich, was den Gig anbetraf. Also bauten wir frohen Mutes unsere Anlage auf und machten den Soundcheck. Mein Gott, das ging aber schnell!

Nun füllte sich der Raum einigermaßen, aber dennoch recht zögerlich. Uns kannte ja auch noch keiner, also was wollten wir erwarten?

Ich denke, dass es so dreißig bis vierzig Leute waren. In den Sitzecken hingen welche herum, und hier und da stand das eine oder andere Grüppchen. Anscheinend war hier niemand an uns interessiert, die waren wohl hier, weil hier etwas stattfand! Oh Mann, gute Aussichten! Aber was sollte es, da mussten wir halt durch. Immerhin war es unser Job, die Leute für uns zu begeistern. Also hieß es, Nerven behalten und durch!

Alle waren mächtig nervös, mittlerweile auch Christian. Aber so ein bisschen Lampenfieber gehört ja nun auch mal dazu. Ich glaube, dass es selbst den großen Stars nicht anders geht. Über ein passendes Outfit haben wir uns überhaupt keine Gedanken gemacht.

Schließlich hatten wir noch genug an der Musik zu feilen. Da hatte keiner einen Kopf, sich darüber Gedanken zu machen.

Also haben wir dann unseren neuen Techniker Olaf gebeten, den Einspieler zu starten und sind so, wie wir angezogen waren, auf die Bühne. Wir hatten dafür denselben Einspieler benutzt, wie beim Gig im Gemeindehaus. Als wir dann mit unserem ersten Song begonnen hatten, haben wir zwei Magnesiumblitze rechts und links neben uns gezündet. Diese hatten wir auf einen Teller gelegt und gut versteckt. Auf der rechten Seite stand der Verstärker von Charlie, den Alim sich für den Gig geborgt hatte. Da der Magnesiumblitz direkt vor dem Verstärker lag, hatten wir damit die Front des Verstärkers abgefackelt und Olaf musste den kleinen Brand, während wir spielten, löschen. In dem Raum stand eine riesige Qualmwolke, so dass die meisten Leute erst mal nach draußen geflüchtet waren. Wir hingegen mussten ausharren und spielten unseren Song weiter. Die Mitarbeiter des Hauses hatten bereits die Fenster geöffnet, der Qualm verzog sich recht schnell und die Leute konnten so nach und nach wieder reinkommen. Auch die Band vom Dachboden hatte sich mittlerweile eingefunden, um sich ein Bild von unserer Band zu machen. Na ja, nun hatten sie eins!

Wir waren nun schon in der Mitte unseres Programms angekommen, so dass auch ich meinen Song „Träume" singen konnte. Danach hatte sich auch meine Nervosität gewaltig gelegt. Aber für mich war es mal wieder eine Herausforderung, weil es sich doch wieder ein wenig unangenehm anfühlte, auf der Bühne zu stehen und zu singen. Aber eigentlich war es doch das, was ich wollte.

Etwas später kamen wir an den Punkt, wo wir „Lovely Sky" spielen wollten. Dazu hatten wir auch wieder einen Einspieler vorbereitet. Der Einspieler ging ein paar Minuten. Darauf hörte man zuerst ein Gewitter, den Regen und anschließend ein Vogelgezwitscher. In diesem Part sollte Alim mit der Gitarre einsetzen. Leider lief das Band nicht so weit, weil der Recorder stoppte. Also spulte Olaf das Band zurück und startete es erneut. Aber wieder an derselben Stelle stellte sich der Recorder ab. War es ein Fluch?

Olaf kümmerte sich darum und hatte nach kurzer Zeit bemerkt, dass am Recorder etwas eingestellt war, was der Grund für den Stopp an gleicher Stelle darstellte. Nun konnten wir in voller Länge mit dem Einspieler fortfahren und Alim konnte an der richtigen Stelle mit unserem letzten Song einsetzen. Mir fiel ein Stein vom Herzen, dass wir es einigermaßen geschafft hatten. Wir bekamen nach dem letzten Song ein wenig Applaus, der aber eher dem Anstand zuzuordnen war.

Einer von der Dachbodenband sagte zu mir, dass die Musik genauso wäre wie unser Bandname, das würde gut zusammen passen. Ich habe das als Kompliment aufgenommen, weil ich nicht einmal wusste, was „Dreadful" übersetzt hieß. Spätere Recherche ergab, dass unser Bandname übersetzt furchtbar, grausam oder schauderhaft bedeutet, je nachdem, in welchem Zusammenhang man es übersetzt. Jetzt wusste ich auch, was der Dachbodenmusiker meinte!

Noch am selben Tag haben wir unsere Anlage wieder in den Übungsraum gefahren. Alle waren zwar zufrieden, aber irgendwie auch wieder nicht. Anscheinend hatte sich jeder von uns mehr von diesem Gig versprochen.

Für die kommende Woche haben wir uns wieder zum Üben verabredet. Was da auf uns zu kam, hatte niemand von uns gedacht.

Christian hatte ein Schreiben mitgebracht, wo uns der Vermieter den Übungsraum gekündigt hatte. Im gesamten Erdgeschoss sollte ein Fitness Studio eröffnet werden. Die Umbauarbeiten dazu hatten bereits begonnen und der neue Mieter hatte sich über den Lärm beklagt. Da er die ganze Etage angemietet hatte und wir nur einen Kellerraum, war ja klar, wer hier weichen musste. Dass nun für die Band „Furchtbar, Grausam, Schauderhaft" ein so schnelles Ende naht, hätten wir nicht gedacht. Wir haben noch versucht, einen anderen Raum zu finden, aber in dieser Zeit war es mit solchen Räumen rar und wir beschlossen, die Band aufzugeben.

Hier endete nun vorerst mein Traum, der gerade erst wieder angefangen hatte!

Kapitel 3

Von nun an trennten sich unsere Wege. Christian war sowieso auf einer ganz anderen Wellenlänge, Volker arbeitete abends immer noch nebenbei in einer Autowerkstatt und Alim hatte sich wieder seinen Büchern gewidmet. Für mich war mal wieder eine Welt zusammengebrochen und ich wusste nicht, inwieweit ich überhaupt noch an meinem Traum festhalten sollte. Finanziell war es ein Problem, einen Übungsraum zu bekommen, geschweige denn ein paar Musiker, die auf derselben Wellenlänge waren wie ich. Also beschloss ich, die Gitarre an den Nagel zu hängen und das Thema Musik ein für alle Mal zu beenden. Was blieb mir anderes übrig!

Mittlerweile war ich im dritten Lehrjahr und altersmäßig kam ich nun in den Genuss, den Führerschein machen zu können. Da ich mich nun mehr oder weniger wieder an Manou, na der mit dem gehörigen Bierdurst, geklammert hatte, beschlossen wir gemeinsam, uns dort anzumelden. Nun gut, für mich war das eine gelungene Abwechslung, weil dadurch auch so nach und nach der Gedanke, Musik zu machen, verschwand.

Da ich ja nun die letzten Jahre eigentlich nichts für die Berufsschule getan hatte, war natürlich auch die Zwischenprüfung in die Hose gegangen, die ich schon vor ein paar Monaten hatte. Also hatte ich ja nun eigentlich mit dem Führerschein und dem extremen Lerndefizit genug nachzuholen, denn den Führerschein, genauso wie meine Gesellenprüfung, wollte ich schon bestehen. Also machte ich mich an die Aufgaben, die ich bislang vernachlässigt hatte.

In der Berufsschule war ich bereits in eine andere Klasse gekommen. Hier hatte mich auch wieder der Fluch „Klassenwechsel" eingeholt, wie ich ihn ja bereits in den ersten Schuljahren erfahren musste. Von Roman, meinem Klassenkameraden, hörte ich derzeit auch so gut wie nichts mehr, also war der Weg frei, zumindest schon mal mit Manou für den Führerschein zu lernen. Mit Manou hatte ich einen super Freund gefunden, der mir sehr ans Herz gewachsen war. Wir gingen zusammen zur Fahrschule, lernten gemeinsam und am Wochenende hörten wir wieder coole Musik und tranken das eine oder andere Bierchen. Hier drehte es sich nicht mehr um das Thema Musik zu machen, sondern nur noch Musik zu hören. Mir war klar geworden, dass die Erfüllung meines Traumes in weite Ferne gerückt war. Mein Leben verlief von da an anders, als ich es mir erhofft hatte. Zusammen mit Manou bin ich dann auch in Discos gegangen, immer im Schlepptau von seinem Bruder und dessen Kumpels. Na ja, meine Welt war es nicht wirklich, es war irgendwie Gruppenzwang. Ich verschwendete auch keinen Gedanken mehr an den Bay City Rollers. Irgendwie war derzeit das Thema, Musik zu machen, meinen Vorbildern nachzuahmen, ganz aus meinem Gedächtnis gestrichen. So verging Woche für Woche und Monat für Monat, bis wir beide das Ziel Führerschein erreicht hatten. Manou hatte sich bereits einen Opel Kadett gekauft und ich hatte zu Hause bereits einen VW Passat stehen. Zusammen mit Manou hatte ich meine erste Prüfung bestanden, mal abgesehen von den „Feuertaufen". Jetzt stand mehr das Auto zu putzen und nach den Mädels Ausschau zu halten auf dem Programm. Manou hatte einen Kollegen, der auch Roman kannte. Also haben wir uns verabredet und sind gleich am ersten Wochenende nach der Prüfung mal bei Roman vorgefahren, um zu sehen, was bei ihm so los ist. Mario, der Kollege von Manou, war natürlich auch da. Er hatte uns erzählt, dass bei Roman immer der Punk abgeht. Romans Mutter war derzeit mit dem Vater von Ella und

Helen zusammen und auch dort hingezogen. Ella war übrigens die mit dem „Pferdegebiss!".

Roman hatte natürlich schon wieder die Lampen an, ich meine, der war schon wieder ein paar Bier im Voraus! Ich merkte, dass Mario ihn laufend verarschte und die anderen die drum herum saßen, machten das Spielchen mit. Na ja, irgendwie tat er mir ja ein wenig leid. Er erzählte einen Witz, der urkomisch war, aber keiner lachte. Erst als Mario einen Kommentar dazu machte, fingen die anderen an zu grölen. Mann, was war denn hier los?

Für mich stand fest, dass Mario ein Arschloch war und ich mit ihm eigentlich nichts weiter zu tun haben wollte. Leute die gleich das Kommando übernahmen und dann noch auf diese Art und Weise, hatte ich ja bis dahin bereits mehr als genug kennengelernt. Ich bemerkte aber auch, dass mich Ella fixierte und musterte. Na ja, ihre Schwester Helen hat mir da besser gefallen, aber da war Manou bereits am Anbaggern. Also ließ ich mich erst mal auf ein Gespräch mit Ella ein, auch wenn sie mich mit ihrem Pferdegebiss mehr als nur angrinste. Zu dieser Zeit war ich sehr zurückhaltend und schüchtern. Na ja, heute ist es auch nicht viel besser!

Jedenfalls merkte ich, dass sie enormes Interesse an mir hatte und ich verabredete mich für den kommenden Tag mit ihr. Hieraus entstand eine Beziehung, die ungefähr ein Jahr dauerte. Leider gab es in dieser Beziehung sehr viel Auf und Ab. Trennung, wieder zusammen, dann hat sie mich betrogen, ich hab den größten Fehler meines Lebens gemacht, ich habe ihr verziehen und letztlich war dann doch Schluss!

Oh Mann, das hat verdammt wehgetan!

Vor allem, mit was für einer Arroganz sie auf einmal rüber kam. Also kurz um, ein „Miststück!

Zum Glück hatte ich meinen Kumpel Manou, der mit mir durch dick und dünn ging. Mit Helen hatte es bei ihm damals auch nicht geklappt, die wollte nichts von ihm wissen. Ohne weiter auf meine Beziehung einzugehen, stand ich mittlerweile kurz vor meiner Gesellenprüfung. Die Zeit bis dahin war doch recht schnell vergangen, so dass es nun Zeit wurde, langsam mit dem Lernen zu beginnen. Roman war bereits mit seiner Mutter aus dem „Irrenhaus" bei Ellas und Helens Vater ausgezogen. Roman bat ich um Unterstützung beim Lernen für die Gesellenprüfung. Na ja, ohne Bierchen ging das auch nicht. Also haben wir gemeinsam an den Wochenenden gelernt und das Bierchen trinken gleich mit in unseren Plan eingebunden. Manou konnte mir da groß nicht helfen, was unsere Freundschaft auch auf eine Probe stellte, weil ich im Moment keine Zeit für ihn hatte, was er aber verstand.

Der Tag der Prüfung war gekommen und ich meisterte sie einigermaßen. Ich bin Roman heute noch für seine Hilfe dankbar, denn ohne ihn hätte ich die Prüfung nie bestanden.

Für mich begann nun wieder ein neuer Lebensabschnitt, weil mit bestandener Prüfung auch die Arbeitslosigkeit kam. Na ja, nach dem Stress kam es mir ja gelegen, mal eine Pause von der Arbeit zu machen. Wer jetzt glaubt, dass ich in dieser Zeit wieder anfing, meinen Traum zu leben, irrt sich. Ich hatte keine Gedanken an irgendwelche musikalischen Aktivitäten. Viel mehr machte ich mir über meine berufliche Zukunft Gedanken. Ich bekam zwar Arbeitslosengeld, allerdings vom Lehrlingsgehalt! Das war nicht viel. Das Auto kostete Geld und ich war jung, wollte was erleben. Also musste ich zusehen, dass ich einen Job bekam.

Ich hatte mich bei einem Paketdienst vorgestellt und bekam auch den Job. Allerdings auch nur für vier Wochen. Ich hatte den Fehler gemacht, dass ich Alim, mit dem ich gelegentlich Kontakt hatte, von der Firma erzählte. Auch er hatte sich dort vorgestellt und bekam sofort einen Job. Ich allerdings die Kündigung!

Also war ich wieder arbeitslos und ich musste mich wiederum neu orientieren.

Mittlerweile war es Juni 1984 und ich war wieder mit Ella zusammen. Ja, das „Miststück" hatte mich wieder an der Angel. Heute weiß ich, dass es ein riesiger Fehler war, denn nach ein paar Monaten hatte sie mich wieder beschissen. Schwamm drüber!

Gott sei Dank hatte ich nach einem Streik der Metall Industrie bei einem Großbetrieb Fuß fassen können. Hier bekam ich einen Aushilfsvertrag für drei Monate. Immerhin etwas, denn ein Bekannter hatte das Ganze für mich eingefädelt und ich konnte in den drei Monaten erst mal gutes Geld verdienen. Im Anschluss bekam ich noch mal eine Verlängerung, so dass ich ein halbes Jahr Beschäftigung hatte. Während dieser Zeit habe ich immer irgendwelche Texte über Roman geschrieben, meistens auf Songs der Rodgau Monotones. Ich habe das zwar geschrieben, aber ohne daran zu denken, wieder Musik zu machen. Es sollte eigentlich nur zur Belustigung sein.

Mittlerweile hatte ich meinen gelben Passat verkauft und mir von Ellas Bruder einen dreier

BMW gekauft. Auch eine Schrottkarre, hielt genauso lange wie die dritte Beziehung mit Ella!

Jedenfalls stand Weihnachten vor der Tür und ich hatte ausnahmsweise keine Wünsche, was die Musik betraf. Mein Vertrag endete am vierzehnten Dezember und man hatte mir versprochen, dass man mich im Januar wieder einstellt. Also konnte ich zumindest mit einer positiven Aussicht ins Jahr 1985 gehen.

Das neue Jahr begann genau so, wie das alte aufgehört hatte, volltrunken! Ich hatte mit Manous Bruder und dessen Kumpels gefeiert. Volker war auch von der Partie, er hatte sich mit Manous Bruder angefreundet. Also rund herum eine gelungene Party.

Da das neue Jahr ja nun begonnen hatte, wartete ich natürlich darauf, dass sich der Großbetrieb bei mir meldet. Immerhin hatte man es mir versprochen, mich wieder einzustellen, aber Fehlanzeige. Also saß ich die ersten vier Monate herum und wartete auf die Dinge, die da kommen. Aber nichts tat sich. Weder in der Musik, die wie abgeschaltet war, noch bei meinem letzten Arbeitgeber. Also beschloss ich Ende April, das Heft zum Thema Arbeit selbst in die Hand zu nehmen.

Ich hatte mir vorgenommen, einfach loszufahren und bei verschiedenen Firmen vorzusprechen. Im Industriegebiet angefangen, fuhr ich gleich auf eine große Firma zu. Ich hatte mir gedacht, hier spreche ich doch einfach mal vor. Natürlich musste ich zuerst an dem Pförtner vorbei, der mir den Weg in Richtung Personalabteilung erklärte. Frohen Mutes und mit voller Energie stiefelte ich also erst mal in den Vorraum der Personalabteilung. Dort saß eine Dame, die mich fragte, wie sie mir weiterhelfen kann. Frohen Mutes stotterte ich mir zusammen, dass ich arbeitslos sei und Arbeit suche. Darauf fragte mich die Dame, was ich denn gelernt hätte, was ich ihr dann auch sagte. Daraufhin gab sie mir einen Zettel, den ich ausfüllen sollte. Sie sagte dann noch kurz, dass der zuständige Meister gerade zufällig in der Personalabteilung sei und er sich gleich noch mit mir unterhalten würde. Hm! Na ja, irgendwie war ich schon nervös!

Der Meister kam dann auch und fragte mich, ob ich Gewinde schneiden könne, was ich mit Ja beantwortete. Er sagte dann, den Rest macht die Dame mit ihnen. Sollte das geklappt haben? Eigentlich wollte ich die Arbeitssuche schon am Montag beginnen, aber da wir Sonntag ein paar Bierchen gezischt hatten, kam ich morgens nicht aus dem Bett. Also hatte ich das auf den

Dienstag verschoben, was ja eventuell mein Glück war. Die Dame rief mich wieder zu sich und sagte mir, dass ich am Donnerstag anfangen könnte, wenn ich wollte. Und wie ich wollte!

Mittwoch war zwar der erste Mai, aber da musste ich mich mit dem Feiern halt ein wenig zurückhalten. Zumindest hatte ich mir da einen Vertrag für drei Monate gesichert und die Chancen standen nicht schlecht, dass man mir den Vertrag verlängert oder ich gar eine Festeinstellung bekomme.

Den ersten Mai habe ich bei meinen Eltern im Gartenhaus verbracht. Das war auch besser so, denn den ersten Tag zu verschlafen und dann auch noch halb besoffen sein, konnte ich mir nicht leisten. So habe ich mich am Donnerstagmorgen bei meinem neuen Arbeitgeber pünktlich eingefunden. Mein Gott, dort hatte noch jemand diesen Morgen seinen ersten Arbeitstag. Karl-Heinz, er sah aus, als hätte er gerade die Schule beendet. Ich fragte ihn, ob er schon beim Militär gewesen sei. Er sagte nur, das sei schon ein paar Jahre her. Wie, so ein junger Spund und der war schon beim Militär? Ich fragte ihn, wie alt er denn sei. Er sagte, er sei dreißig. Uuuups!

Ich wollte ihm nicht zu nahe treten, ich war ja gerade mal zwanzig und sah bedeutend älter aus als er. Also versuchte ich mich da wieder raus zu winden, indem ich einfach ein anderes Thema ansprach. Nun ja, ich bin in eine große Halle gekommen und er in eine Abteilung, wo Metall zur Verarbeitung vorbereitet wird.

Zuvor hatte ich Panzer meistens im Fernsehen gesehen, nun standen die riesigen Panzertürme vor mir. Das war anfangs schon ein wenig komisch. Denn diese mussten bewegt werden, auf den Kopf gelegt werden und so weiter. Ich hab mir gedacht, die werden mir das schon alles zeigen.

Nach zwei Wochen kam auch schon wieder ein neuer. Sah aus wie ein Student. Hatte anfangs gedacht, der macht hier nur Praktikum. Aber ich kam auch gleich mit ihm ins Gespräch, weil er sich wunderte, dass ich im Munitionsbunker des Panzers saß und ein Bierchen gezischt hatte. Das kam ihm etwas seltsam vor. Da ich ja nun neu war, hatte man mir gesagt, dass ich Bier trinken darf, aber nicht so offensichtlich. Also hielt ich mich daran und zischte mein Bierchen, wo es keiner sah. Mit Berthold, so hieß der angebliche Student, hatte ich mich schnell angefreundet. Jetzt stellte sich auch heraus, dass er kein Student war. Er hatte umgeschult auf Maschinenschlosser und hatte da genau wie ich einen Dreimonats-Vertrag.

Irgendwie schien er mir recht durchgeknallt, weil er mir erzählt hatte, dass er nachts mal nach einer Zechtour auf dem Nachttisch eine Haxe gegrillt hatte. Seine Frau sei dann wach geworden, weil das ganze Schlafzimmer unter Qualm stand. Er war, während er der Haxe beim Drehen zusah, eingeschlafen. Ich dachte mir, mit ihm kann man was erleben, und unsere Freundschaft wurde enger. Da wir nun meistens zusammenarbeiteten, sprach uns unser Vorarbeiter an, ob wir nicht ein paar Wochen hintereinander Spätschicht machen könnten. Mein Gott, der hatte aber Vertrauen zu uns, weil wir dann nämlich die einzigen aus unsere Kolonne in der Spätschicht waren. Klasse, eine ganze Halle für uns alleine und der Kühlschrank war auch immer gut mit Bier gefüllt. Das ließen wir uns nicht zweimal sagen und nahmen das Angebot an.

Bertholds Frau hat uns dann fast jeden Abend zur Pause etwas Warmes zu essen gebracht. Mal waren es Burger, mal Haxen. Ja, die Haxen haben wir nicht nur gegessen, sondern damit machten wir auch noch Faxen. Wir haben dann die abgefressenen Knochen bei unserem Maler im Spind entsorgt, wo er seine Malersachen aufbewahrte. Oh Mann, der ging am nächsten Tag ab wie eine Rakete, als wir mittags in die Schicht kamen.

Jemanden von der Qualitätssicherung haben wir den Kittel mit Bertholds ätzendem Deospray einbalsamiert. Dazu hatte ich abends Berthold mit dem Kran hochgehoben und ihn über eine Blechwand gefahren, so dass er in den abgesperrten Bereich kam und dort seine Spraydose im Spind des Kollegen entleeren konnte. Der hat uns tagelang nicht mehr mit dem Arsch angeguckt.

Ein paar Tage später kam unser stellvertretender Vorarbeiter auf uns zu und sagte uns, wenn wir schon Rotwein in der Spätschicht trinken würden, dann sollten wir die Flaschen nicht in seinem Mülleimer entsorgen. Was sollte das, wir hatten gar keinen getrunken. Der Vorarbeiter ermahnte uns auch noch für etwas, was wir nicht getan hatten. Was sollte das denn jetzt? Wollte man uns jetzt eins auswischen?

Kaffee-Karl hatte man unseren Stellvertretenden genannt, weil er nur noch mit dem Kaffeebecher in der Hand herumlief. Er war trocken und wollte uns vielleicht eins auswischen. Früher soll er zu Feierabend oft so voll gewesen sein, dass er nicht mehr wusste, wo er seine Tasche abgestellt hatte. Vielleicht wollte er auch als Alteingesessener seinen Status dort bekunden. Keine Ahnung!

Na ja, was sollte es, die Gemüter hatten sich nach ein paar Tagen auch wieder beruhigt und mit Berthold hatte ich weiterhin viel Spaß bei der Arbeit und auch privat. Karl-Heinz war mittlerweile auch in unserer Kolonne und Berthold hatte ihm gleich den Spitznahmen „Humpel-Mary" und „Titten-Elli" verpasst. Keine Ahnung, wie er darauf kam, aber auch mit Karl-Heinz haben wir dort oft einige Bierchen zusammen gezischt.

Nun kam ich auch so langsam mit Franco ins Gespräch. Die Attacke auf seinen Kittel hatte er uns verziehen. Er fragte mich, ob ich Interesse am Dartspiel hätte. Ich hatte Skat verstanden und sagte, dass ich das nicht besonders gut kann. Nein, nein sagte er, Dart. Konnte ich auch nicht, aber ein Versuch war es ja wert. Er erzählte mir, dass er einen Dart-Club hat und das sie am Wochenende ein Turnier spielen und fragte mich, ob ich nicht Lust habe, mitzumachen. Na ja, versuchen konnte ich es ja mal und sagte zu, noch an diesem Abend mal bei ihm vorbeizuschauen. Ohne zu wissen, was mich erwartet, fuhr ich zu Franco. Im Keller hatte er einen Hobbyraum mit zwei Dart-Scheiben und einer Theke. Hier hatten sich einige Leute versammelt und spielten Dart. Franco erklärte mir erst mal, wie das Ganze funktioniert. Dass ich beim Turnier nicht gewinnen konnte, war mir auch klar, aber es machte Spaß und ich trat dem Dart-Club bei. Nun kam ich auch mit Franco näher ins Gespräch und ich erzählte ihm von meinem eigentlichen Traum. Franco grinste hämisch und sagte, dass er auch Gitarre spielt, derzeit noch Unterricht nimmt und auch gerne in einer Band Musik machen würde. Ich hatte zwar keinen Spiegel, aber ich merkte, dass meine Augen irgendwie anfingen zu strahlen. Hatte ich hier wieder einen Verbündeten zum Thema Musik gefunden?

Wir unterhielten uns nun näher über das Thema und beschlossen, einfach mal bei ihm im Hobbyraum ein paar Songs zu spielen. Dazu hatte ich dann einen kleinen Verstärker und meinen Bass mitgebracht. Da Franco auch noch singen wollte, hatte ich noch unsere alte Gesangsanlage eingeladen. Also spielten wir erst mal Songs, die Franco konnte. Für mich war es kein Problem, mich auf die Songs einzustellen. Ich merkte aber auch gleich zu Beginn, dass er weit von dem weg war, was Volker konnte. Also verlief sich das Ganze wieder im Sande, weil wir auch musikalisch weit mit unseren Interessen auseinanderlagen. Hier kam zwar mal kurz wieder das Gefühl meines Traumes auf, verschwand aber auch gleich schnell wieder. Ich habe mir einfach gedacht, dass es nicht sein soll. Also ging ich meiner Arbeit nach, hatte mit Berthold viel Spaß und zweimal die Woche spielte ich Dart in Francos Club. Musik sollte nicht sein, also verschwendete ich auch keinen Gedanken mehr daran.

Mittlerweile hatte Boris Becker Wimbledon gewonnen und so nach und nach sprossen die Tennisclubs nur so aus dem Boden. Okay, ein bisschen Sport konnte ja auch nicht schaden, aber war Tennis was für mich?
Hin und wieder war ich auch mit Manou unterwegs und ich entschied mich dazu, mich mit ihm auch noch im Fitness Studio anzumelden. Ein bisschen pumpen konnte ja nicht schaden. Ich habe dann mit Manou ein halbes Jahr wie wahnsinnig trainiert. Zwischenzeitlich waren wir zusammen in Österreich im Urlaub. Den hatte mir mein Arbeitgeber gesponsert, nur den Urlaub dafür musste ich nehmen. Also sind wir mit Hanteln in den Urlaub gefahren und haben auch dort trainiert. Nun war dort in unmittelbarer Nähe ein Tennisplatz und ich wollte mit Manou das Tennisspielen einfach mal ausprobieren. Oh Mann, der erste Schlag ging gleich über den Zaun, und der war eigentlich ganz schön hoch.

Also machten wir für die eine Stunde uns einen Spaß daraus, die Bälle im benachbarten Feld zu suchen. Bis dahin hatte ich noch keine große Hoffnung, dass ich in diesem Sport etwas bewegen könnte. Aber wieder zu Hause, sah ich laufend Tennis im Fernsehen und ich bekam immer mehr Interesse an diesem Sport. Also suchte ich mir immer wieder Leute aus meinem Bekanntenkreis, die mit mir zum Tennisspielen gingen. Bei meinen Freunden kam das nicht so gut an, was mich nun dazu trieb, mich in einem Tennisclub anzumelden.

Viele der Leute dort waren zwar nicht auf meiner Wellenlänge, aber ich hatte Interesse daran, den Sport richtig zu erlernen. Dass ich dort einen Musiker kennenlernen würde, mit dem ich später einmal Musik machen würde, hatte ich zu diesem Zeitpunkt nicht für möglich gehalten. Aber dazu komme ich später noch. Jedenfalls war ich nun regelrecht besessen von diesem Sport und gab mein Geld sogar für professionelle Trainerstunden aus. Zu diesem Zeitpunkt hatte ich noch geglaubt, dass ich noch ein kleiner Boris werden kann. Doch der Weg war mühselig und vor allen Dingen körperlich anstrengend. Nun hatte ich aber eine neue Aufgabe gefunden, die ich mit Leib und Seele verfolgen konnte. So hatte ich mit der Anmeldung auch gleich die Möglichkeit, ein anstehendes Turnier mitzuspielen. Okay, es war ein Spaßturnier, aber ich konnte schon mal checken, wie stark die Konkurrenz im Club war. Nun ja, ich habe den dritten Platz gemacht! Okay, vielleicht lag es auch daran, dass ich im Doppel immer starke Partner hatte. Egal, jedenfalls hat es Spaß gemacht und Bierchen haben die auch gerne gezischt. Also wartete ich darauf, dass die Sandplätze geöffnet wurden, um richtig durchstarten zu können. Zwischenzeitlich nahm ich fleißig Trainerstunden, was mein Spiel um einiges verbesserte. Ich habe dann draußen auf Sand ein paar Mal gespielt, da fragte mich der zuständige Sportwart, ob ich nicht am Sonntag mal ein Medenspiel (Punktspiel) mitmachen möchte. Ich könne da an Position sechs spielen. Was immer das auch hieß, ich sagte zu. Ich habe mir gedacht, so schlecht kannst du ja gar nicht sein. Hatte ich auch nur gedacht, ich bin an Position sechs sang - und klanglos untergegangen und habe die Höchststrafe bekommen, 0:6 und 0:6!

Das Doppel habe ich dann auch trotz des starken Partners verloren. Aber egal, eine Erfahrung war es allemal wert.

In diesem Jahr 1987 lernte ich dann meine erste Frau kennen. Na ja, gekannt hatte ich sie ja schon durch die Clique von Roman, hatte aber mit ihr bis dahin eigentlich nichts groß zu tun. Aber von da an sollte sich nun auch mein Leben verändern. Wir waren gerade mal ein paar Wochen zusammen, da verspürte ich den großen Druck, mir meine erste eigene Bude zuzulegen. Mein Sparvertrag war fällig, so dass ich auch ein wenig Geld hatte, mir eine kleine Wohnung einzurichten. Also schnell gesucht und schnell gefunden. In einem beliebten Stadtteil bekam ich eine Zwei-Zimmer-Wohnung mit 45 qm. Mann, war ich stolz, meine eigene Bude! Hier konnte ich nun tun und lassen was ich wollte. Nun hieß es erst mal renovieren. Schließlich wollte ich es ja auch schön haben. Im Großen und Ganzen ging das auch recht schnell, bis auf die Fototapete im Schlafzimmer. Die hatte mir den letzten Rest Zuversicht genommen. Na ja, zumindest für den Moment.

Die erste Nacht habe ich dort alleine geschlafen. Am nächsten Tag kam meine Freundin und brachte die ersten Taschen mit Klamotten mit. Moment, hatte ich da was verpasst?

Ja, da stand sie nun mit ihren Klamotten vor der Tür. Eigentlich hatte ich das Ganze etwas anders geplant, aber ich ließ sie natürlich bei mir einziehen. Dort haben wir mit Berthold und seiner Frau oft einige Sitzungen gehabt. War immer sehr lustig.

Mittlerweile hatte ich überhaupt keinen Gedanken mehr an die Musik verschwendet, und auch von meinen Vorbildern, den Bay City Rollers, hörte man nichts mehr. Ich ging derweil meiner Arbeit nach, spielte hin und wieder Tennis. Im darauf folgenden Jahr fing meine Freundin damit an, in eine größere Wohnung ziehen zu wollen. Ihr Bruder hatte ihr das wohl schmackhaft gemacht. Er wohnte in einem Vorort und hatte sich eine Eigentumswohnung gekauft. Natürlich sollten wir seine alte Wohnung übernehmen. Die sei gerade frisch renoviert worden und die Miete sei auch erschwinglich. Also haben wir das gemacht. Nun ja, dass wir hinterher doch fast die ganze Wohnung renovieren mussten, brachte mich fast an den Wahnsinn. Klar, erst schöngeredet, und als die Möbel raus waren, haben wir das Elend dann gesehen. Die Katzen hatten die Tapeten zerkratzt und auf dem Teppich waren auch einige Rückstände, die uns dazu veranlassten, doch neuen zu verlegen.

Mittlerweile hatte sich das Militär auch bei mir gemeldet und wollte mich unbedingt haben.

Mein Gott, was kam denn jetzt auf mich zu. Ich war doch mit drei und Einschränkungen gemustert, was wollten die mit mir?

Andere, die ich kannte, waren viel älter als ich und mit eins gemustert. Warum haben sie die nicht erst mal eingezogen?

Das war ja nun eine Scheiße, neue Wohnung, wenig Wehrsold, wie sollte ich da meine Miete bezahlen?

Meine Freundin sagte dann nur, dann müssen wir halt heiraten! Uups!

Heiraten?

Da hatte ich ja noch gar keinen Gedanken dran verschwendet. Wir waren gerade mal acht Monate zusammen. Für mich hatte das ja eigentlich noch etwas Zeit. Wir haben uns dann doch dazu entschlossen, im Jahr 1988 zu heiraten.

Anfang Juli war es dann auch für mich soweit. Ich durfte mich in den Sammelzug setzen und bis nach Kühlsheim fahren. Am Samstag zuvor hatte ich noch ein Einschreiben bekommen, das ich da hin soll und nicht nach Volkach, wie es ursprünglich geplant war. Im Zug hatte ich dann einen Begleiter des Militärs gefragt, ob ich denn richtig in diesem Zug sei. Man antwortete mir, dass ich in Aschaffenburg aussteigen und mit einem anderen Zug in

Richtung Tauberbischofsheim fahren muss. Nun gut, da ich in Aschaffenburg genügend Zeit hatte, habe ich dort erst mal zu Mittag gegessen und zwei Bier getrunken. In der Zwischenzeit habe ich auf dem Kreiswehrersatzamt angerufen, weil ich bis 18:00 Uhr in der Kaserne sein sollte und ich das nicht schaffen würde. Nicht das ich gleich zu Beginn einen Anschiss bekam!

Dort wusste man bis zu dem Zeitpunkt, wo sich das Kreiswehrersatzamt dort meldete, gar nicht, dass ich komme! Toll!

So wurde ich dann nach dem Einkleiden in irgendeiner Stube einquartiert, ohne Bettzeug. So verbrachte ich die erste Nacht frierend, nur mit einem Matratzen-Bezug und einem nicht bezogenen Kopfkissen in einem Etagenbett.

Am kommenden Morgen musste ich noch vor dem Frühstück meine sieben Sachen packen und in eine andere Stube umziehen. Mann, was für ein Stress!

Nun hatte ich zweieinhalb Monate dort zu verbringen. Ich durfte zwar an den Wochenenden nach Hause fahren, war aber unglücklich darüber, dass ich meine Frau eine Woche lang nicht sehen konnte. Aber auch diese Zeit verging schnell. Nach der Grundausbildung wurde ich dann in meine

Heimatstadt versetzt. Dort angekommen, hatte ich mich schon gefreut, weil ich mit meinem Stubenkameraden in eine Kaserne kam. Aber auch dort wusste man nichts von meinem Kommen. Irgendwie schon komisch, keiner wusste etwas, genau wie am ersten Tag, warum holten sie mich dann überhaupt erst?

Ist ja auch egal, jedenfalls hatte ich dort einen gewissen Michael kennengelernt. Wir kamen irgendwie auf das Thema Musik zu sprechen. Er hatte mir erzählt, dass er Gitarre spielt und das sein Vater Gitarrenunterricht gibt. Also haben wir uns einmal bei seinem Vater im Unterrichtsraum zu einer Spontan-Session getroffen. Wir spielten, genau wie mit Franco seinerzeit, ein paar einfache Songs. Wir wollten das eigentlich mal wiederholen, es ist aber nie dazu gekommen. Bei diesem musikalischen Anflug hatte ich weder Bauchweh noch das Gefühl, wieder intensiv Musik machen zu müssen.

 Also brachte ich erst mal meinen Wehrdienst hinter mich und begann danach wieder in meiner alten Firma zu arbeiten. Eigentlich noch frisch verheiratet, kamen nun neue Pläne auf mich zu. Nein, keine musikalischen!

Ich war mit meiner Frau im Gespräch, ein Haus zu kaufen oder zu bauen und eine Familie zu gründen. Leider konnten wir an unseren Plänen nicht lange festhalten, weil in meiner Firma Entlassungen bevorstanden. Hierzu hatte man einen Sozialplan aufgestellt und es war absehbar, das Berthold, Franco und auch ich in naher Zukunft unseren Job verlieren würden.

Mein Bruder, der bereits bei einem großen Autohersteller beschäftigt war, sagte mir, dass man sich dort das erste Mal frei bewerben kann und man diesmal keinen Schein vom Arbeitsamt braucht. Also tat ich das umgehend und gab meinem Bruder die Bewerbung mit.

Mit dem Tennis spielen klappte es mittlerweile auch recht gut, so dass ich nun fester Bestandteil in der zweiten Herrn-Mannschaft war. Hier spielte ich immer noch an Position sechs, gewann dort aber mittlerweile fast jedes Match.

Aber da nun auch die anderen Ziele erst mal in weite Ferne gerückt waren, hatte ich auf einmal das Bedürfnis, mir wieder eine Gitarre zu kaufen. Ich habe keine Ahnung, wie ich darauf gekommen war. Meinen Bass hatte ich nämlich während meines Wehrdienstes an einen Kameraden verkauft. Schön blöd!

Also ging ich in ein Musikgeschäft und kaufte mir voller Frust eine E-Gitarre. Meinen Bassverstärker hatte ich auch verkauft, aber Alim hatte mir seinen vor einiger Zeit geschenkt. So klimperte ich voller Frust einige Abende mit ein paar Bierchen vor mich hin. Aber irgendwie machte es keinen richtigen Spaß. Da lagen doch meine Interessen derzeit mehr bei den Zukunftsplanungen, denn arbeitslos wollte ich nicht wieder werden. Einige Wochen später kam die erlösende Post. Ich hatte bei dem Autohersteller ein Vorstellungsgespräch. Sollte das vielleicht klappen?

Dann konnten wir unsere gemeinsamen Ziele weiter verfolgen.

Ich stiefelte dann der neuen Mission voller Eifer entgegen. Ich hatte nicht nur einen neuen Job bekommen, sondern auch noch einen Festvertrag. Jetzt konnte ich zumindest wieder mit meiner Frau unsere gemeinsamen Ziele verfolgen, die Familiengründung und den Hausbau, was mir beides sehr am Herzen lag. Leider blieb uns unser Kinderwunsch verwehrt, was wir aber auch erst Jahre später erfuhren. Wir konnten zusammen keine Kinder bekommen, was ich sehr bedauere. Aber es hat nicht sollen sein!

Wir hatten von der Großmutter meiner Frau ein Grundstück geschenkt bekommen, so dass wir zumindest schon mal einen Bauplatz hatten. Das Grundstück war zwar noch nicht erschlossen, aber da hatte ich wieder etwas, worum ich mich kümmern musste. Im Tennis Club hatte ich einen Architekten kennengelernt, der uns bei unserem Vorhaben tatkräftig unterstützte und die Planungen waren in vollem Gange.

Zwischenzeitlich hatte ich auch einen neuen Kollegen kennengelernt. Andy, er war Keyboarder und hatte bereits ein kleines Studio. Auf Musikkassetten aufgenommen, brachte Andy seine Musik mit und ich hörte mir das Ganze in den Pausen auf dem Walkman an. Anschließend diskutierten wir über seine Musik. Unter anderem spielte er auch noch in einer Band. Hier hatte ich nun wieder einen „richtigen" Musiker gefunden, der dieselben Interessen hatte wie ich.

Unsere Gespräche wurden immer intensiver und er sagte mir, dass er am Wochenende einen Auftritt hat und ob wir nicht Lust hätten, mal zu kommen. Klar sagte ich zu und schon hatten wir Schwager und Schwägerin im Schlepptau. Hier war mein Herz wieder aufgegangen, als ich ihn da oben sah und mir kamen wieder diese Gedanken in den Sinn, dass es doch das war, was ich eigentlich wollte. Also genoss ich erst mal seinen Gig und beschloss, mit ihm demnächst doch weitere interessante Gespräche zu führen.

Ich hatte zwar mit dem Thema Grundstückserschließung und Bauplanung genug zu tun, was mich aber nicht davon abhielt, mir auch ein Mini-Studio zuzulegen und damit meine eigenen Songs zu kreieren. Andy hatte mir einen Atari Computer besorgt und von ihm bekam ich auch noch alles Weitere, was ich brauchte. Ein entsprechendes Keyboard schwatzte ich einem Nachbarn ab und somit war ich recht gut in dieser Zeit ausgestattet. Ich konnte zwar kein Keyboard spielen, aber irgendwie hatte ich es geschafft, einen Song fertigzubekommen, den ich mit voller Vorfreude Andy bei der Arbeit vorspielte. Er war begeistert und sagte gleich: „Ein Naturtalent! Ein Naturtalent".

Daraufhin schaltete sich unser Kollege Dieter in unsere Gespräche ein. Nun erzählte er uns, dass er Gitarrist sei und das sie am letzten Wochenende wieder im Studio aufgenommen haben. Mann, wo war ich hier hingeraten, alles Musiker um mich herum!

So führte ich viele Gespräche mit den beiden, aber ich merkte auch schnell, dass ich mit meinen anderen „Baustellen" erst einmal genug um die Ohren hatte und ich eigentlich gar keine Zeit hatte, mich auf die Musik zu konzentrieren. Nun musste ich hier erst einmal eine musikalische Zwangspause einlegen, weil es doch im Moment wichtigere Sachen zu erledigen gab.

Dieter fuhr sein Programm auch wieder runter, weil ich mich nun mehr mit den Kollegen über meinen Hausbau unterhielt.

Wir haben dann unser Haus in Eigenleistung gebaut. Ohne die Hilfe meines Vaters, meines Bruders und dem Verständnis meiner Mutter hätten wir das nie geschafft. Auch meine Frau hat tatkräftig mitgeholfen, sowie ein ganz toller Freund von mir und meinem Bruder. Es war zwar mühselig, aber irgendwie haben wir es geschafft, bis Ende 1993 unser Haus fertigzustellen, so dass wir noch vor Weihnachten in unser kleines Haus einziehen konnten. Nun stand zwar in den kommenden Jahren immer noch genügend Arbeit an, aber mein kleines Musikstudio habe ich über die Wintermonate doch versucht zu nutzen. Voller Euphorie hatte ich mir noch von Andy ein anderes Keyboard und einen Expander mit neuen Sounds gekauft, aber leider blieben mir dann doch nicht die Zeit und die Ruhe, mich um die Musik zu kümmern. Der Garten musste noch angelegt werden und so stand dieses für mich erst einmal im Vordergrund.

Zwischenzeitlich ist Dieter zur Höchstform aufgelaufen und brachte mir laufend neue

Kassetten mit, auf dem neues Material seiner Band zu hören war. In den Pausen hörte ich mir nun auch seine Musik voller Begeisterung an. Dieter hatte lange schwarze zottelige Haare, Vollbart, eben ein richtiger Rockmusiker!

Eines Tages hat er uns erzählt, dass sie am Wochenende wieder in Belgien auf einem riesigen Festival gespielt haben. In der nächsten Woche erzählte er, dass sie am Wochenende wieder im Studio waren und neue Songs aufgenommen haben. Ich sagte zu ihm, er solle doch mal wieder was mitbringen, was er auch in den nächsten Tagen tat. Oh Mann, das war verdammt gut, was sie für Musik machten, absolut perfekt!
Er hat uns dann noch erzählt, dass ihr Studio in einem Bunker bei seinem Kumpel unter dem Haus sei und sie dort nachts so lange Musik machen können, wie sie wollen. Auch das Mischpult sei riesig, wie beim Raumschiff Enterprise, wo man mit dem Stuhl ein paar Meter vorm Pult hin und her fahren kann. An einem anderen Wochenende hatten sie in Holland gespielt und das muss mal wieder erste Sahne gewesen sein. Jede Woche brachte er eine neue Musikzeitschrift mit. Mann, ein Vollblutmusiker!

Ist ja alles schön und gut. Er hat einen Stall voll Kindern und dennoch die Zeit, so intensiv Musik zu machen? Ich hab es ihm gegönnt!

Jedenfalls war mir eine Sache aufgefallen, auf die ich Andy ansprach. Dieter hatte uns von seinem letzten Auftritt erzählt. Ich sagte zu Andy, dass mir aufgefallen war, dass Dieter sehr lange Fingernägel hat und ich mir nicht vorstellen kann, dass er so Gitarre spielt. Nach genauerem Hinsehen stimmte mir Andy zu.
Machte uns Dieter etwas vor?
Ich habe Dieter natürlich gleich darauf angesprochen. Aber er sagte nur, das ginge schon. Aber irgendwie kam mir das Ganze etwas spanisch vor. Warum spielten sie immer nur im Ausland und nicht mal hier in der Nähe? Egal was Andy oder ich ansprachen, er hatte für alles eine Ausrede!

Meinem Schwager, der absoluter Hardrock Fan war, spielte ich mal die Kassetten vor. Bei einem Song fing mein Schwager schon an zu grinsen. Er sagte, warte mal. Aus seiner CD Sammlung holte er eine CD und legte diese dann auf. Nun erklang genau der gleiche Song wie auf der Kassette. Mein Schwager ließ sogar noch beide Songs parallel laufen, aber ich konnte keinen Unterschied feststellen.
Dieter hatte uns ganz mächtig verarscht!

Er hatte Songs von weniger bekannten Bands aufgenommen und uns diese dann als die eigenen präsentiert. Was für ein Arschloch! Das konnte ich natürlich nicht auf mir sitzen lassen und konfrontierte ihn gleich am nächsten Tag damit. Er blieb aber bei seiner Aussage, dass es die neuen Songs seiner Band waren. Weil ich so etwas nicht akzeptieren konnte und Andy auch nicht, überlegten wir, wie wir Dieter überführen könnten. Also brachte das uns auf folgenden Plan.

Nachdem nun einige Wochen vergangen waren und Dieter immer noch glaubte, ein Rockstar zu sein, wollten wir ihn zu Andy ins Studio locken. Andy hatte sich im alten Übungsraum seiner Band ein Studio eingerichtet und war nun auch von seinem Atari Computer abgekommen. Er wollte uns die neue Technik mal zeigen und an einem Freitagmorgen nach der Nachtschicht dabei auch gleich ein Bierchen mit uns zischen. Dieter sagte natürlich zu, schließlich war Andy Keyboarder und er glaubte nichts befürchten zu müssen, da Andy keine Gitarre spielte. Also fuhren wir zusammen nach der Schicht in Andys Studio. Hier angekommen, war Dieter noch froh gelaunt. Andy hatte uns erklärt, wie die neue Technik funktioniert und was er jetzt mit dem neuen PC für tolle Möglichkeiten hat. Dieter konterte darauf, wie groß doch ihr Studio sei und was sie doch alles für Möglichkeiten hätten. Wahrscheinlich hatte er sich ein wenig Fachwissen aus den Zeitschriften angeeignet. Irgendwie glaubte Dieter anscheinend immer noch, dass er ein Rockstar sei. Hämisch lachend sagte er auf einmal, schade, ihr habt keine Gitarre hier, sonst würde ich jetzt erst mal was spielen. Anscheinend hatte er erst mal ausgelotet, dass ihm hier aufgrund der fehlenden Gitarre nichts passieren konnte. Leider hat er die Rechnung ohne mich gemacht!

Ich hatte meine Gitarre, wie mit Andy besprochen, im Auto liegen. Ich sagte zu Dieter, das sei kein Problem, ich hole meine Gitarre aus dem Auto. Mann, dass jemand so schnell seine Gesichtsfarbe wechseln kann, hatte ich bis dahin nicht geglaubt. Jedenfalls hatte ich Dieter meine Gitarre in die Hand gedrückt und das Stimmgerät auch gleich dazu. Der wusste noch nicht einmal, wie er die Gitarre halten soll, geschweige denn, was er mit dem Stimmgerät anfangen soll!

Nun war ihm sein hämisches Grinsen vergangen und Andy und ich begannen nun bis über beide Ohren zu grinsen. Junge, Junge, was für eine Genugtuung.

Dieter legte den linken Zeigefinger auf irgendeinen Bund, ging mit dem Plektrum einmal über die Saiten und sagte, das ist ein C. Wow!!!

Und weiter, sagte ich. Da kam nichts mehr. Er sagte, dass er in der Nachtschicht nichts auf die Reihe bekäme, beugte seinen Kopf nach vorne, schüttelte ein wenig den Kopf und stöhnte leise. Das war nun der große Rockmusiker, der riesige Festivals gespielt haben will?

Plötzlich nahm er den Kopf hoch und fragte, wie lange man denn bis in die Stadt brauche. Andy sagte, etwa eine halbe Stunde. Daraufhin sprang Dieter auf und sagte, dass seine Frau einen Arzttermin habe und er los müsse, weil seine Frau das Auto braucht. Andy und ich hatten ein riesiges Grinsen im Gesicht, weil wir genau wussten, dass es nicht stimmte, was er uns erzählte. Also stellte er die Gitarre beiseite und verschwand mit Schallgeschwindigkeit.

Nun hatten wir auch diesen Knaben überführt und er hat nie wieder mit dem Thema Musik angefangen. Noch heute können Andy und ich ausgiebig über die Sache mit unserem angeblichen Rockstar lachen!

Nun war das Studio von Andy auch nicht von langer Dauer im ehemaligen Übungsraum und er musizierte jetzt lieber im heimischen

Schlafzimmer, wo auch sein erstes Album für Werbe- und Filmmusik entstehen sollte. Andy hatte immer wieder Songs zum Anhören mitgebracht und mich um meine Meinung dazu gefragt. Ich war begeistert, war zwar keine Rockmusik, aber absolut super!

Andy hatte sich mittlerweile mit einem Studenten zusammengetan, der wohl den geschäftlichen Teil des Projektes übernehmen sollte. Aber irgendwie wollte ich nicht untätig sein und hatte Andy angeboten, mit in das Projekt einzusteigen. Also vereinbarten wir, dass ich als Geldgeber mit dreiundfünfzig Prozent an den Einnahmen des Projektes beteiligt bin. Für mich schien es eine sichere Sache zu sein, um ein bisschen Geld zu verdienen. Leider habe ich bis heute keinen Pfennig aus dem Projekt erhalten. Unsere Wege trennten sich kurz darauf beruflich und unser Kontakt wurde immer weniger, so dass ich gar nicht die Möglichkeit hatte, die Aktivitäten des Projektes weiter zu verfolgen. Irgendwann sagte mir Andy, dass er sich auch von dem Studenten getrennt hat und aus dem Projekt nichts geworden sei!
Ich hatte das damals so hingenommen, weil ich mal wieder wenig Zeit hatte und dabei war, meinen Anbau zu planen. Ja, ich wollte noch

ein Carport und einen Wintergarten anbauen. Aufgrund der unterschiedlichen Schichten hatten wir uns für einige Zeit aus den Augen verloren. Auch auf Nachfragen bezüglich unseres Projektes bekam ich keine Antwort mehr. Ich habe das Thema dann auch abgehakt, weil mir dann auch bewusst geworden war, dass ich mein Geld dort versenkt hatte!
Also hatte ich nun die Zeit, mich zu hundert Prozent um meinen Anbau zu kümmern.

In der Zwischenzeit war ich nun auch im Tennisclub zum Mannschaftsführer gekürt worden, so dass ich mich neben meiner Baustelle auch noch um Mannschaftsaufstellung und andere Belange kümmern musste. Wir waren in die Kreisklasse A aufgestiegen und wollten natürlich unseren Klassenerhalt schaffen. Also brachte ich meine Energie in diese beiden Projekte ein. Musikalisch waren meine Gedanken mal wieder ganz weit weg.

Da ich nun auch viel Zeit in der Tennisanlage verbrachte, hatte ich ein Plakat gesehen, dass man ein Fußballturnier im Squash Court veranstalten möchte und dazu noch Mannschaften suche. Ich hatte darauf meinen Nachbarn angesprochen, ob er denn Interesse hätte, mit mir daran teilzunehmen. Er sagte zu und ich meldete uns kurzerhand dort an. Ich hatte zwar nie Fußball gespielt, außer beim Militär, aber irgendwie würde ich das schon hinbekommen. Am Samstagmittag sollte das Ganze beginnen und mein Nachbar sagte mir zwei Stunden vorher ab. Was für ein Arsch!

Also hatte ich dort angerufen, um unsere Teilnahme abzusagen. Michael, der Geschäftsführer bat mich darum, doch zu kommen, weil genügend Leute da waren, die für das Turnier noch einen Partner suchten. Nun gut, ich bin dann dort hingefahren, hatte ja nichts zu verlieren. Man hatte mir jemanden an die Seite gestellt, den ich nicht kannte. Was sollte es, es war ja ein Spaßturnier, also versuchte ich auch Spaß zu haben und zischte zwischendurch immer wieder ein paar Bierchen. Das Turnier und die Spiele wurden zur Nebensache. Aber ich hatte mit meinem Partner immerhin auch ein Spiel gewonnen. Aber eins kann ich euch sagen, zwei mal drei Minuten im Squash Court hin und her rennen, hat mich, trotzdem ich Tennis spielte, an den Rand meiner Fitness gebracht.

Zwischendurch sagte mir Michael, dass hier heute Abend noch Livemusik ist und es ein super Abend werden würde. Also habe ich meine Frau angerufen, ob sie vorbeikommen will, um hier noch etwas zu essen und die Livemusik anzuhören. Ich hatte mir an diesem Tag keine Gedanken über die Musik gemacht, dort fand abends etwas statt, wo ich gerne dabei sein wollte. Aber vielleicht war da in meinem Hinterkopf doch das Thema Musik noch nicht ganz gelöscht. Es hat mich schon interessiert, als die Band abends anfing, ihr Equipment aufzubauen. Das war recht unspektakulär, ging recht schnell. Es war ein Stadt bekannter Musiker, der dort zusammen mit einer Freundin ein Konzert gab. Heute weiß ich, dass dieser Mann schon fast eine Legende ist.

Ich genoss den Abend zusammen mit meiner Frau und ein paar weiteren Bierchen in netter Gesellschaft. Wie schon gesagt, die Musik interessierte mich, löste aber in mir nicht das Feuer aus, das vielleicht noch vor ein paar Jahren entstanden wäre.

Auch als ich Jonny von einer sehr bekannten hiesigen Band im Tennisclub kennengelernt hatte, blieben bei mir die Gedanken zum Thema Musik aus. Den Namen ihrer Band hatte ich zwar bereits gehört, wusste auch, dass sie bereits ein Album am Start hatten. Auch das konnte mich derzeit nicht motivieren, einen Gedanken daran zu verschwenden, selbst wieder Musik zu machen. Dass mir Jonny eines

Tages wieder in den Sinn kommen würde, hatte ich auch nicht vermutet!

So ging auch dieses Jahr vorüber und ich hatte mit keiner Silbe mehr an die Musik gedacht. Dass sich aber im kommenden Jahr etwas Gewaltiges bezüglich der Musik tun wird, hätte ich niemals mehr für möglich gehalten.

Kapitel 4

Ich steuerte Ende 1998 auf meinen 34. Geburtstag zu. Hierzu hatte ich meine Familie und die Familie meiner Frau zum Feiern eingeladen. Wir hatten einige Bierchen gezischt, aber die Stimmung war nicht besonders. Irgendwie waren alle recht redefaul und meine Eltern und auch mein Bruder verabschiedeten sich frühzeitig von meiner Feier. Letztendlich saß ich noch mit der Familie meiner Frau zusammen. Auch mein Schwager und meine Schwägerin sowie die Oma meiner Frau hielt es nicht mehr lange auf meiner Geburtstagsfeier, sie verabschiedeten sich kurz nach dem meine Familie gegangen war. Nun saß ich noch am frühen Abend mit meiner Frau und ihrem Bruder Mika zusammen. Wir plauderten über alles Mögliche, machten unsere Witze und lästerten natürlich auch über den ein oder anderen. Währenddessen zischten wir natürlich ein Bierchen nach dem anderen. Unsere Stimmung verbesserte sich, je mehr der Alkoholspiegel stieg. Mika sagte, ich solle doch endlich mal vernünftige Musik auflegen. Da ich ja wusste, dass er der absolute Hardrock Fan war, legte ich erst einmal eine Platte von Deep Purple auf. Unsere Stimmung steigerte sich innerhalb von wenigen Minuten während wir „Highway Star" und andere Purple Songs hörten. Für Mika und mich war die Stimmung auf einmal zum Überkochen und ich legte noch einen nach, indem ich die Live LP von Saga auflegte. Bei dem Song „Don´t be Late" sind mir die Sicherungen durchgeknallt und ich habe irgendetwas in die Hand genommen, was ich als Mikro benutzte. Laut und voller Energie sang ich diesen Song mit und machte die Bewegungen wie Michael Sadler, der Frontmann von Saga. Oh Mann, wie sind wir da abgegangen. Auch Mika konnte es nicht mehr halten und er spielte wie ein Wilder Luftgitarre. Mit Mika war ich die ganzen Jahre super ausgekommen und hier schien sich auf einmal eine neue musikalische Freundschaft zu entwickeln. Mika hat in seiner Abi - und Studium - Zeit bei einer Hard Rock Band gespielt und muss auch nach Aussage meiner Frau ein kleines Genie auf der Gitarre gewesen sein. Nachdem wir uns an diesem Abend richtig ausgetobt hatten, beschlossen wir aus einer Bierlaune heraus:

„Wir machen wieder Musik!"

Also haben wir uns noch in dieser Nacht den Kopf darüber zerbrochen, wie unsere musikalische Zukunft so aussehen soll und schwärmten schon von unserem ersten großen Auftritt. Da soll man nicht denken, wie sich doch innerhalb von eigentlich wenigen Minuten das Leben verändern kann. Meine Frau sagte dazu nur: „Meine Unterstützung habt ihr!"

In den frühen Morgenstunden, nachdem wir richtig getankt hatten, drückte ich Mika noch meine E-Gitarre in die Hand und sagte zu ihm: „Üben!"

Ich gab ihm dann auch noch mit auf dem Heimweg, dass ich am Montag sofort in ein Musikgeschäft fahre und mir einen Verstärker und einen Bass kaufen werde.

Noch am Sonntag, nachdem wir das Chaos zu Hause beseitigt hatten, sind wir zu Mika gefahren und haben ihm den alten Verstärker, den ich noch von Alim hatte, vorbeigebracht. Hier haben wir erst einmal unseren Nachdurst gestillt und das Thema Musikmachen ließ uns nicht mehr los. Hier hatte ich wieder einen Verbündeten gefunden, der mit mir zusammen diesen Weg gehen wollte.

Ich bin dann gleich am Montag in ein Musikgeschäft gefahren und habe mir einen Verstärker und eine einfache Fender Bass

Kopie gekauft. Schließlich wollte ich erst einmal sehen, was aus der ganzen Sache so wird, bevor ich richtig viel Geld für ein vernünftiges Equipment ausgebe. Und Mika stand nach der Ausnüchterung dem Ganzen auch noch etwas skeptisch gegenüber. Okay, wir waren beide lange raus aus der Musik, aber warum sollten wir nicht noch einmal etwas auf die Reihe bekommen.

Mika hatte zwischenzeitlich eine CD erstellt, welche Cover Songs er gerne spielen würde. Hierauf befanden sich Songs von Black Sabbath, Whitesnake und einige andere fiese Rocksongs. Na ja, das musste ich noch mit ihm diskutieren! Ich hingegen hatte mehr an Songs von Kiss und Foreigner gedacht. Hier lagen unsere Vorstellungen doch recht weit auseinander. Nun gut, letztendlich kam es aber auf den Sänger an, denn der musste diese Songs ja auch singen können. Wir haben uns erst einmal auf die Songs „Sure Know Something" von Kiss und „Too many Tears" von Whitesnake geeinigt. Mit diesen zwei Songs hatten wir erst einmal mehr als genug zu tun. Die Töne herauszuhören, bereitete mir einige Schwierigkeiten, aber mein derzeitiger Ehrgeiz machte es möglich, dass ich mich für kurze Zeit wie Gene Simons von Kiss fühlen konnte. Ich hatte es wirklich geschafft, wenn auch mit Hilfe des Internets, die komplette Bass Spur des Songs zu spielen. Ich hatte richtig Bauchweh, weil ich es kaum abwarten konnte, bis Mika am kommenden Samstag zur unserer ersten gemeinsamen Übungsstunde kommen würde. Ich hatte dafür auch schon ein paar Bierchen kalt gestellt, musste aber auch noch bis Samstag an unserem zweiten Song arbeiten. Auch das machte ich mit viel Freude, denn jetzt schien meine letzte Chance gekommen zu sein, in unserer hiesigen Musikszene etwas bewegen zu können. Mika kam also den besagten Samstagnachmittag und schien mir auch recht gut gelaunt zu sein. Vor lauter Aufregung hatte ich mir schon mal ein Bierchen geöffnet. Mika war es dafür noch etwas zu früh. Wir hatten uns darauf geeinigt, erst einmal den Kiss Song zu spielen. Damit wir beide erst einmal ein Gefühl dafür bekommen, schlug ich vor, nebenbei erst mal den Song laufen zu lassen. Also los ging es, Taste an und schon war auch mein Einsatz. Mika kam mit der Gitarre erst später rein. Ich war hundertprozentig auf der Bass Spur, aber was machte Mika da?

Er spielte den Rhythmus wie ein Tanzmusiker. Mein Gott, was war denn da los?

Ich sagte, er solle doch den Rhythmus mal so

spielen wie im Original. Er antwortete, wir wollen doch unseren eigenen Stil finden. Ich nahm das erst mal so hin und wir fingen an, beide Songs ohne das mitlaufende Tape zu spielen. Na ja, wie Kiss oder Whitesnake hat sich das nicht angehört!

Wir spielten das ein paar Mal durch, kamen aber auch gleich zu der Erkenntnis, dass wir Verstärkung brauchen. Mika hatte mittlerweile seinen Kollegen angeheuert, doch bei uns mitzumachen. Für den kommenden Samstag hatte er ihn bereits eingeladen.

Die Woche über habe ich die Songs jeden Tag mitgespielt, bis nun am Samstag Mika mit seinem Kollegen Falk bei mir vor der Tür stand. Falk spielte in einer Blues Band und hatte somit natürlich weitaus mehr Erfahrung als wir. Aber egal, es sollte ja auch nur eine Session sein. Nun fingen wir gemeinsam an, den Kiss Song zu spielen. Mika spielte den Song wieder wie ein Tanzmusiker, aber Falk spielte genau den richtigen Rhythmus. Na wenigstens einer!

Hier hörte man auch gleich den musikalischen Unterschied, der zwischen uns herrschte. Er hatte viel mehr Erfahrung, spielte die beiden Songs aus dem Stegreif, und zu meiner Freude hörte sich das auch dem Original sehr ähnlich an.

Falk verabschiedete sich auch recht schnell, wahrscheinlich weil er bemerkt hatte, dass wir Anfänger waren. Nun hatten wir ein gewaltiges Stück Arbeit vor uns. Also beschlossen wir zunächst einmal, uns einen Übungsraum zu suchen, damit wir die Band komplettieren konnten. Natürlich in der guten Hoffnung, das mit uns überhaupt jemand Musik machen will!

Zwischenzeitlich hatte ich mich mit Andy darüber unterhalten, dass wir Leute suchen. Er sagte nur, das ihr alter Drummer vielleicht Interesse hätte, was zu machen, und ihr alter Übungsraum stände ja auch zu Verfügung. Er hatte mir dann die Telefonnummer gegeben und ich habe mich auch gleich darum gekümmert und Harald angerufen. Er war sofort davon begeistert und sagte, dass wir doch am Samstag mal mit unseren Instrumenten bei ihm vorbeikommen sollten und wir dort einfach mal eine Session machen könnten. Danach würden wir weitersehen. Also sind wir dann nach Harald gefahren, um zu sehen was daraus wird. Harald kam mir etwas komisch vor, machte den Eindruck, als hätte er die ganze Nacht durchgesoffen, was er später auch bestätigte. Egal, dachten wir uns und begannen unsere Session. Na ja, zumindest konnte Harald einigermaßen den Takt halten. Andy hatte noch gesagt, für euch reicht es, was er kann, womit er auch recht hatte. Auch wenn er volltrunken war, aber irgendwie hat es auch Spaß gemacht und wir verabredet uns für das kommende Wochenende wieder.

Mittlerweile hatte sich noch jemand auf eine Anzeige gemeldet, die wir ja auch noch geschaltet hatten. Es war Heino, der Wald- und Wiesensänger, den wir dann mit zu Harald in den Übungsraum genommen haben. Dort standen noch Teile der alten Gesangsanlage von Andy´s Band, die wir dann versuchten zum Leben zu erwecken. Harald hatte dazu sämtliche Stecker hin und her gesteckt und es wirklich mit seinem besoffenen Kopf geschafft, die Gesangsanlage zum Laufen zu bekommen. Oh Mann, das machte natürlich keinen guten Eindruck auf Heino, dass Harald schon wieder voll war. Aber was sollte es, er musste ja auch erst mal singen und zeigen, was er konnte. Harald sagte, Heino mach mal eine Ansage. Und Heino zählte an: Und eins, und zwei …..... Wir sind dann in irgendeinen Song hinein gestolpert, ohne viel Sinn und Verstand. Harald war ja nun voll und fragte Heino gleich nach dem ersten Song, ob er denn mitmachen will? Heino beantwortete das gleich mit Ja. Harald hatte uns einfach übergangen, und wir waren so perplex, dass wir gar nicht wussten, was wir sagen sollten. Wir waren nämlich ganz anderer Meinung. Wir haben das einfach so hingenommen, weil wir wahrscheinlich auch wussten, dass das mit Harald nicht lange gut gehen wird. Den Samstag darauf brachte Mika einen anderen Kollegen mit, der Gitarre spielte und wohl auch Interesse hatte. Aber wieder das gleiche Bild. Harald war voll, Heino mit seinem Wald- und Wiesengesang, nichts hörte sich so an, wie Mika und ich es uns gewünscht hätten. Na ja, eigentlich machte nur Mikas Kollege musikalisch eine gute Figur!

Den kommenden Samstag hatte Mika gleich im Anschluss an die Übungsstunde zur Bandfeier geladen. Gut, Harald brauchte nicht mehr viel, der redete schon von seinem Künstlernamen „Max Strammer". Heino hatte auch nichts anderes vor und war zum Feiern bereit. Mika hatte am Vorabend schon Telefon trinken mit Harald gemacht, die verstanden sich prächtig und der Kollege von Mika kam gar nicht erst mit. Ich hatte, ehrlich gesagt, zu solch einem Treffen überhaupt keine Lust, weil mir hier einiges gegen den Strich ging. Ich bin aber dennoch zum Essen mit hingefahren. Mika hatte noch Monique und Wolfram eingeladen, Freunde von ihm.

Harald befand sich mittlerweile auf einem Level, dass er schon wieder laufend mit seinem Künstlernamen ankam, wollte sich bei unserem ersten Auftritt von Monique schminken lassen und zu guter Letzt auch noch die roten Pumps von Monique anziehen. Mein Gott, wie viel Promille hatte der denn?

Mir waren die dummen Unterhaltungen zu viel und ich habe mich dann frühzeitig verabschiedet. Mit Mika hatte ich ein ernstes Wörtchen zu reden, denn so hatte ich mir meine Band nicht vorgestellt.

Nachdem ich mich nun ausgiebig in der kommenden Woche mit Mika unterhalten hatte, kamen wir zu dem Entschluss, erst einmal Heino den Laufpass zu geben. Harald war darüber nicht gerade erfreut und sagte uns, dass er damit nicht einverstanden sei und er dann auch aufhören möchte, mit uns Musik zu machen. Nun gut, es war sein freier Wille, also akzeptierten wir seine Entscheidung und packten unsere Sachen. Ich wollte was Vernünftiges aufbauen und nicht mit einer Chaostruppe unterwegs sein. Harald hat wohl eine Zeit lang mit Heino und seinem alten Band Gitarristen weitergemacht. Anscheinend ist daraus auch nichts geworden, sonst hätte ich sicherlich mal etwas von ihnen als Band gehört. Für Mika und mich hieß es nun, weiterzusuchen nach dem richtigen Personal.

Andy hatte mir erzählt, wo man Übungsräume anmieten kann. Ich hatte mir dann die entsprechende Nummer rausgesucht. Eigentlich hatte ich nicht damit gerechnet, aber die Frau an der anderen Seite der Leitung sagte mir, dass sie gerade mit einem Mieter gesprochen habe, der seinen Raum abgeben möchte. War das ein Zeichen?

Sie hat mir dann die Telefonnummer von ihm gegeben und ich habe mich in Windeseile mit ihm in Verbindung gesetzt und auch gleich einen Termin vereinbart. Nun traf ich mich auch gleich mit dem Kerl noch am selben Nachmittag, um mir den Raum anzusehen. Ich traute meinen Augen nicht, als ich den Raum betrat. Komplett Holz vertäfelt, Teppichboden und eine separate Toilette, die sich auf dem Flur befand. Da brauchte ich Mika nicht erst zu fragen, ob wir den nehmen. Ich habe sofort zugesagt und auch gleich mit der Vermieterin, die gleich nebenan wohnte, den Mietvertrag gemacht. Mann war ich froh, das unter Dach und Fach zu haben. Mika hatte ich gleich telefonisch informiert, so dass er noch am selben Tag bei mir vorbeikam, mich abholte, um sich unseren Raum anzusehen. Auch Mika war sofort begeistert, das hatte er auch nicht vermutet. Ein Übungsraum in solch einem super Zustand zu bekommen und dafür keinen Abstand bezahlen zu müssen, das war für uns beide einfach unfassbar.

Nun standen wir aber vor dem Problem, Musiker zu bekommen. Wir haben dann wieder einmal Anzeigen in verschiedenen Szenezeitschriften geschaltet. Mit Erfolg, da meldeten sich einige Gitarristen, die wir gleich für das kommende Wochenende nach und nach in unseren Übungsraum einluden. Zuerst kam Jean, ein super Gitarrist, mit dem es Mika gleich aufnehmen wollte. Mir kam es so vor, als wenn sich dort gleich ein Konkurrenzkampf entwickelte. Nein nicht von Jean aus, sondern von Mika, der glaubte, besser zu sein als Jean! Mann, was war denn hier los?

Mit Jean haben wir ein paar Songs improvisiert und danach ist er auch ganz schnell wieder abgezogen. Ihm war anscheinend auch Mikas Überheblichkeit aufgefallen.

Danach kam ein komischer Kerl, machte den Eindruck, als hätte er gerade etwas geschnüffelt. Er zog auch als die Nase hoch, nein, der hatte keinen Schnupfen!

Er brachte seinen kleinen Marshall Verstärker zum Glühen. Das Teil kreischte ohne Ende, so dass ich noch eine Woche danach das Pfeifen in den Ohren hatte. Der Kerl war mir während des improvisierten Songs so nahe gekommen, dass ich seinen Schweiß unter den Armen riechen konnte. Mann, der war so fertig, dass für mich sofort feststand, der ist es nicht!

So gingen wir an diesem Samstag ohne neuen Gitarristen nach Hause. Aber brauchten wir wirklich einen?

Für das kommende Wochenende hatten wir wieder einen Gitarristen und einen Sänger eingeladen. Okay, der Gitarrist muss wohl ein Bekannter von meinem Kollegen Dieter gewesen sein, der konnte nicht einmal die Gitarre halten, und der Sänger konnte alles singen, nur nicht das, was Mika ihm aufgetragen hatte. Also war auch dieses Wochenende wieder ein Reinfall. Wie sollten wir vernünftige Leute bekommen, liefen in dieser Szene nur Bescheuerte herum?

In der Folgewoche hatte ich in einem Musikladen einen Zettel gesehen, wo ein Drummer eine Band sucht. Also habe ich gleich den ganzen Zettel mitgenommen, damit uns niemand zuvorkommt. Ich habe den Kerl dann angerufen. Es war Magnus, er klang recht nett und hatte genau das gesucht, was wir zu bieten hatten. Nun hatten wir uns für den kommenden Samstag verabredet in der guten Hoffnung, dass das unser Mann ist. Magnus brachte sein Drum mit, das sehr gepflegt war. Nachdem er alles aufgebaut hatte, konnte ich es kaum erwarten, mit ihm zu spielen. Das war auch für uns neu, und auch Mika lief mit seinen Kraftsprüchen zur Hochform auf. Er hatte immer noch das Können von Jean vor sich und glaubte, ihm das Wasser reichen zu können! Was für ein Spinner!!!

So, nun ging es los. Magnus zählte vier vor und wir spielten erst einmal mit einem Drummer gemeinsam den Song „Too many Tears" von Whitesnake. Das hörte sich ja schon mal gar nicht schlecht an. Ich war dermaßen nervös, dass ich ganz nasse Hände hatte. Auch Mika machte einen zufriedenen und ausgeglichenen Eindruck. Sollte das unser neuer Drummer sein?

Nachdem wir ein paar Mal diesen Song gespielt hatten, setzten wir uns mit Magnus zusammen und redeten ein wenig über das, was wir vorhatten. Magnus war auch sehr zuversichtlich, und so haben wir uns darauf geeinigt, unseren musikalischen Weg ab da gemeinsam zu gehen.

Am kommenden Tag meldete sich ein Sänger bei Mika. Er bekundete Interesse an unserer Band und fügte gleich hinzu, dass er auch Keyboard spielt, wenn es erwünscht sei. Mika sagte gleich, dass er keinen Bontempi Knecht haben wolle, aber er könne ja sein Keyboard mal mitbringen. Mika wollte ihm gleich eine Demo CD zuschicken, auf der sich die Songs befinden, die wir machen wollen. Aber er sagte, wenn er nichts dagegen hätte, würde er sich die CD gleich abholen und das es ihm lieber wäre, wenn er schon mal jemanden aus der Band kennen würde. Mika hatte nichts dagegen und so wartete Mika auf den Kerl, der da kommen wollte. Kurz darauf klingelte es bei Mika und ein gut aussehender junger Mann im weißen Hemd stand vor der Tür. „Hi, ich bin David", sagte er und stürmte in Mikas Wohnung. Irgendwie schien er recht lustig zu sein, hatte wohl auch laufend irgendwelche Sprüche auf Lager. Er hatte Mika erzählt, dass er derzeit eine Ausbildung bei einer Versicherung macht und nebenbei noch studiert. Da sollte noch Platz für Musik sein? Hmm!

Jedenfalls haben wir uns mit David für das kommende Wochenende verabredet. Im Laufe der Woche hatte er wohl mit Mika telefoniert und ihm gesagt, dass er die meisten der Songs von der CD nicht singen kann. Na ja, haben wir uns gedacht und ließen uns überraschen, was da kommt. Pünktlich stand David vorm Übungsraum, brachte sein Keyboard mit und wirkte im Großen und Ganzen recht gelassen. Nun war ich gespannt, wie er singt. Eine Gesangsanlage hatten wir noch nicht, nur etwas Zusammengeschustertes aus Altbeständen. Also musste er mächtig laut singen, um uns zu überzeugen. Wir spielten zuerst den Whitesnake Song, den David mit Bravour meisterte. Wir alle waren dermaßen begeistert, dass wir nicht lange zögerten und David zu unserem vierten Bandmitglied machten.

Wir brauchten natürlich eine Gesangsanlage und Mika und ich natürlich vernünftige Verstärker. Nun hieß es erst mal zu investieren. David war in der Ausbildung, Magnus war geschieden und musste Unterhalt bezahlen, da war nicht viel Geld vorhanden. Wir finanzierten die Anlage gemeinsam, aber der Bärenanteil blieb an Mika und mir hängen. Aber egal, schließlich war es ja auch unsere Band.

Auch Mika und ich hatten schnell nachgerüstet, so dass wir nun gemeinsam an unserem Programm arbeiten konnten. Wir hatten zwar den einen oder anderen Cover Song versucht, kamen aber zu der Erkenntnis, dass wir wohl eher dafür geschaffen waren, eigene Songs zu machen. Uns fehlte die Gitarre, die nicht den Tanzrhythmus spielte!
Aus jedem von uns sprossen die Ideen nur so heraus, jeder brachte sich mit ein. Hier waren wir frei und jeder konnte sich musikalisch frei entfalten. Heraus kam eine Mischung aus

melodischem Rock, Hardrock und Southern Rock. Komischerweise blieb hier das tanzmusikalische Gitarrenspiel aus!

Da wir ja nun eine Band waren, musste auch ein Bandname her. Wir hatten dazu einen Zettel an die Wand gehängt, wo jeder, dem ein Name eingefallen war, ihn dort aufschreiben konnte. Später haben wir dann so langsam abgestimmt und damit angefangen, Namen von der Liste zu streichen, bis eine enge Auswahl übrig blieb. Wir haben uns dann gemeinsam auf einen Namen geeinigt.

Mittlerweile hatte ich auch gewisse Vorstellungen, wie die Songs unserer Band klingen sollten. Ich bat Mika darum, mir doch mal eine seiner Gitarren zu leihen, um meinen ersten eigenen Song zu kreieren. Nun setzte ich mich zu Hause hin und bastelte an dem Song „Feeling alright". Hierzu hatte ich die komplette Gitarrenspur erstellt sowie die Spur für den Bass. Nun musste ich es Mika erst mal zeigen. Dazu hatte ich ihn gebeten, doch mal bei mir zuhause vorbeizukommen. Gleich zu Beginn grinste er schon, weil sich der Song recht rockig anhörte, was ihm wohl gefiel. Also schnappte er sich seine andere Gitarre, die er extra dafür noch mitgebracht hatte, und ich zeigte ihm die Akkorde. Nun hatten wir wieder einen neuen Song, den wir in der kommenden Übungsstunde einüben konnten. David fand dazu auch gleich eine Melodie und er machte es sich zur Aufgabe, bis kommendes Wochenende einen Text dafür zu schreiben. Das ging ja flott.

So vergingen die Wochen und wir machten einen Song nach dem anderen. Mittlerweile hatten wir auch unser Sahne-Stück „Fallen Angel" fertig gestellt. Die Idee und der Text waren von Mika und die Melodie von David. Was für ein Riesen-Hit, der Song war überhaupt der Beste, den wir bis dahin gemacht hatten, und es lief mir jedes Mal eiskalt den Rücken herunter, wenn wir ihn gespielt haben.

Mika hatte mittlerweile mit seinem Kollegen Falk gewettet, dass wir es nicht schaffen, bis zum kommenden Sommer ein Einstündiges Programm fertigzubekommen. Würden wir das schaffen, könnten wir im Vorprogramm seiner Blues Band bei einer Veranstaltung spielen. Nun machte Mika natürlich Druck, denn seine Wette wollte er nicht verlieren. War ja auch okay, schließlich wollten wir ja alle auf die Bühne. Da es ja im Moment eigentlich recht gut aussah, setzte ich mir natürlich auch neue Ziele. Ich wollte ins Fernsehen, das war mein Ziel. Mich hatte es auf einmal irgendwie fasziniert, vor der Kamera zu stehen, auch wenn ich zu dieser Zeit wusste, dass dieses Thema noch ganz weit weg war.

Jetzt kam David auch noch mit super Songs um die Ecke, die er wohl schon seit einiger Zeit in der Schublade hatte. Eines seiner Glanzstücke war „Blue Horizont", da konnte ich den typischen Bay City Rollers Rhythmus spielen, ohne dass es jemand bemerkte, weil sich niemand für die Rollers interessierte. Mika hätte mir den Kopf abgerissen, wenn er das gewusst hätte, obwohl ich in dieser Zeit keinen Gedanken an die Rollers hatte. Nun brachte David den Song „I don´t know" mit, was schon wieder ein Sahne-Stück wurde. Unsere Songs wurden immer besser. Ehrlich gesagt, hat mir der musikalische Stil von David besser gefallen als der von Mika. Mika war mehr rockig angehaucht und David eher soft. Aber rund herum hatten wir ein super Programm geschaffen, das sehr abwechslungsreich war. Hin und wieder gab es auch Streitigkeiten, vor allem zwischen Magnus und mir. Magnus hatte auf Grund seiner Exfrau des Öfteren die Übungsstunden verschoben, weil er seine Tochter nehmen musste, damit seine Ex auf die Rolle gehen konnte. Ich hatte auch Termine und konnte nicht alles so verschieben, wie Magnus´ Ex es gerne wollte. Es konnte sich nun mal nicht jeder nach seiner Ex richten.

Mika war es meistens egal, weil er eh alleine zuhause war und David wäre dem auch nachgekommen, wenn ich nicht dazwischengefunkt hätte. Außerdem hat Mika sich gerne von Magnus durch die Gegend kutschieren lassen, also was sollte er schon groß dagegen gehabt haben. Ich hatte derzeit das Kutschieren von Mika bereits satt, weil es mittlerweile so einseitig wurde und Mika so gut wie nie fuhr. Eigentlich hatten wir ausgemacht, uns abzuwechseln, aber wenn Mika mit dem Fahren dran war, hatte er Magnus beauftragt. Ich bin danach alleine gefahren, und wenn Magnus ihn mal nicht abholen konnte, fuhr Mika mit dem Taxi.

Da wir nun auch eine Demo CD brauchten, hatte ich mich mit Andy verständigt, ob er uns dabei nicht behilflich sein könnte. Klar sagte Andy und zählte mir auf, was wir dazu alles besorgen sollten. Wir haben uns dann für das kommende Wochenende verabredet. Andy brachte seinen PC mit, das hat schon Stunden gedauert, bis alles angeschlossen war und auch so funktionierte, wie Andy es wollte.

So, nun konnte es endlich losgehen. Magnus sollte nach Klick spielen, was schon gleich zu Beginn scheiterte. Also mussten wir uns irgendwie behelfen, um eine halbwegs vernünftige Aufnahme zu bekommen. Jeder wollte es irgendwie super gut machen, was uns aber zu Verhängnis wurde. Mika hing beim Akkordwechsel laufend hinterher und Magnus schwankte unheimlich mit der Geschwindigkeit. David und ich haben das eigentlich recht gut hinbekommen. Na ja, irgendwie haben wir es dann doch geschafft, halbwegs brauchbares Material aufzunehmen. Für die Bewerbung bei Falk´s Band als Vorprogramm sollte es reichen. Mika hatte dann die fertige CD Falk mitgegeben, damit sich seine Blues Combo das Ergebnis anhören konnte. Dort hatte man nur gesagt, die können uns nicht gefährlich werden und haben uns wahrhaftig dazu eingeladen, bei ihnen im Vorprogramm zu spielen. Somit hatte Mika seine Wette, sechs Flaschen Rotwein, gewonnen. Leider hat er uns davon nie etwas angeboten, denn geackert hatten wir schließlich alle dafür.

Wir hatten uns nun mit der Truppe verabredet, weil man uns ja auch kennenlernen wollte. Andy hatten wir angeheuert, uns doch an diesem Abend abzumischen. Also sind wir gleich gemeinsam dort hingefahren, um die Fakten zu besprechen. Man glaubt es kaum, aber Mika hat Andy und mich abgeholt. Dort angekommen, suchten wir erst einmal den

Resthof, wo deren Übungsraum und auch der Veranstaltungsort sein sollten. Nachdem wir nun auf dem richtigen Hof waren, haben wir einen Übungsraum mit spärlichem Equipment vorgefunden. Damit wollten die den Hof beschallen?

Schnell sind wir zu der Erkenntnis gekommen, dass wir unsere Anlage mitbringen müssen. Andy sagte noch, dass wir auch beide Anlagen verwenden können.

Im Auto auf dem Rückweg machten wir laufend Scherze über den Keyboarder der Band, weil der laufend nach Luft schnappte wie ein Fisch. Ich habe ihm dann den Namen „Fisch mit Brille" verpasst.

Nun stand unserem ersten Gig nichts mehr im Wege. Wir hatten alle Formalitäten geklärt, nun hieß es üben, üben und nochmals üben!

Na ja, im Großen und Ganzen saß unser Programm recht gut, aber die Nervosität, die noch auf uns zukam, ließ unser Programm doch recht wackelig werden. Okay, nun war Feuertaufe und wir alle mussten unser Bestes geben. Die Blues Combo hatte Plakate aufgehängt und es war damit zu rechnen, dass einige Leute zu dieser Veranstaltung kamen. In den Jahren zuvor war die Veranstaltung immer gut angenommen und besucht worden, also warum nicht auch an diesem Tag.

Dort angekommen, sahen wir gerade mal, dass die Bühne aufgebaut war. Irgendwie hatten sie die Ruhe weg. Ich war davon ausgegangen, dass hier schon etwas mehr vorbereitet war. Vielleicht lag es aber auch an meiner Nervosität, denn eigentlich war noch genügend Zeit. Wir hatten uns einen Anhänger geliehen und den mit Mikas Auto gezogen. Nein Mika ist nicht gefahren, es war Magnus, der den Wagen fuhr. Nun waren wir zuerst damit beschäftigt, den Anhänger abzuladen, wobei uns die anderen natürlich auch geholfen haben. Andy koordinierte das Ganze und kümmerte sich nur um die technischen Sachen. Er hatte auch noch zwei Videokameras mitgebracht und wollte den ganzen Auftritt von uns filmen. Es dauerte auch einige Zeit, bis alles so stand, wie es geplant war. Vor uns sollte auch noch eine Jugendband spielen. Also hatten wir noch ein wenig Zeit, um zu verschnaufen, bis wir loslegen durften.

Der Soundcheck war bereits gemacht und die erste Band ging so langsam zur Bühne. Die sahen recht locker aus, zeigten das auch auf der Bühne, weil sie sich dort richtig austobten. Ich hatte Angst um meine Bassanlage, weil die wahnsinnig hin und her wackelte. Die Jungs hatten ein paar Songs gespielt, da bemerkte ich, dass es bei ihnen doch nicht so rund lief wie zu Beginn des Auftritts. Das machte mich wiederum zuversichtlich, weil es anderen mit der Nervosität nicht anders ging als uns.

Es war soweit, mein Traum konnte endlich wieder beginnen. Wie lange hatte ich auf diesen Moment gewartet. Auch wenn ich in all den Jahren zuvor nie wieder richtig das Bedürfnis, Musik zu machen, verspürt hatte, war mein Verlangen in diesem Moment umso größer. Denn das war es doch, was ich eigentlich sein wollte, ein Rockstar!

Mit doch etwas feuchten Händen betrat ich nach guten fünfzehn Jahren wieder das erste Mal eine Bühne. Irgendwie war mir schon etwas flau in der Magengegend und ich hatte den Schweiß auf der Stirn stehen. Zuerst wusste ich gar nicht, wo ich hinschauen sollte. Meine Eltern waren gekommen und hatten meinen Bruder mit Frau und meinen Cousin, der uns einst die Texte übersetzte, im Schlepptau. Gerade vor der Bühne stand Andy am Mischpult und grinste. Also wo sollte ich hinschauen. Aber irgendwie merkte ich auch die Anspannung der anderen. Mika stimmte noch mal die Gitarre, Magnus hatte damit zu kämpfen, die Drum Sticks festzuhalten und David suchte auf dem Keyboard noch den richtigen Sound. Nun waren alle fertig und Mika begann mit dem von mir geschaffenen Song „Feeling alright". Auch Mika spielte zu Beginn etwas wackelig, was sich aber, nachdem wir alle unseren Einsatz hatten, bei ihm auch legte. Nun war die Feuertaufe in vollem Gange.

Danach spielten wir mit Bravour unsere eigenen und auch ein paar Cover Songs. Andy nickte nur zwischendurch, was mir zeigte, das alles okay war. David erzählte zwischendurch etwas zu einem Cover Song und stellte anschließend zu einem eigenen Song die Band vor. Dort bezeichnete er Magnus als Drumcomputer mit Herz, was Magnus allerdings nicht recht war. David war auch in der Vergangenheit des Öfteren über Magnus hergezogen, weil er oftmals nicht aufnahmefähig und nicht bei der Sache war. Lag wohl immer an seiner Exfrau, das er so weit weg war!

Ein Gig von einer Stunde vergeht wie im Flug, vor allem wenn es Spaß macht. So waren wir auch recht schnell an dem letzten Song des Gigs angekommen und es kam bei mir etwas Wehmut auf. So lange darauf hin gearbeitet und so schnell vorbei! Nach unserem letzten Song riefen die Leute nach einer Zugabe, die wir dann auch spielten.

Hier tanzten direkt vor mir ein paar junge Leute wie wild und die hätten es gerne gesehen, wenn wir noch weiter gespielt hätten. Aber bekanntlich soll man ja aufhören, wenn die Stimmung am besten ist, damit man in den Köpfen der Leute bleibt.

Nun war unser Gig zu Ende und ich hatte mir mit Mika vorgenommen, dass wir nach unserem ersten Gig gemeinsam eine Zigarre rauchen. Leider, oder auch zum Glück, hatte ich mir das Rauchen vor einigen Monaten abgewöhnt, ich verzichtete darauf und gab die Zigarre an David weiter.

Rundherum war es ein gelungener erster Gig und es hat mich besonders gefreut, dass meine Eltern an diesem Tag da waren und mich das erste Mal nach über fünfzehn Jahren wieder auf der Bühne gesehen haben. Denn die Unterstützung, Musik zu machen, habe ich von meinen Eltern seit meiner Kindheit jederzeit bekommen!

Irgendwann ging auch dieser Tag dem Ende zu und wir verabschiedeten uns von der Combo. Diese hatten noch ein Set zu spielen. Für uns war der Tag anstrengend genug gewesen und wir wollten unser Erlebnis noch ein wenig gemeinsam als Band genießen. Andy hatte sich auch schon verabschiedet und hatte die Anlage so eingestellt, dass die Combo ohne Probleme noch ihr letztes Set spielen konnte. Wir hatten uns dann mit der Combo für das kommende Wochenende verabredet, um unser Equipment wieder abzuholen. Dort sprachen wir noch einmal mit der Combo und sie bedankten sich noch für unsere Unterstützung.

Mit vollem Anhänger, den Magnus mal wieder hinter Mikas Auto herzog, ging die Reise zurück in den Übungsraum, wo wir auch gleich wieder alles aufbauten, damit wir am kommenden Samstag wieder loslegen konnten.

Voller Euphorie wegen des ersten Gigs sprossen natürlich gleich wieder neue Songs aus uns heraus. Weitere Gigs waren derzeit nicht geplant, außerdem mussten wir ja noch einige Stücke machen, um überhaupt erst mal zwei Stunden Programm zu haben. Also hingen wir uns voll rein, neue Songs zu machen.

Dann stand der dreißigste Geburtstag meiner Frau in ein paar Monaten an. Mal wieder aus einer Bierlaune heraus sagte meine Frau, dass wir doch auf ihrem Geburtstag spielen könnten. Mika sagte dazu gleich, er wolle sowieso noch seinen vierzigsten nachfeiern, dann könne man das ja auch zusammen machen. Ohne viel nachzudenken, beschlossen wir das einfach und informierten auch gleich David und Magnus über die Feier. Die beiden waren sofort begeistert, klar, die Zeche für die Feier bezahlten ja Mika und ich. Nun hatten wir neben den neuen Songs auch noch eine Party zu organisieren. Mir war dazu auch gleich eine passende Lokalität eingefallen. Hier fanden oftmals Tanzveranstaltungen statt und ich wusste, dass sich in dem Saal eine kleine Bühne befand. Also sind wir kurzerhand mit Mika dort hingefahren, um uns das anzuschauen. Das haben wir dann auch gleich mit einem Essen verbunden, zu dem uns Mika eingeladen hat. Nachdem wir gegessen und den Saal begutachtet hatten, machten wir das Ding perfekt und sagten der Inhaberin zum geplanten Termin zu. Hier konnte nun die große Party stattfinden.

Jetzt mussten wir wieder richtig Gas gegeben. Neue Songs kamen ja wie von allein, da machte ich mir keine Sorgen. Nur die Spielsicherheit machte mir noch ein wenig Kopfzerbrechen, weil ja nun einige neue Songs dazugekommen waren und die noch nicht richtig saßen. Außerdem eckte ich immer wieder bei Magnus an, weil die Übungsstunden wegen ihm öfter verschoben werden mussten. Magnus wäre es am liebsten gewesen, wenn wir Sonntagabends geübt hätten. Bei Mika und

David auch kein Problem, weil die ja am Montagmorgen nicht so früh raus mussten. Ich hingegen musste alle drei Wochen sonntags in die Nachtschicht, an den anderen Wochenenden musste ich Montagmorgen um 4:30 Uhr aufstehen und außerdem ist man ja an einem Sonntagabend auch mal froh, den Abend mit seiner Frau genießen zu können. Also gab es immer wieder Streitigkeiten, was die Stimmung nicht gerade verbesserte. Magnus saß auch manchmal an seinem Drum, war total daneben und begriff manchmal gar nicht, was wir von ihm wollten. Nicht nur mir, auch den anderen ging das immer mehr auf den Keks, das Magnus des Öfteren total abwesend war. Das lag wohl an den Unstimmigkeiten mit seiner Ex wegen des gemeinsamen Kindes. Wahrscheinlich konnte sie ihn vorher, als wir mit Magnus noch keine Musik gemacht hatten, dirigieren und mit ihm machen, was sie wollte. Aber anscheinend hatte er jetzt auch mal den Mund aufgemacht und sich nicht alles bieten lassen, weil er ja jetzt auch was hatte, was ihm Spaß bereitete, nämlich Musik zu machen. Was sollte es, wir waren froh, dass wir Magnus hatten, denn es wäre ja nicht einfach gewesen, Ersatz für ihn zu bekommen. So hatten wir uns nun gemeinsam darauf geeinigt, dass wir weiterhin im Wechsel einmal Samstag und einmal Sonntagmittag unsere Übungsstunde abhalten. Schließlich lag noch genügend Arbeit vor uns.

Eigentlich wie immer, wenn man Übungsdefizit hat, rennen die Wochen dermaßen dahin, dass wir recht schnell an dem Zeitpunkt angekommen waren, wo wir für unseren Geburtstags Gig die Sachen packen mussten. Hierzu hatten wir uns wieder einen Hänger geliehen, den, wie sich jetzt vermuten lässt, wieder Magnus mit Mikas Auto ziehen musste. Mir war das egal, wenn Magnus das Spielchen mitmachte, war das seine Sache!
Wir hatten uns nun für den Samstagvormittag am Übungsraum verabredet, um gemeinsam das Equipment einzuladen und es anschließend in der Geburtstags-Lokalität aufzubauen und auch gleich den Soundcheck zu machen. Wir wollten dann alle noch einmal nach Hause, um uns in Ruhe für den Abend fertigzumachen. Das Einladen ging recht schnell, aber dass das Aufbauen so lange dauern würde, damit hatte ich nicht gerechnet. Nun waren wir dazu extra frühzeitig aufgebrochen, aber irgendwie schien der Wurm drin zu sein. Magnus bastelte an seinem Drum herum und war auch wieder mal geistig abwesend, Mika hatte sein Tun mit seinem Marshall Verstärker und kümmerte sich

um nichts anderes. Zusammen mit David hatte ich die Gesangsanlage aufgebaut. Sein Keyboard und die Mikros anzuschließen war keine große Sache, genau wie das Anschließen meiner Bassanlage. Also, was machten Mika und Magnus so lange?

Endlich hatten auch die beiden ihre Arbeiten eingestellt und wir konnten zum Soundcheck übergehen. Mika, der seinen Marshall Turm aufgestellt hatte, ging gleich in die Vollen. Selbst die Betreiber der Lokalität hielten sich die Ohren zu. Ich sagte zu Mika, er solle leiser drehen, was er mit einem „Ich hab doch ganz leise gedreht" beantwortete. Also schraubte er wieder an seinem Verstärker herum und das dauerte und dauerte und dauerte!
Langsam kamen wir in den Zeitrahmen, wo es sich eigentlich nicht mehr lohnte, nach Hause zu fahren. Aber meine Frau war ja auch noch abzuholen, also musste ich jetzt ein wenig Druck ausüben, damit wir nicht zu unserer eigenen Veranstaltung zu spät kamen.
Nun gut, die Anlage war nicht perfekt eingestellt, aber wir hatten ja zu diesem Zeitpunkt auch nicht wirklich Ahnung vom Mixen. Aber mit der Einstellung, die wir letztlich hatten, konnten wir leben. Was mir aber ein wenig Kopfzerbrechen bereitete, war,

dass Mika die Lautstärke nicht an seinem Verstärker runter gedreht hatte, sondern an der Gitarre. Frage mich nur, warum er dafür solange gebraucht hatte. Aber er konnte später zwischendurch einfach mal lauter drehen, ohne dass wir es bemerkten. Das machte mir Sorgen!

Nun begann die Hetzerei, schnell nach Hause fahren, duschen und dann nichts wie wieder in die Geburtstags-Lokalität. Meine Frau stand schon in den Startlöchern, schließlich war es ja ihr Geburtstag, den wir feiern wollten.

Dort angekommen, waren schon einige Gäste vor Ort. Mikas Geschäftspartner so wie einige aus meiner Familie waren schon da. War mal wieder peinlich, aber ich konnte ja auf einen tollen Abend hoffen.

Endlich kam auch Mika um die Ecke, wie immer zu spät. Es waren bereits fast alle Gäste da. Nun begrüßte er seine Gäste erst einmal, unter anderem auch eine junge Frau, die er bis dahin nicht einmal kannte. Mika hatte nämlich mit David eine Wette am Laufen, dass er es schaffen würde, die Kollegin von David´s Freundin ins Bett zu bekommen. Also musste sich Mika an diesem Abend nicht nur auf die Musik konzentrieren, sondern auch noch auf das Anbaggern der jungen Frau. Allerdings hatte er die Rechnung ohne Magnus gemacht, denn der hatte auch Gefallen an der jungen Frau gefunden!

Der Abend begann halt ganz locker mit der Begrüßungsrede meines Schwagers. Danach gab es erst mal leckeres Essen vom Buffet. Aber irgendwie spürte ich die Nervosität, was mir einen angespannten Gesichtsausdruck bescherte. Für mich war es ja einfacher, vor Leuten zu spielen, die ich nicht kannte. Man hatte immer das Gefühl, das man regelrecht gescannt wurde. Aber ich hoffte, dass nach dem Essen und ein paar Bierchen sich das Ganze wieder legen würde.

Mika grub mittlerweile schon dermaßen an seiner Wette herum, dass es schon fast peinlich war. Auch Magnus versuchte sich immer wieder bei der jungen Frau ins Spiel zu bringen. Mein Gott, wenn die nichts Wichtigeres im Kopf haben, dachte ich und hoffte, dass sie bei unserem Auftritt auch so engagiert waren.

Nun wurde es langsam Zeit, sich auf unseren Auftritt vorzubereiten. Schließlich musste Mika ja noch seine drei Gitarren stimmen, und aus der Erfahrung heraus wusste ich, das kann dauern!

Zwischendurch machte er noch laufend Scherze mit seinen Geschäftspartnern. Das war halt die Verzögerungstaktik von Mika, die er schon so oft bei Geburtstagen und anderen Feiern angewandt hatte. Warum er das machte, weiß ich bis heute nicht.

Wir hatten unser Programm in drei kleine Sets eingeteilt. Schließlich wollten wir ja auch nicht den ganzen Abend spielen. Wir hatten uns wieder darauf geeinigt, „Feeling alright" als erstes Stück zu spielen, was mich sehr freute, weil es ja mein erster Song war, den ich gemacht hatte. Also musste Mika wieder mit der Gitarre beginnen, was wieder dafür sorgte, dass es mir eiskalt den Rücken herunterlief. Das Gefühl hatte ich ebenfalls, als wir „Fallen Angel" spielten, denn das war ja unser Hit.

Heute weiß ich, dass wir aus diesem Song viel mehr hätten machen können. Aber Mika ließ sich bei seinem geschriebenen Song nicht reinreden, was eigentlich schade war!

Mittlerweile war das erste Set zu Ende und Mika kümmerte sich auch gleich wieder um seine Wette. Schließlich fühlte er sich immer wie der Größte und lief bei der Baggerei mittlerweile zur Höchstform auf. Mann, da hatte er sich vielleicht was vorgenommen. Auch Magnus ließ nicht locker und setzte sich an die andere Seite. Jetzt hatte sie rechts Magnus und links Mika neben sich. Was für ein

Bild!

Ich hatte allerdings von Anfang an zu meiner Frau gesagt, dass es wohl keiner von den beiden schaffen wird, die junge Frau ins Bett zu bekommen. Sie war sehr hübsch und intelligent, warum sollte sie sich auf die zwei Clowns einlassen!

Es wurde nun so langsam Zeit, mal das nächste Set zu spielen. Mika mal wieder mit der Verzögerungstaktik, was mich natürlich wieder einmal nervte. Aber ehrlich gesagt kann ich gar nicht mehr sagen, wie das zweite und das dritte Set verlaufen ist, weil ich mich bis dahin bereits dermaßen abgeschossen hatte. Das einzige, woran ich mich noch erinnern kann, dass wir bereits fertig waren mit unserem Auftritt und mein Bruder laufend rief, dass wir „Fallen Angel" noch mal spielen sollen. Bis dahin muss ich auch wieder ein wenig klar gewesen sein, denn dass wir diesen Song noch einmal gespielt haben, daran kann ich mich noch erinnern, aber an nichts weiter! Was soll es, das ist Rock´n Roll!!!

Am kommenden Tag hatte mir meine Frau erzählt, dass Mika seine Wette verloren hatte. Nein, auch Magnus hatte keinen Erfolg. Die junge Frau hatte wohl die Nase voll von den beiden und war mit der Freundin von David

während des dritten Sets abgehauen. Hier war aber auch ein Streit zwischen David und seiner Martina vorausgegangen. Meine Frau erzählte mir dann weiter, das Mika wieder die Gitarre bis zum Anschlag laut gedreht hat, so dass sich einige der Gäste die Ohren zugehalten hatten und sogar einige nach draußen gegangen waren. Anscheinend war er verärgert darüber, dass er seine Wette verloren hatte und tickte deshalb so aus. Ich weiß es nicht!
Um was sie eigentlich gewettet hatten, das habe ich auch nicht erfahren.

Wir hatten uns am Sonntagmorgen sehr früh zum Abbauen der Anlage verabredet. Dort sollte mittags das Geschäft wieder laufen. Also sind wir alle recht angeschlagen bis auf Magnus dort aufgelaufen. Mika kam mal wieder zu spät. Magnus hatte ihn zwar abgeholt, aber wenn Mika zur vereinbarten Zeit noch im Bett liegt, kann man sich ja denken, wie lange es dauert, bis er sich geduscht hatte und zur Abfahrt bereit war.
Bis die beiden kamen, hatten meine Frau, David und ich bereits die Gesangsanlage sowie meine Bassanlage abgebaut und verladen. Mikas Wagen mit dem Anhänger stand ja noch dort. So musste Mika noch seinen Marshall Turm zerlegen und Magnus eigentlich nur noch

sein Drum abbauen. Aber wie sich vermuten lässt, fuhr Mika wieder das Programm mit der Verzögerungstaktik, was mich mal wieder tierisch nervte, weil wir das ja nun alles noch in den Übungsraum bringen mussten, und ich wollte auch gerne auf mein Sofa, um mich auszukurieren. Jedenfalls zog sich der Abbau von Mikas Anlage hin, dass sogar die Betreiberin des Lokals endlich mal Druck machte. Mika hingegen hatte die Ruhe weg. Ich war jedenfalls froh, als ich auf meinem geliebten Sofa lag und mir meine Frau noch das eine oder andere des Abends erzählte.

Mit den Jungs hatte ich mich für das kommende Wochenende verabredet, um die Anlage wieder aufzubauen und an unserem Programm weiterzuarbeiten. Schließlich hatte ich schon den nächsten Auftritt im Visier, und das wollte ich den Jungs dann an diesem Wochenende erzählen.

Wie immer chauffierte Magnus Mika durch die Gegend, als wir uns zum Aufbauen der Anlage im Übungsraum trafen. Mika machte einen angespannten Eindruck, Magnus hingegen war sehr gelassen. David hatte sich mit seiner Martina auch wieder versöhnt und war auch recht entspannt. Aber warum machte Mika so ein Gesicht?

Ihn nervte wohl, dass wir nur Samstag oder Sonntag üben können. Ihm wäre es am liebsten gewesen, Freitagabend zu üben. Da konnte er gleich die Druckbetankung machen und gleichzeitig seinen Frust beim Musik machen loswerden. Mann, warum war der so verbissen?

Es lief doch mit der Band eigentlich ganz gut, wenn man bedenkt, dass wir ja eigentlich Neulinge auf den Gebiet waren. Was hatte er erwartet?

Eigentlich hatte ich gar keine Lust mehr, den neuen Gig auszumachen, weil mich seine Art und Weise, die er momentan an sich hatte, tierisch nervte. Was lief da schief bei ihm?

Dennoch habe ich das Thema angesprochen und alle waren sehr davon angetan, auch Mika. Na ja, vielleicht hatte er auch nur mal einen schlechten Tag.

Jedenfalls hatte der Mann meiner Cousine ein Bistro und ich hatte mir vorgenommen, mal dort hinzufahren und unsere Band dort mal anzubieten. Ich hatte irgendwie Lust dazu, mich auch um die Gigs zu kümmern, weil sich ja sonst keiner darüber Gedanken machte. Auch wenn es für mich nicht einfach war, mich auf der Bühne zu präsentieren, wollte ich trotzdem diese Herausforderung annehmen. Ich bin dann einfach mal zu meiner Cousine und ihrem Mann ins Bistro gefahren. Dort freute man sich über meinen Besuch. Ich schlug also vor, einen Live Musik Abend bei ihnen im Bistro zu machen und gab dafür eine Gage von 400,- DM an. Meine Cousine ihr Mann war zuerst nicht davon begeistert, er hätte es am liebsten gehabt, wenn wir umsonst gespielt hätten. Aber das ließ meine Cousine wiederum nicht zu. Letztendlich konnten wir uns auf einen Termin und unsere Gage einigen. Nun stand uns der nächste Gig bevor, und der war öffentlich!

Nun mussten wir wieder alle Gas geben, denn der besagte Gig war in nicht allzu langer Zeit. Ich hatte meiner Cousine zugesagt, dass wir uns um Plakate kümmern. Allerdings hatten wir dazu noch nicht einmal ein anständiges Foto. Hierzu hatte ich dann meinen Nachbarn Gerd gefragt, ob er ein paar Fotos von uns machen könnte. Er hatte eine vernünftige Kamera und ich wusste, dass er damit Erfahrung hatte. Wir hatten uns dafür im Übungsraum verabredet. Als Hintergrund wollten wir uns vor einem Stromhäuschen postieren, wo man auch noch das Hochspannungsschild sah. Dies passte ja auch zu unserem Bandnamen. Letztendlich haben wir aber ein Foto genommen, wo wir auf alten Bahngleisen mit unseren Instrumenten stehen. Sah richtig cool aus. Mika hat dann in der Arbeit A2 Plakate kreiert und genügend Abzüge davon gemacht, die wir zumindest im Bistro aufhängen konnten. Für alles andere hätten wir ja wieder eine Genehmigung haben müssen.

Da wir ja bis zu diesem Gig eigentlich nicht viel Zeit hatten, probten wir bis dahin nur unser Programm, damit das richtig saß. Die Stimmung war eigentlich recht gut, bis auf das sich mittlerweile jeder aufregte, dass Magnus oft weitestgehend geistig abwesend war.

Nun stand auch der Tag des Gigs vor der Tür und Mika tönte wieder mit seinen Kraftsprüchen, das er der beste Gitarrist sei und so weiter. Klar hat mich das genervt, aber ich habe es mir nicht anmerken lassen. Es lief, wie es immer lief, Magnus fuhr den Wagen von Mika, natürlich mit Hänger. Nun hieß es wieder abbauen und einladen, was diesmal komischerweise recht schnell ging. Anscheinend wusste jeder, was er zu tun hatte. Nun ging es auf zum Bistro, wo wir unseren ersten öffentlichen Auftritt haben sollten.

Dort angekommen, peilten wir erst einmal die Lage. Wir mussten ja nun mal sehen, wo wir unser Equipment aufbauen konnten. Hierzu hatte sie eine Ecke freigemacht, war zwar recht klein, aber das musste uns reichen. Mika hatte darauf verzichtet, seinen gesamten Marshall Turm mitzunehmen. Keine Ahnung, ob ich bei der letzten Veranstaltung im besoffenen Kopf irgendetwas zu ihm gesagt habe, was ich nicht mehr weiß. Vielleicht war er deshalb auch so angepisst!

Egal, hier stand jetzt eine neue Herausforderung vor uns, und die galt es zu bewältigen. Erstaunlicherweise waren wir recht schnell fertig mit dem Aufbau und dem Soundcheck, so dass wir uns gemütlich zum Essen begeben konnten. Das gab es ja für uns umsonst, genau wie die Getränke für diesen Abend. Ohne viel Werbung gemacht zu haben, füllte sich das Bistro recht gut. Okay, wir hatten natürlich auch viele Freunde dazu eingeladen, unter anderem kam auch mein alter Freund Manou, was mich sehr freute. Manou? Genau, der mit dem gehörigen Bierdurst. Mit ihm hatte ich ja bereits auf unserer Schulabschlussfeier auf der Bühne gestanden. Aber auch viele andere Freunde und Kollegen waren unserer Einladung gefolgt.

Nun wurde es langsam Zeit zu beginnen. Hierzu hatten wir wieder meinen ersten selbstgeschriebenen Song „Feeling alright" ausgesucht. Der machte gleich Druck und die

Leute wussten, woran sie sind. Diesmal war der Anfang, den Mika machte, nicht so holprig wie bei den letzten Gigs. Die Songs schienen den Leuten zu gefallen und wir ernteten mächtigen Applaus.

Mittlerweile waren wir im zweiten Set und die Leute tanzten bereits. Plötzlich kamen zwei Polizisten in das Bistro und Magnus hörte sofort auf zu spielen. Mann, was machte der denn? Hatte Magnus Angst, erschossen zu werden?

Die Polizisten fragten, warum wir aufhören würden. Sie wollten doch auch mal hören!

Ich sagte dann durchs Mikro: „Hallo Michael." Es war ein Nachbar, der in seiner Polizeikluft vor uns stand. Er war ganz verwundert, dass ich nun da stand und Musik machte. Er sagte dann, dass sich jemand beschwert hätte, und wir sollten etwas leiser machen. Okay, dann taten wir das. Michael sagte dann noch, nun los, wir wollen jetzt auch mal was hören. Also fuhren wir mit unserem Programm fort. Michael und sein Kollege sind nach der Hörprobe auch gleich wieder abgezogen. Magnus war anscheinend so schockiert, dass er seine Drum Sticks nur noch auf die Snare Drum fallen ließ und die Bass Drum streichelte er auch nur noch.

Gott sei Dank waren wir dann auch recht schnell bei unserem letzten Song angekommen, denn ein paar andere Polizisten standen kurz nachdem wir fertig waren wieder im Bistro.

Rundum war es ein gelungener Gig gewesen, auch wenn Magnus dabei wieder ein wenig patzte. Manou sagte mir zum Schluss, dass es ihm sehr gut gefallen hat, besonders der erste Song. Das ging runter wie Öl, es war ja mein Song!

Auch das Abbauen ging diesmal recht schnell. Ich hatte mich beim Bierchen trinken stark eingeschränkt, schließlich wollte ich diesmal den Überblick behalten. Hier war mir nun auch aufgefallen, dass Mika mal wieder mit seiner Gitarre alles übertönte, weil er immer Stück für Stück lauter drehte. Das hatte nichts mehr mit Disziplin zu tun und ich nahm mir vor, das beim nächsten Üben anzusprechen. Auch meine Cousine war recht angetan, vor allem, weil ihre Kasse seit langem nicht mehr so voll war, wie nach diesem Abend.

Den Anhänger hatten wir in dieser Nacht bei uns in die Einfahrt gestellt, damit wir nicht noch in den Übungsraum mussten. Wir konnten am kommenden Tag wenigstens ausschlafen und hatten uns für den Nachmittag verabredet, unser Equipment wieder in den Übungsraum zu schaffen. Da ich nun meinen Mund nicht halten konnte, konfrontierte ich Mika noch an diesem Tag mit den Vorwürfen, die ich ihm zu machen hatte. Er äußerte sich an diesem Tag nicht mehr groß dazu. Aber zu der kommenden Übungsstunde brachte er eine ganze Liste mit, was ich verbessern sollte. Unter anderem hatte er eine Liste von Songs gemacht, wo er mehr Bass forderte. Mich widerte es an, in was für einem Ton und in welcher Art er das machte. Anscheinend hatte ich einen ganz wunden Punkt getroffen. Ich hatte ja mal wieder die Ehre gehabt, Mika abzuholen. Im Auto hatte er schon so gut wie nicht geredet, was mich schon vermuten ließ, dass irgendetwas los ist. Jetzt begann wohl sein Rachefeldzug gegen mich, weil er absolut keine Kritik vertragen konnte. Ich wollte ja eigentlich nur erreichen, dass er seine Lautstärke-Dreherei in den Griff bekam. Das diente nicht mir, sondern der ganzen Band. Ich hab es bis heute nicht verstanden, warum er so reagierte, und David schüttelte auch nur mit dem Kopf.

Nach einigen Übungsstunden hatten sich die Gemüter auch wieder beruhigt. Nun kam aber Magnus immer mehr ins Schussfeld, weil er nach wie vor durch geistige Abwesenheit glänzte. David nahm es eigentlich mehr mit Humor und drückte Magnus einen Spruch nach dem anderen aufs Ohr. Magnus wusste sich nicht groß zu wehren und grinste meistens. Aber irgendwie nervte das und auch unser Weiterkommen kam ins Stocken.

In der kommenden Woche hatte David bereits mit Mika telefoniert und für das Wochenende zur Krisensitzung geladen. Wir wollten uns bei Mika treffen und Magnus sollte eine Stunde später kommen. Hier hatte ich eine Vermutung, die sich später auch bestätigte. David wollte Magnus aus der Band haben, weil wir mit ihm an einem Punkt angekommen waren, wo es nicht mehr vorwärtsging. Er war das schwächste Glied in der Kette und musste weichen. David wollte, wie auch wir, mit der Musik noch einiges erreichen, das ging aber nur mit einem anderen Drummer. Da wir wussten, dass wir mit David einen super Sänger gefunden hatten, schlossen wir uns der Meinung von David an und warteten nun darauf, dass Magnus kam. Da die Entlassung von David ausging, hatte er sich auch angeboten, ihm das zu sagen.

Magnus kam freudestrahlend bei Mika in die Wohnung. Ohne groß drum herum zu reden, erklärte David ihm die Sachlage und sprach den Rauswurf aus. Magnus fing direkt an zu heulen und verließ ohne etwas zu sagen die Wohnung und fuhr weg. Mein Gott, irgendwie hat er mir schon leid getan. War auch eine scheiß Situation. Aber warum hat er sich das, was wir ihm immer wieder gesagt haben, nicht mal zur Brust genommen. Irgendwie war er ja auch selber schuld!

Nun hatte sich auch das Kapitel Magnus erledigt. In der kommenden Woche hatte Mika mit Magnus einen Termin ausgemacht, wo er das Drum holen konnte. Und es musste ja auch noch die Anlage, die wir gemeinsam gekauft hatten, abgerechnet werden. Da Magnus nur ein kleiner Teil der Anlage gehörte, übernahm Mika den Anteil.

Jetzt hieß es für uns, einen neuen Drummer zu suchen, was wir für recht schwierig hielten. Deshalb hatten wir uns darauf verständigt, erst einmal nicht zu üben und uns auf ein paar vernünftige Aufnahmen zu konzentrieren. David hatte sich inzwischen das Studio Equipment von Andy gekauft und versuchte sich in die Materie einzufinden, so dass wir bald bei ihm zuhause unsere Gitarren einspielen konnten.

Mika hatte eine Anzeige in der Tageszeitung geschaltet, worauf sich auch schon am selben Tag jemand meldete. Es war Milan, ein super Drummer, der von einer sehr bekannten regionalen Band war. Die Band war Mika noch ein Begriff aus seiner damaligen Musikerzeit. Milan fragte gleich, ob wir nicht auch noch einen Gitarristen brauchten. Seinem Vater gehörte die bekannte Band und er wäre auch auf der Suche nach einer neuen Band. Für Mika stand fest, die Jungs einzuladen.

Für das kommende Wochenende hatte Mika einen Termin mit den Jungs ausgemacht. Bereits am Freitagabend brachten sie ihr Equipment in den Übungsraum und gaben Mika gleich eine Kostprobe ihres Könnens. Mika war so begeistert, dass er mich noch an diesem Abend anrief und über das Ganze berichtete. Na eigentlich war er Feuer und Flamme und für ihn stand schon fest, die beiden nehmen wir!

Letztendlich mussten wir aber alle die Entscheidung treffen, hier konnte Mika nicht einfach über unseren Kopf hinweg entscheiden.

Am Samstagnachmittag hatten wir uns dann getroffen, um einfach mal gemeinsam zu spielen und sich kennenzulernen. Ich merkte, dass Mika von Tommy, Milans Vater, angetan war und er ihn regelrecht vergötterte. Mika gefiel wohl das, was Tommy so erzählte. Eigentlich kamen wir gar nicht groß zum spielen, weil Tommy redete und redete und redete. Mir hat es schon Spaß gemacht, mit so „hochrangigen Musikern" Musik zu machen.

Aber das Gerede ging mir dermaßen gegen den Strich, dass ich mich erst einmal vor die Tür verkrümelte. David ging es wohl ähnlich, denn der kam gleich hinter mir her. Draußen vor der Tür hatte ich Gelegenheit, mich zumindest mit David erst einmal auszutauschen. David sagte gleich, den jungen Kerl können wir nehmen, aber den alten Kerl sollten wir ziehen lassen. Genauso habe ich das auch gesehen, aber Mika flog bereits auf Wolke sieben!

Was wollte Mika eigentlich mit einem zweiten Gitarristen?

Er war es doch, der mit jedem Gitarristen in den Zweikampf ging. Schließlich war er immer der Meinung, er sei der „King".

Währenddessen ich mit David draußen war, hatte Mika es sich schon mit Tommy und Milan bei einem Bierchen gemütlich gemacht. Hier erzählte Tommy eine Geschichte nach der anderen, was Mika sehr gefiel, David und mich aber eher abschreckte. Eigentlich wollten wir ein bisschen Musik machen und uns dann mal austauschen, ob wir jemanden von den beiden in die Band aufnehmen. Irgendwie war das aber nicht möglich, weil Tommy am laufenden Band quatschte.

Eigentlich weiß ich gar nicht mehr so richtig, wie es zustande gekommen war, aber wir haben Milan und Tommy in die Band aufgenommen. David und ich waren darüber nicht begeistert, aber sie waren super Musiker und wir dachten wahrscheinlich, dass uns das wieder ein Stück nach vorne bringt. Nun gut, sagen wir es mal so, für uns konnte es nur von Vorteil sein, denn die beiden waren in der hiesigen Musikszene recht bekannt. Jedenfalls dachten wir das!

Also fingen wir an, uns diesem Experiment zu widmen und vereinbarten Übungsstunden an den Wocheneden, weil ich ja nach wie vor Schicht arbeiten musste. Wenn ich Frühschicht hatte, konnten wir zumindest den Freitagabend noch zum Üben in Erwägung ziehen. Hier bot sich aber eher das Bild, das die Übungsstunde mehr zur Bandfeier wurde, als Musik zu machen. Da für Mika eh am Freitag Druckbetankung angesagt war, ließ sich das natürlich super mit dem Üben verbinden. Fleißig Bierchen trinken und dazu noch abrocken, ich glaube das war Mikas Welt. Allerdings hat es niemanden interessiert, dass ich morgens um 4:30 aufgestanden bin und ich ab einer gewissen Zeit auch gerne mal nach Hause in mein Bett wollte. Hier kam nämlich wieder einmal Mikas Verzögerungstaktik ins Spiel. Er hätte es ja gerne bis Samstagmorgen, so gegen drei rausgezogen, aber damit war ich natürlich nicht einverstanden. So kam es jetzt natürlich dazu, dass ich immer wieder bei Mika aneckte. Früher hatte er ja fast jeden Abend bei mir angerufen, jetzt hatte er dafür wohl jemand anderen gefunden, wie ich so nach und nach feststellte. Irgendwie schien es mir so, als wenn nach unserem letzten Streit doch unsere Freundschaft etwas auf der Strecke geblieben war. Klar, musste ja so kommen, nachdem ich ihn auch nicht mehr laufend durch die Gegend kutschierte. Mittlerweile kam er mit Tommy zum Üben. Der fuhr ja Taxi und hatte anscheinend Gefallen daran gefunden, ihn laufend abzuholen und wieder nach Hause zu fahren. Tommy hatte das Taxi Tag und Nacht vor der Tür stehen und konnte es somit auch zwischendurch benutzen. So hatte er auch ein wenig Tarnung, wenn er beim Üben mal ein paar Bierchen trank, weil die Taxen in der Regel ja nicht von der Polizei angehalten werden.

Wir waren nun fleißig am Üben und musikalisch hatten wir einen ganz schönen Sprung nach vorne gemacht. Milan spielte ganz anders als Magnus, war viel konstanter und wusste, was er am Drum zu tun hatte. Tommy hatte mir bereits zwei CDs von „Molly Hatchet" mit den Worten geschenkt, mir das mal anzuhören, damit ich weiß, wie man

Southern Rock spielt! Warum fing gerade er jetzt an, mich zu kritisieren?

Eigentlich sollte er dankbar sein, dass wir ihn genommen hatten!

Um es mal ganz klar auszudrücken, dass zwischen Tommy und mir keine Freundschaft entstehen würde, war mir von Anfang an klar. Aber warum wetterte er jetzt gegen mich?

Mittlerweile hatte Tommy auch andere Dinge zu bemängeln, unter anderem auch unseren Bandnamen. Dieser würde gar nicht zu „Southern Rock" passen, eher zu einer „ACDC" Coverband. Allerdings haben wir uns nicht davon abbringen lassen und haben unseren Namen behalten. Aber andererseits hatte Tommy schon ein wenig das Ruder in unserer Band übernommen. Weiterhin hatte er zu beklagen, dass er doch seinen alten Übungsraum noch hätte, der um einiges günstiger wäre als der, den wir jetzt haben. Er könne nicht zwei Mieten bezahlen und wir sollten uns doch mal überlegen, ob wir nicht in seinen Raum umziehen wollten. Mika hatte sich den Raum mit Tommy angesehen und schlug sich jetzt auf Tommys Seite, um ihn bei diesem Vorhaben zu unterstützen. David war es egal, mir allerdings nicht. Wie froh waren Mika und ich gewesen, dass wir diesen Top Raum bekommen hatten. Aber Mika hatte sich bereits voll auf die gegnerische Seite geschlagen und so musste ich akzeptieren, dass wir demnächst umziehen werden.

Mittlerweile rückte mein Geburtstag immer näher, so dass ich beschloss, zu einer kleinen Feier mit der Familie und der Band einzuladen. Dafür hatte ich ein Buffet bestellt und einiges an alkoholischen Getränken besorgt. Meine Familie hatte sich rechtzeitig eingefunden, bis auf Mika, der wie immer einiges zu spät kam. Tommy und Milan kamen natürlich noch einiges später. Tommy hatte vorher schon mächtig getankt, bei Milan hielt es sich in Grenzen. Jedoch hatten beide keinen Hunger und nur noch wenig Durst. Auch sein Mundwerk stand die meiste Zeit still, anscheinend war der Kanal bis oben hin voll. Und ich Idiot gebe einen Haufen Geld dafür aus!
Natürlich hatte ich das nicht nur für die beiden gemacht, auch für meine anderen Gäste. Aber irgendwie hat mich das unheimlich geärgert. Was soll es, sie waren es beide nicht wert!

Irgendwie hatte ich von einer Wohltätigkeits-Veranstaltung gehört, wofür noch Künstler gesucht werden. Also hatte ich mich mit dem

Veranstalter in Verbindung gesetzt und unsere Band angeboten. Der Typ suchte nach dem Gespräch unseren neuen Übungsraum auf, um zu hören, wie gut wir sind. Gleich zu Beginn sagte er, ihr könnt ja was! Mein Gott, was hat der denn gedacht!

Also war es abgemacht, wir spielen auf einer Spenden-Veranstaltung ohne Gage vier Songs plus Zugabe, falls gefordert. Unter anderem spielte da auch unser stadtbekannte Bluesmusiker und der Schlagersänger Andy Andress. Nun hatten wir zumindest etwas, worauf wir hinarbeiten konnten.

Tommy zog mittlerweile in den Übungsstunden über jeden Musiker her, der mit ihm Musik gemacht hatte. Immer waren die anderen die Arschlöcher, was mich sehr nachdenklich machte. Dass er natürlich nicht ganz ohne war, wusste ich ja, aber wie würde er über mich nach einem Auseinandergehen der Band herziehen?

Das machte mir Angst!

Aber ich hatte mir hierzu schon meine Gedanken gemacht und wusste eigentlich, dass diese Band in dieser Besetzung nicht lange existieren würde, weil es früher oder später doch zum Streit kommen würde.

Mittlerweile stand der Auftritt vor der Tür und wir mussten uns natürlich wieder einen

Anhänger leihen. Ich hatte mir zwischenzeitlich einen Opel Astra Kombi mit Anhängerkupplung gekauft. Gott sei Dank war diese abnehmbar und Mika hatte keinen blassen Schimmer davon, sonst hätte er versucht, mir den Hänger aufzudrücken. So musste Tommy mal wieder fahren, der aber auch keine Angst davor hatte, ein paar Bierchen zu schlürfen und dann noch zu fahren. Ich hatte es jedenfalls vom Hals!

Die Veranstaltung sollte in einem großen alten Hotel stattfinden. Dort sind wir dann auch mit Sack und Pack hingefahren, in ein Chaos, das ich nicht vermutet hatte. Dort waren zahlreiche Künstler erschienen, mehr als auf den Plakaten angepriesen. Nun begann für uns eine Zeit des Wartens, bis wir an der Reihe waren, um unser Equipment aufzubauen. Der Bluesmusiker hatte vorher schon mit seinen Freunden den Soundcheck gemacht, so dass sich zwischendurch mal die Möglichkeit ergab, ein wenig mit ihm zu plaudern. Er machte einen sehr netten und vernünftigen Eindruck.

Mittlerweile hatte sich auch der riesige Saal mit ca. 30 Leuten gefüllt, Wow dachte ich, gut besucht!

Tommy und Milan hatten sich derweil übers Buffet hergemacht und Tommy versteckte gleich drei Sechser-Träger Bier, die wohl für die ganzen Künstler reichen sollten. Man hatte uns versprochen, dass Essen und die Getränke für die Künstler frei sind. Aber wie sollte das bisschen Bier, ein paar andere Getränke, ein wenig Obst und andere Kleinigkeiten für ca. 100 Künstler reichen?

Also habe ich auch gleich Gas gegeben und mir einen Sechser-Träger geschnappt, bevor die anderen beiden vom Versteck zurückkamen. Schließlich war ich wie immer nervös und ein paar Bierchen konnten da ja schon mal helfen.

Als wir nun endlich dran waren, war die Hälfte des Publikums bereits gegangen, obwohl die Veranstaltung sich gerade mal in der Mitte befand. Egal, immerhin hatten wir einen kurzen Auftritt, und den hieß es jetzt so gut wie möglich zu meistern. Aber wer schon einmal auf der Bühne gestanden hat, der weiß, wie schnell sich vier Stücke spielen. Kurzum, wir waren noch nicht einmal warm, da war es auch schon vorbei!

Irgendwann wurde die Veranstaltung dann abgebrochen, weil auch die letzten paar Leutchen gegangen waren. Lag das an uns!

Grins!!!

Nun konnten wir ganz entspannt abbauen, verladen und ganz schnell abhauen. Und diesmal auch ohne Verzögerungstaktik!

Wir hatten dann noch ein paar gemeinsame Übungsstunden, die immer nach demselben Schema abliefen. Ankommen, hinsetzen, Bierchen öffnen und jede Menge dummes Zeug reden. Bis wir das erste Mal zum Spielen kamen, waren manchmal zwei Stunden vergangen und meine Ohren glühten von dem ganzen Gelabere. Hinzu kam noch, das Tommy eh das meiste der letzten Übungsstunde vergessen hatte und wir das noch mal mit ihm aufarbeiten mussten. Vielleicht war ja auch der Suff dran schuld!

Wir waren dann wieder an einem Wochenende verabredet und wollten diesmal gleich loslegen, als David sagte, er müsse mal mit uns reden. Ich hoffte, dass er jetzt nicht das sagte, was ich vermutete. Doch es kam so!

David sagte uns, dass er in ein paar Monaten beruflich nach Frankfurt gehen würde und aus diesem Grund die Band mit sofortiger Wirkung verlassen würde. Weiter fügte er hinzu, dass es ja keinen Sinn machen würde, jetzt noch weiter an den Stücken zu arbeiten. Er wolle Platz für jemand Neues machen und uns nicht länger im Wege stehen. Wir mussten seine Entscheidung akzeptieren und wollten uns demnächst unterhalten, wie es weitergehen soll. Natürlich ging das erst einmal übers Telefon. Aber ich habe wohl im besoffenen Kopf etwas über Mika zu Tommy gesagt, was er ihm natürlich brühwarm weitererzählte. Es ging da eigentlich nur um belanglose Dinge, aber Mika hatte mir das so krummgenommen, dass sich nun die Stimmung zwischen uns extrem verschlechterte und Mika kein Wort mehr mit mir wechselte. Ich hatte mich danach auch bei Mika entschuldigt. Aber die Stimmung zwischen uns verbesserte sich keinesfalls. Im Gegenteil, David musste noch zwischen uns vermitteln, weil wir die Anlage abrechnen mussten. Mika wollte sie behalten, was mir auch sehr recht war. Nach unserem Streit stand eigentlich ungesagt fest, dass wir beide zusammen keine Musik mehr machen würden.

So hatte sich nun auch dieses Kapitel erledigt. Irgendwie hat es auch wehgetan, aber irgendwie war ich auch froh darüber, dass ich Tommy und Milan nicht mehr sehen musste. Meinen Schwager Mika habe ich danach nur bei Familienfeiern gesehen, allerdings haben wir kein Wort miteinander geredet. Aber wie es immer so schön heißt, die Zeit heilt die Wunden.

Doch ein wenig Genugtuung gab es vorher schon, woran ich mich gerne zurückerinnere. Mika wollte seinen Geburtstag feiern und Tommy hatte vorgeschlagen, doch bei ihm in der Kellerbar zu feiern. Diese war toll hergerichtet und ich freute mich auf die Feier. Zu Tommys Geburtstag war ich nicht eingeladen worden, aber Mika und David!
Nun konnte ich zumindest mal sehen, wo Tommy so lebte. Natürlich haben wir mächtig getankt und ich kann heute immer noch darüber schmunzeln, dass ich Tommy dermaßen den Garten vollgekotzt habe, was er mir danach fast jede Übungsstunde vorhielt. Was für ein Arsch!

Mika hat mit Tommy und Milan weiter Musik gemacht und sie spielten mittlerweile wieder unter Tommy´s Bandnamen. Nach ein paar Auftritten hat Tommy Mika aus der Band geworfen!!!

Auf mich kam nun eine ganz neue Situation zu. Ich hatte keinen Verbündeten mehr und musste mich von jetzt an selbst durchschlagen. Schließlich wollte ich ja etwas erreichen, aber mein Traum war ja nun mal wieder schneller zu Ende gegangen, als er angefangen hatte. Na ja, manchmal war es auch ein Albtraum!

Ich studierte die Szene-Zeitschriften, ob nicht jemand einen Bassisten suchte. Hier waren einige, die inseriert hatten. Aber ob für mich etwas dabei war?

Also mal wieder frohen Mutes ans Telefon und telefonieren was das Zeug hielt. Bei dem einen hatte ich seine Mitbewohnerin an der Strippe, so dass ich einige Male anrufen musste, bis ich ihn erreicht hatte. Aber irgendwie sind wir nicht auf einen Nenner gekommen. Mit einem anderen hatte ich mich mal für einen Samstagnachmittag verabredet, um zu ihm in den Übungsraum zu fahren. Allerdings war der mitten auf einem Feld in einer Scheune. Sie hatten sich hier einen Raum ausgebaut und sagten, dass man hier ohne Ende Krach machen könnte. Der Sänger war nicht da, nur der Drummer und der Gitarrist. Ich ließ meine Sachen erst einmal im Auto. Drinnen unterhielten wir uns und tranken gemütlich ein Bierchen. Der Gitarrist sagte dann, sie würden mir jetzt mal was vorspielen. Der Drummer trommelte wie ein Wilder auf seinem Drum herum, allerdings ohne Sinn und Verstand. Der Gitarrist spielte einen Barre´Griff und hämmerte wie ein Wahnsinniger auf der Gitarre herum. Nachdem sie sich ausgetobt hatten, fragte ich den Gitarristen, wie es mit dem Solo spielen sei.

Darauf antwortete er mir, dass er Solo spielen würde, wenn er das dann kann. Er würde noch Unterricht nehmen und das Solospielen noch lernen. Von da an stand für mich fest, dass ich mit diesen Jungs keine Musik machen werde. Ich holte mein Equipment gar nicht erst aus dem Auto und machte mich schnellstmöglich wieder auf den Heimweg.

Also ging es weiter mit der Suche nach einer geeigneten Band für mich. Nun hatte ich selbst eine Anzeige geschaltet und war voller Hoffnung, dass sich jemand meldet. Die ersten Tage passierte überhaupt nichts. Doch eine Woche danach rief jemand an, der wohl ganz in der Nähe einen Übungsraum hatte und sie würden am Freitag wieder dort sein. Der Typ hatte mich eingeladen, doch einfach mal vorbeizukommen, was ich dann auch tat. Der Übungsraum war in einem Keller unter einem Jugendzentrum, der sich in zwei Räume aufteilte. Der eine war zum Üben und der andere war mit einem Sofa, Tisch und ein paar Stühlen ausgestattet. Die Decke war mit Alufolie tapeziert, das hatten wir schon vor zwanzig Jahren gehabt. Also auch nichts Neues!

Zum Üben hatten sich Gitarrist und Drummer eingefunden, wobei der Drummer eigentlich singen wollte. In einem kurzen Gespräch erzählten sie mir, dass sie die Überreste einer Band seien und das sie die Band wieder aufleben lassen wollen, dazu brauchten sie aber noch einen Drummer, worum man sich aber schon kümmere. Okay, dachte ich, und sagte: „Dann lass uns mal was spielen." Wir hatten uns auf „Born to be wild" geeinigt. Also los ging es, der Typ, der singen wollte, spielte Drum und versuchte dazu zu singen, was dermaßen in die Hose ging. Weder als Drummer noch als Sänger war er eine Rakete. Ich dachte mir halt, das wird sich mit der Zeit schon geben. Eigentlich ist bei dem Proben nichts herausgekommen. Man sagte mir, dass sie sich bei mir melden würden. In der kommenden Woche klingelte das Telefon und wahrhaftig war es jemand von der Band. Ich solle doch am Samstag noch mal kommen, da hätte sich ein Drummer gemeldet, der Interesse zeigte. Also gut, ich packte mir wieder ein paar Bierchen ein und fuhr in den Übungskeller. Wieder roch es so komisch dort, irgendwie nach Schweiß. Ich war mir fast sicher, dass es von dem Sänger kam, der wieder ein ärmelloses T-Shirt trug. Nach kurzer Zeit kam auch der Drummer um die Ecke, es war Toni. Irgendwie kam er mir bekannt vor, aber ich wusste nicht, wo ich ihn hin stecken sollte. Vor einiger Zeit muss ich wohl Kontakt zu ihm gehabt haben. Ich dachte mir halt, das werde ich noch raus finden.

Wir hatten uns darauf geeinigt, wieder „Born to be wild" und „Here I go again" zu spielen. Hierzu hatte sich der Gitarrist auch auf dem Keyboard vorbereitet, um den Anfang von „Here I go again" zu spielen. Also fingen wir erst einmal mit „Born to be wild" an, was natürlich wieder mächtig in die Hose ging. Egal ob es spielerisch von der Gitarre oder gesanglich war, es war grausig!

Wir versuchten noch den zweiten Song, der scheiterte aber schon am Keyboard spielen. Ich sagte noch zu dem Typen, dass ich eine andere Version als Vorlage zum Üben hatte. Also schlug er vor, doch mal meine Version zu versuchen, was aber genauso scheiterte. Zwischendurch bekam ich genau wie Toni einen Stromschlag von der Aludecke, so dass mir nicht nur dadurch, sondern auch durch das Gespiele die Lust vergangen war. Mit den Leuten konnte ich keinen Blumentopf gewinnen!

Nachdem wir noch ein wenig geplaudert hatten, stellte sich heraus, dass Toni auch von einer stadtbekannten Band war. Dort hatte er vor einiger Zeit aufgehört und mit der Truppe hätte er angeblich über zweitausend Gigs gehabt. Wow, dachte ich, der muss einiges erlebt haben. Ich hatte natürlich meinen Werdegang auch erzählt, unter anderem auch, dass ich mit Tommy gespielt hatte. Toni kannte Tommy auch, die beiden hatten auch schon miteinander Musik gemacht. Da hat Toni natürlich aus dem Nähkästchen geplaudert, ich erfuhr so einige Dinge, die Tommy abgezogen hatte. Na ja, jedenfalls haben Toni und ich mich von den beiden Typen verabschiedet und haben auch gleich gesagt, das aus uns nichts wird. Sie haben das so akzeptiert und haben sich bedankt, dass wir überhaupt gekommen waren. Mit Toni zusammen bin ich dann in Richtung Auto gegangen, wo wir uns noch ein wenig unterhielten. Er sagte dann, ob ich nicht Interesse hätte, mit ihm eine neue Band zu gründen. Klar hatte ich Interesse daran und ich verabredete mich mit ihm nach meinem Urlaub. Zwischenzeitlich hatte ich mit Andy ein Gespräch, wo ich ihm erzählte, was ich so erlebt hatte. Auch Andy kannte Toni. Nun erfuhr ich auch den Nachnamen von Toni und jetzt wusste ich auch, wo ich schon mal mit ihm zu tun hatte.

Mitte der 80er-Jahre war ich eigentlich noch sehr schüchtern, so dass ich damals keine Freundin hatte und ich auch keinen anderen Ausweg sah, als mich an eine

Partnervermittlung zu wenden. Durch eine Anzeige bin ich auf die Partnervermittlung von Toni gestoßen. Bei ihm vorgesprochen, hatte ich einen Vertrag mit ihm abgeschlossen, wo mich die Vermittlung 2400,- Deutsche Mark kostete. Da ich das nicht auf einmal bezahlen konnte, bot er mir damals an, dass ich das auch auf Ratenzahlung machen kann. Für mich kam das sehr gelegen, weil ich mich sehr nach einer Partnerin sehnte. Er hatte mir genau zwei Dates vermittelt. Mir kam es so vor, als wenn die Damen von ihm engagiert wurden, um sich mit den Männern zu treffen, wahrscheinlich gegen Bezahlung. Zumindest hatte ich den Eindruck!

Er hatte damals versprochen, dass die Vermittlung so lange geht, bis man einen passenden Partner gefunden hat. Und die Vertragsdurchschrift könnte ich ruhig da lassen, da es ja vielleicht peinlich wäre, wenn sie Zuhause gefunden würde. Ich war damals so gutgläubig und machte es so, wie er es vorgeschlagen hatte. Da ich nun zwischenzeitlich einen Kredit aufgenommen hatte, wollte ich die Schulden, die ich bei Toni noch hatte, gleich mit finanzieren, um sie bei ihm vom Hals zu haben. Er war erfreut darüber, dass ich den Rest, den er noch zu bekommen hatte, in bar vorbeibrachte. Was ich nicht wusste, dass mit der Bezahlung auch mein Vertrag auslaufen würde. Denn nachdem ich bezahlt hatte, fügte er nachträglich im Vertrag eine Laufzeit von fünf Monaten ein. War ja kein Problem, denn er hatte ja noch den Durchschlag!

Also hatte er mich regelrecht über den Tisch gezogen, und nicht nur mich, sondern sicherlich auch noch einige andere.

Nun gut, dass ich in dieser Zeit fast alles glaubte, was man mir erzählte, war einzig und allein meine Schuld. Aber da ich ja nun seine Identität kannte und mir doch daran gelegen war, mich zu rächen, brachte mich das auf folgenden Plan. Warum sollte ich nicht meine Rache mit etwas Nützlichem verbinden. Da ich ja sowieso einen Termin mit ihm hatte zwecks der neuen Bandgründung, hatte ich mir ausgedacht, mit ihm eine Band zu gründen, aber andererseits ihm auch in irgendeiner Weise zu schaden. Zuerst wusste ich zwar nicht, wie das aussehen sollte, aber ich war mir sicher, dass mir, nachdem ich ihn näher kennengelernt hatte, irgendetwas einfallen würde. Ich bin zwar kein Mensch, der solche Spielchen liebt, aber nachdem er mich so beschissen hatte, wollte ich ihm einfach nur Schaden zufügen.

Nun konnte mein Rachefeldzug beginnen!

Kapitel 5

Nach meinem Urlaub bin ich dann zum verabredeten Termin zu Toni gefahren. Er hatte noch gesagt, dass ich dort klingeln sollte, wo das Schlagzeug auf dem Klingelschild ist. Dort klingelte ich dann auch und seine Freundin machte mir die Tür auf. Es war eine Blondine mit langen Haaren, zwar etwas faltig, aber ansonsten okay. Ich habe ihr erzählt, dass ich mit Toni verabredet sei. Darauf sagte sie mir, dass Toni nicht da sei und erst gegen Abend wiederkäme. Ich hatte ihr dann meine Telefonnummer vorsichtshalber noch mal aufgeschrieben mit der Bitte, dass er mich zurückrufen soll. Noch an diesem Abend meldete sich Toni und entschuldigte sich, dass er unseren Termin vergessen hatte. Also haben wir uns dann für den kommenden Tag verabredet und ich bin wieder zu ihm hingefahren. Eigentlich machte er gar nicht so einen verkehrten Eindruck. Er hatte mir einiges aus seinem Leben als Musiker erzählt. Als ich ihn auf sein Klingelschild ansprach, sagte er, dass er Gläubiger im Nacken hätte und es besser wäre, wenn sein Name dort nicht stehen würde. Da ich ja nun wusste, wer er war, konnte ich mir zu seinen Erzählungen ein eigenes Bild machen. Mit Hintergedanken beschloss ich also, mit ihm eine Band zu gründen. Dazu fehlte uns natürlich ein Übungsraum. Da ich ja wie immer das Heft bei solchen Sachen in die Hand nehme, versuchte ich zuerst unseren alten Übungsraum, den ich mit Mika hatte, zurückzubekommen. Leider war weder der noch ein anderer in dieser Halle verfügbar. Also musste ich mich weiter umhören, wo man eventuell einen Raum bekommen könnte. Auch bei unserem damaligen Vermieter hatte ich nachgefragt, dort hatte man aber bereits das eine oder andere Gebäude abgerissen und es ergab sich auch dort nichts. Toni hatte derweil immer nur gute Vorschläge gemacht, aber selber nichts in die Hand genommen. Also blieb mal wieder alles an mir hängen. Irgendjemand hatte mir gesagt, dass man in einem alten Fabrikgebäude Übungsräume anmieten könne. Nun versuchte ich mich irgendwie kundig zu machen, wer der Vermieter dieser Räume war und wen ich da ansprechen konnte. Nach langer Recherche hatte ich dann endlich den richtigen Mann an der Strippe. Ich habe ihm erzählt, was ich suche, aber der Mann wollte nicht so richtig ran. Er sagte zwar, dass er noch was hätte, aber er möchte nicht zu viele Bands auf einem Gang oder in einem Gebäude haben. Ich bohrte aber so lange, bis er sich darauf einließ, mit mir eine Besichtigung durchzuführen. Es war ein altes Chefzimmer, so mussten wir durch mehrere Zimmer hindurch bis wir dorthin gelangten. Man hatte mir gesagt, dass wir die einzigen wären und das in die Vorräume keine Band mehr käme. Also war das wie geschaffen für uns. Der Vermieter hatte dann doch sein Okay gegeben und ich bekam nach einigen Tagen den Mietvertrag zugeschickt. Nun konnte ich Toni Freude strahlend unseren Übungsraum präsentieren. Dazu hatte ich mich gleich nach der Schlüsselübergabe mit ihm verabredet. Toni war recht angetan von unserem Raum und holte noch am selben Tag sein Drum und auch eine kleine Elektroheizung. Ich baute derweil einen neuen Schließzylinder ein, falls irgendjemand noch einen Schlüssel haben sollte. Schließlich waren es ja dann auch Werte, die sich in unserem Raum befanden. Am Folgetag brachte auch ich mein Equipment in den Übungsraum und Toni stand auch gleich wieder auf der Matte. Da es uns beiden in den Fingern juckte, spielten wir einfach mal „Black Night" von Deep Purple. Das war gleich von Anfang dermaßen am Grooven, dass wir gleich noch „Born to be wild" spielten. Hier hatten sich nun zwei Leute gefunden, die Spaß daran hatten, Musik zu machen. Aber wer sollten die anderen sein?

Mittlerweile war ich irgendwie von meinem Rachefeldzug abgekommen. Toni war ein Kumpel-Typ, auf den man sich wohl verlassen konnte. Er war mir schon irgendwie ans Herz gewachsen. Nun hatte er vorgeschlagen, dass er mal zwei Leute fragen wollte, mit denen er schon einmal Musik gemacht hatte, ob sie nicht Lust hätten, bei uns einzusteigen. Mir war es egal, weil ich ja eh niemanden aus der Szene kannte. Also hatte Toni die beiden gefragt und sie auch gleich für das kommende Wochenende zu uns bestellt. Es waren Wolfram und Niko. Niko hatte ich bereits schon mal in einer Kneipe gesehen, als ich mit Mika mal die Konkurrenz checkte. Er war wohl mal der Sänger einer bekannten Band gewesen. Mit Wolfram hatte Toni wohl schon in mehreren Bands zusammengespielt. Also kannten die sich bestens. Warum wollten die gerade mit mir Musik machen?

Für die drei war das sicherlich einfach gewesen, aber ich war in diesem Moment sehr nervös. Sie alle hatten bereits auf großen Bühnen gestanden und ihr Leben lang Musik gemacht. Wir spielten erst mal die Songs, die ich zu Beginn mit Toni schon gespielt hatte. Für Niko am Gesang hatte ich erst mal provisorisch eine Endstufe mitgebracht und Wolfram noch ein altes Mischpult, was ohne

Ende kratzte. Toni hatte sich von einem Kumpel ein paar Boxen besorgt, die wir erst einmal nutzen konnten. Ach ja, und Niko hatte als Sänger nicht einmal ein Mikro mitgebracht. Er war davon ausgegangen, dass alles vorhanden ist. Das Mikro hatte ich ihm dann zu Verfügung gestellt. So haben wir unsere erste gemeinsame Übungsstunde abgehalten.

Na ja, ich will mein Können nicht trüben, aber man merkte schon einen gewaltigen Unterschied an Erfahrung und auch am spielerischen Können. Aber hier hatte ich nun wieder eine Hürde zu nehmen. Aber andererseits spielten sie ja eigentlich bei mir vor, und nicht andersrum. Also, warum machte ich mir so viele Gedanken.

Musikalisch klang es recht leer. Wolfram hatte eine Fender Stratocaster, die von Hause aus recht dünn klang. So konnten wir nicht zufrieden sein. Entweder musste eine zweite Gitarre her oder ein Keyboard.

Zur nächsten Übungsstunde hatte Niko mich gebeten, doch mal meinen Übungsverstärker mitzubringen. Nun wollte Niko versuchen, musikalisch mit der zweiten Gitarre zu unterstützen, was auch recht gut klappte. Also haben wir uns darauf verständigt, dass wir in dieser Konstellation unsere musikalische Reise beginnen werden.

Mittlerweile hatte hier aber schon der eine oder andere meine Anwesenheit angezweifelt, wie mir Toni später sagte. Aber er hielt an mir fest, wahrscheinlich auch, weil er wusste, dass es hier früher oder später eh zum Streit kommen würde. Toni hatte wohl zu den beiden gesagt, dass ich nicht der beste Bassist sei, ich aber andere Qualitäten besitzen würde. Damit meinte er wohl meine finanzielle Seite und das Engagement, für die Band Gigs zu machen. Klar, die Jungs waren so klamm, dass ich schon froh darüber sein konnte, wenn sie den Anteil für die Raummiete pünktlich zahlten. Allerdings konnten wir mit der Gesangsanlage, die wir hatten, ja auch nicht auftreten. Hier musste natürlich auch etwas Neues her. Wer sollte das von denen stemmen können? Keiner!!! Also brauchten sie mich!

Nun hieß es erst einmal, ein Programm zusammenzustellen. Hierzu brachten die drei ganze Listen mit, natürlich alles Songs, die sie schon gespielt hatten. Der einzige, der sich laufend zuhause hinsetzen musste, um die Songs einzustudieren, war ich. In den kommenden Übungsstunden spielten wir unzählige Songs an, wo man immer zu der

Erkenntnis kam, dass sie nicht grooven. Lag das etwa an mir? Ich glaube nicht!

Jedenfalls war es schwer, die richtigen Songs zu finden. Ungelogen war vielleicht von zehn Songs einer dabei, den sie als passend empfanden. Ich weiß nicht, ob sie es extra gemacht hatten, um mir eins auszuwischen. Aber die Vermutung liegt nahe!

Da haben wir Songs wie „Stairway to Heaven" angespielt, die eigentlich super klangen, aber wenn jemand zu dem Song keine Lust hatte, bekam er es nicht auf die Reihe und schon wurde der Song raus gekickt. Hätte sich Toni auch das eine oder andere Mal hingesetzt und ein wenig geübt, hätte gerade der Song sicherlich geklappt!

Ich weiß nicht, was sie für ein Spiel spielten, aber ich Idiot machte das Spiel mit. Spätestens als der erste Krach im Übungsraum aufkam, hätte ich die Notbremse ziehen müssen. Aber das tat ich nicht, weil ich die Hoffnung hatte, mit den Jungs etwas erreichen zu können.

Mittlerweile hatte sich Niko´s Freundin angeboten, das Management für uns zu übernehmen. Okay, für mich war das in Ordnung, da hatte ich in Zukunft nicht so viele an der Backe.

Nun mussten ja auch vernünftige Fotos her, so dass wir beschlossen, ein Fotoshooting zu machen. Ein Kumpel von Toni wollte die Fotos mit seiner eigenen vernünftigen Kamera machen. Wir trafen uns dafür auf dem Übungsraumgelände. Heide, die derzeitige Freundin von Niko, und Toni hatten dazu ihre Motorräder mitgebracht. Hier machten wir nun Fotos mit verschiedenen Hintergründen. Dazu hatte Niko recht gute Ideen gehabt. Dabei sind sehr gute Fotos herausgekommen, die wir gleich zur Werbung und auch als Cover für unsere Werbe CD nehmen konnten. Niko hatte auch gleich eine Idee für ein Plakat. Hierzu hatte er eine Vorlage gebastelt, wovon man nur noch Abzüge machen brauchte. Ja, nur noch! Wer die machen musste, war ja klar. Also bin ich Trottel losgefahren und habe die Abzüge machen lassen. Irgendwie hatten alle gute Ideen, aber für die Ausführung waren immer andere zuständig.

Für die Werbe-CD haben wir im Übungsraum mit dem Tapedeck und zwei Mikros ein paar Songs aufgenommen. Die hatte Wolfram in seinem Studio so zusammengemixt, dass es sich wie ein Livekonzert anhörte. Nun hatten wir alles zusammen, um damit für Auftritte zu werben. Tommy hatte damals von einer Veranstaltung erzählt, die jedes Jahr am ersten

Weihnachtsfeiertag stattfindet. Da ich ja ein Fuchs bin, machte ich den Veranstalter ausfindig, um unsere Band dort anzubieten. Da wir nur ein Programm hatten, was für das Vorprogramm reichte, konnte ich auch nicht mit dem Preis so hoch pokern. Tommy hatte immer von riesigen Gagen gesprochen, aber ich blieb da gewaltig auf dem Teppich, weil ich diesen Gig unbedingt haben wollte. Nachdem ich mit dem Veranstalter gesprochen hatte, schickte ich ihm unser Werbepäckchen zu. Da die Jungs ja immer gute Vorschläge hatten, wurde in dem Anschreiben dermaßen auf die Kacke gehauen, das ich mich fast schämen musste, das weggeschickt zu haben. Aber wie man mir sagte, liefe so das Geschäft. Es dauerte auch nicht lange, und wir bekamen die Zusage für diesen Gig. Jetzt hatten wir noch einiges zu tun, denn unser Programm lief noch nicht so, wie wir es uns vorgestellt hatten.

Mir ging mittlerweile dermaßen auf die Nerven, dass ich Wolfram laufend abholen und wieder nach Hause kutschieren musste. Das hatte ich ja bereits mit Mika gehabt, und wie mir die Vergangenheit zeigte, wird es einem ja eh nicht gedankt. Im Gegenteil!
Zwischenzeitlich entflammte mal wieder ein Streit zwischen Wolfram und Toni. Hier hatte

Toni mal wieder für etwas eine tolle Idee, was Wolfram aber gleich verneinte. Da ging Toni dermaßen ab und beendete auch voller Wut die Übungsstunde. Ich musste mich gleich daran erinnern, als Toni zu Beginn der Bandgründung zu den beiden sagte, dass er mal eine Band ganz ohne Stress haben wollte. Davon habe ich aber in den letzten Wochen nichts gemerkt. Also habe ich Wolfram wieder nach Hause gefahren. Auch wenn er mir jetzt jedes Mal dafür fünf Euro gab, darum ging es mir nicht. Ich hatte einfach nicht die Lust dazu, irgendjemanden durch die Gegend zu fahren.

Irgendwie haben wir es dann auch geschafft, uns auf den großen Auftritt vorzubereiten. Wir brauchten nur die Backline mitnehmen, und so hatten wir auch nicht allzu viel zu schleppen. Pünktlich waren alle zur ausgemachten Zeit am Übungsraum versammelt. Es hatte an diesem Tag viel geschneit, so dass wir auch frühzeitig losgefahren sind. Die Stimmung war eigentlich recht gut, was mich sehr verwunderte nach den letzten Übungseinheiten. Aber wahrscheinlich waren alle froh darüber, dass es jetzt endlich auf die Bühne ging.
An jedem ersten Weihnachtsfeiertag waren wir immer bei meinen Eltern zum Mittagessen eingeladen. Mir tat es einerseits weh, das wir

nach dem Essen gleich wieder verschwinden mussten und wir in diesem Jahr nicht lange bei meinen Eltern verweilen konnten. Aber andererseits hatte ich mich so auf den Auftritt gefreut, denn jetzt kam etwas Großes auf mich zu. Also nahm ich das in Kauf und ich glaube, dass meine Eltern mir das auch gönnten, denn sie zeigten großes Verständnis.

Nach langsamer Fahrt durch die verschneite Landschaft kamen wir mehr als pünktlich am Veranstaltungsort an. Da ich ja nun den Gig ausgemacht hatte, ging ich natürlich vor, um den Veranstalter ausfindig zu machen. Mir kam gleich so ein junger Kerl in Springerstiefeln entgegen. Mein Gott, wo waren wir denn hier hingeraten?

Aber das war nur der erste Eindruck!

Der Kerl hatte die Stiefel wohl wegen des hohen Schnees an. Er entpuppte sich als ganz vernünftig und begrüßte uns gleich recht freundlich. Er sagte uns, dass wir recht früh seien und es noch ein wenig dauern würde, bis die Technik soweit sei. Es sollten noch zwei andere Bands diesen Abend spielen, diese seien aber noch nicht da. Wir traten ja nun als Erste auf, so dass wir unseren Soundcheck erst nach den anderen Bands machten. So blieb die Anlage gleich so eingestellt, wie wir sie als erste Band brauchten. Das Ganze spielte sich in

einer großen Sporthalle ab. Dementsprechend groß war auch die Bühne, auf der wir unsere Feuerprobe diesen Abend hatten. Irgendwie war ich an diesem Tag nervös, aber auch irgendwie gelassen. Da wir alle unsere Frauen mit hatten, gab es auch genug zu quatschen und die Zeit des Wartens verging recht schnell. Auch die anderen Musikerkollegen waren bereits eingetroffen, so dass nun die Soundchecks in vollem Gange waren. Nun kam der Moment, wo auch ich meine Bassanlage aufbauen musste und der Soundcheck jetzt für uns anstand. Toni hatte es sich recht leicht gemacht, weil er es so eingefädelt hatte, dass er auf dem Drum unserer Nachfolgeband spielte. Ich war eigentlich dagegen, aber meine Meinung hatte niemanden interessiert!
Also nahm ich das so hin, weil ich dachte, dass Toni weiß, was er tut. Ich hatte einfach nur Bedenken, ob Toni mit dem anderen Drum zurechtkam. Später stellte sich aber heraus, dass meine Bedenken unbegründet waren. Wahrscheinlich hatte er das schon öfter so gemacht!

Nun musste auch ich wieder auf die Bühne zum Soundcheck. Mehr oder weniger stand ich alleine auf der großen Bühne, weil die anderen irgendwo herumlungerten. Vielleicht war das auch schon wieder eine Attacke gegen mich, wer weiß?

Also hing ich mir meinen Bass um und spielte erst einmal die leere E-Saite. Das hatte ich bei meinem Vorgänger so gesehen. Danach spielte ich einfach den Lauf von „Born to be wild", so dass die Technik den Sound einigermaßen einstellen konnte. Nun musste ich auch noch ans Mikro, was mir mehr Sorgen bereitete, weil mir die Gabe des Sprechens vor mehreren Leuten einfach nicht gegeben war. Aber irgendwie nahm ich den Mut zusammen und sprach zumindest ins Mikro, auch wenn ich nicht hinein sang, aber hier nahm ich wieder eine Hürde. Die anderen machten ihre Sache perfekt, klar, die hatten das ja auch schon unzählige Male durch. Nun spielten wir gemeinsam einen Song bis alles richtig eingestellt war. Hierbei hatten Wolfram und Niko mal wieder einiges zu nörgeln. Aber der Techniker hinter dem Mischpult ließ sich davon nicht beeindrucken. Nun hatte ich das auch erst einmal überstanden und nun hieß es warten, bis zu unserem ersten Auftritt.

Zwischenzeitlich vertrieben wir uns die Zeit mit Quatschen und irgendwelchen Scherzen, die irgendjemand machte. Ein Bierchen hatten sich alle, bis auf Toni, auch schon geöffnet, und mittlerweile entwickelte sich eine recht gute

Gesamtstimmung. Plötzlich kam der Kerl in Springerstiefeln zu uns und sagte, dass wir loslegen könnten. Die Halle hatte sich bis zu diesem Zeitpunkt sehr gut gefüllt, so dass wir eine gute Masse an Leuten vor der Bühne stehen hatten. Andere waren noch draußen oder in einigen der Nebenräume. Aber rundum war die Veranstaltung sehr gut besucht.

Mit einem Einspieler, den Wolfram zusammengeschnitten hatte, gingen wir nun gemeinsam auf die Bühne und legten unsere Instrumente um. Niko war wie in einem Rausch, er animierte das Publikum schon in englischer Sprache, bevor wir überhaupt den ersten Ton gespielt hatten. Komischerweise hatte er die „Massen" gleich von Beginn an in der Hand. Er war halt ein super Frontmann! Nachdem wir gleich zu Beginn „Born to be wild" spielten, flippte das Publikum dermaßen aus, so dass meine Nervosität, die ich gut verborgen hatte, auf einmal wie weggeblasen war. Irgendwie hatte ich auch gar keine Zeit, nervös zu sein, weil ich mich dermaßen auf das Spielen konzentrierte. Aber diese eine Stunde verging wie im Flug und wir waren recht schnell an unserem letzten Stück angekommen. Niko war nass geschwitzt und seine langen Haare klebten ihm überall im Gesicht. Er hatte die Band super verkauft, einen super Job gemacht, genau wie alle anderen auch. Ich war auch mehr als zufrieden, denn immerhin war es der erste gemeinsame Gig und nun sollten noch einige folgen. Wir haben uns dann noch vor dem Publikum verbeugt und wurden mit sehr viel Applaus verabschiedet. Für mich war das ein sehr glücklicher Moment, so dass ich fast Tränen in den Augen hatte, weil es genau das war, was ich in meinem Leben sein wollte, ein „Rockstar".

Nachdem wir von der Bühne herunter waren, sind die anderen gleich in den Backstage Bereich gegangen, während ich den Veranstalter aufsuchte, um mich zu erkundigen, ob es ihnen gefallen hat. Hier sagte mir der Kerl in Springerstiefeln, das er uns für das kommende Jahr als Hauptact haben wolle. Das ging natürlich runter wie Öl. Nun musste ich das nur noch den anderen verkünden.

Im Backstage Bereich umarmte ich natürlich zuerst meine Frau, die mir auch noch lobende Worte zuflüsterte. Danach bekam ich noch von meinen Bandkollegen lobende Worte und sie streckten mir gleich ein Bierchen entgegen mit den Worten, das ich mich erst einmal setzen sollte. Irgendwie war ich nervöser als vor dem Gig. Nun musste ich erst mal runterkommen. Auch die Jungs waren begeistert über die

Aussage, im kommenden Jahr dort wieder zu Gast sein zu dürfen. Wir tranken nun ein paar Bierchen und feierten den gelungenen Gig.

Da wir gleich nach dem Gig unser Equipment von der Bühne räumen mussten, brauchten wir nun nur noch unsere Autos vorfahren und einladen. Dazu hatte zwar keiner Lust, aber es war ja nicht wirklich viel, so dass es auch recht schnell ging, alles in den Autos zu verstauen.

Die Gage hatte ich bereits beim gemütlichen Bierchen verteilt. Wir verabschiedeten uns noch kurz vom Veranstalter. Danach umarmten wir uns alle noch einmal, denn ab hier fuhr jeder seinen eigenen Weg nach Hause.

Wenige Tage später trafen wir uns wieder zum Üben in unserem Proberaum. Hier redeten wir nochmal über den Gig und alle waren nach wie vor begeistert. Jetzt stand allerdings das Vervollständigen des Programms auf dem Plan. Denn schließlich wollten wir ja auch mal drei Sets und länger als eine Stunde spielen können. Ich hatte mich mittlerweile damit beschäftigt, weitere Gigs an Land zu holen. Unter anderem bei einem Stadtfest und in drei verschiedenen Clubs. Währenddessen machte Niko auch noch einen Clubgig klar. Toni bemühte sich auch unterdessen und machte einen Gig in unserer Stadt aus. Dass ich nun in Heimatstadt auftreten würde, war für mich etwas Besonderes. Schließlich war ich ja oft mit meinem Mofa an dem Club vorbeigefahren, um einfach nur mal zu hören. Das ich nun bald selbst dort stehen würde, gab mir Motivation für mehr.

Beim Proben ging mal wieder alles seinen Weg. Unendliche viele Stücke, die wir anspielten, wurden raus gekickt, weil mal wieder jemand seine Hausaufgaben nicht gemacht hatte. Toni bekam sich nach wie vor immer wieder mit Wolfram und jetzt auch noch mit Niko in die Haare. Was war mit der Aussage geworden, mal eine Band ohne Stress zu haben?
Hier lag die Vermutung nahe, dass die drei gar nicht anders konnten und es sie anscheinend befriedigte, wenn sie Stress machten. Mittlerweile wurde mir auch klar, warum die Zusammenarbeit der drei in anderen Bands nicht klappte. Aber irgendwie hatten wir es doch geschafft, unser Programm zusammenzubekommen. Allerdings war nicht ein Song dabei, den ich vorgeschlagen hatte. Es kam mir so vor, als hätten die sich untereinander abgesprochen.
Zwischendurch musste natürlich auch mal wieder etwas ausdiskutiert werden. Dazu

hatten wir uns bei mir im Wintergarten verabredet. Nun ja, eigentlich gab es gar nichts zu diskutieren, vieles wurde einfach nur an den Haaren herbeigezogen. So verlief der Abend eigentlich recht friedlich, wir tranken unser Bierchen. Wolfram hatte noch zur Gitarre gegriffen und wir sangen gemeinsam Songs von den Beatles. Also rundherum ein gelungener Abend, auch wenn der unter einem anderen Vorwand entstanden war.

Jedenfalls nahte nun der Auftritt beim Stadtfest. Leider hatten wir hier an einem Sonntagnachmittag um 15:00 Uhr eine eher undankbare Zeit erwischt. Aber was sollte es, für uns, und besonders für mich, hieß es in erster Linie, Erfahrungen zu sammeln.

Aber auch dieser Gig ging so schnell vorbei, eigentlich ohne ein nennenswertes Ereignis. Das einzige, worüber ich mich gefreut hatte, war, dass meine Eltern zu diesem Auftritt gekommen waren. Dieser Gig wurde einfach nur durchgezogen, wahrscheinlich, weil die „Herrn" anscheinend andere Vorstellungen hatten. Vor der Bühne fand der Kaffeeklatsch statt, aber das konnte ich vorher nicht wissen. So kam es, dass ich nun das erste Mal mit Niko aneinandergeriet. Aber wie das immer so ist, machen will keiner was, aber beschweren tun sich hinterher alle!

Okay, bis zu den nächsten Gigs mussten wir uns nun Gedanken machen, weil wir keine Anlage hatten, womit wir live auftreten konnten. Da ich ja nun der einzige war, der einer vernünftigen Arbeit nachging, bot ich Idiot mich an, eine Anlage auf Pump zu kaufen. Wir hatten beschlossen, dass jeder den gleichen Anteil an der Anlage bezahlen sollte. Ich habe den Kredit dafür aufgenommen und habe in einem Musikhaus einen Powermixer mit zwei Boxen und Stativen gekauft. Toni hatte noch den Wunsch, ob wir nicht noch sein Bassdrum Mikro für ihn kaufen könnten. Auch dem bin ich nachgekommen.

Zusammen mit Toni habe ich die Anlage dann im Proberaum aufgebaut und die nächste Übungsstunde konnte kommen.

Natürlich waren auch die anderen beiden von der Anlage begeistert. Wolfram hatte ja nun ein eigenes Studio und wusste, wie man die Anlage einstellt. Allerdings hatte ich nicht damit gerechnet, dass Wolfram und Niko mir jetzt dermaßen in den Rücken fallen. Sie sagten auf einmal, dass sie die Anlage nicht monatlich bezahlen wollten, sondern sie lediglich was von ihrer Gage dazugeben würden, beziehungsweise sollte ich es ihnen gleich davon abziehen.

Rums!

Dass hier nun Ärger vorprogrammiert war, kann man sich ja wohl denken. Ich weiß nicht, warum sie mich so behandelten. Mann, war ich ein Vollidiot!!!

Toni besänftigte die Situation gleich und bot an, dass er mit mir alleine die Anlage übernehmen würde und die anderen beiden es dann halt von der Gage abgezogen bekommen. Also irgendwie schien es mir, als hätte Toni schon davon gewusst. Vielleicht hatten sie das auch hinter meinem Rücken ausgemacht. Zutrauen würde ich es ihnen!!!

Aber von diesem Zeitpunkt an habe ich nun endlich gemerkt, dass hier Vorsicht geboten ist. Wer weiß, wozu die „Herrn" noch in der Lage waren.

Eigentlich wollte ich ja einen Rachefeldzug gegen Toni starten, aber im Moment schien er noch ein Verbündeter von mir zu sein, auch wenn ich nicht genau wusste, welches Spiel er spielte.

Nun stand unser erster Club-Gig kurz bevor und es hatten sich wie immer dieselben „Herrn" in den Haaren. Mich kotzte das mittlerweile auch an, weil ich ein Mensch bin, der in Ruhe und Frieden leben möchte. Musik ist mein Hobby, und das sollte man eigentlich mit Freude machen.

Wir sind dann zum Clubgig gefahren und haben dort unser Equipment aufgebaut. Allerdings hatten wir ein recht jugendliches Publikum, was uns schon zu denken gab, vor allem Niko!

Wir haben dann ein Set gespielt und waren zu der Erkenntnis gekommen, dass wir hier falsch gelandet waren. Auf Drängen der „Herrn" sollte ich den Chef anrufen und den restlichen Gig absagen. Hierzu sollte ich die Hälfte der Gage fordern. Der Chef, der ein ausländischer Mitbürger war, ließ sich darauf ein, allerdings nicht für die Hälfte der Gage. Wir sind den Abend mit hundert Euro da raus, na ja, für ein Set war es ja okay. Als wir alles abgebaut hatten und wir wieder im Proberaum waren, machte mich Niko fertig, indem er laufend zu mir sagte, dass man mit Moslems keine Geschäfte machen würde. Ich hingegen war so geladen, dass ich kurz davor war, voll auszurasten. Ich wusste gar nicht, warum er sich so viel herausnahm. Hier kam nun der wahre Charakter heraus. Jetzt war mir auch klar geworden, warum seine anderen Bands, in denen er zuvor gespielt hatte, immer wieder zerbrochen sind.

Zwischenzeitlich wurde nun auch der Ruf nach einer CD lauter, die wir bei Wolfram im Studio aufnehmen wollten. Dazu hatten sich die drei „Herrn" einige Wochen vorher bei Wolfram getroffen und schon mal die Drum Spuren für die Songs zusammengebastelt. Danach hat Niko schon mal eine Gitarre eingespielt, damit eine Orientierung im Song für mich da war, weil ich zuerst den Bass einspielen sollte.

Nun kam auch für mich die Zeit, wo ich zu Wolfram ins Studio kommen sollte. Dazu habe ich für mich und Wolfram einen Korb mit Bierchen gepackt. Irgendwie musste ich mir Mut antrinken, weil ich so nervös war. Dort angekommen, zischten wir gleich eins und begannen dann mit den Aufnahmen. Im Großen und Ganzen klappte das recht gut, weil ich mich ja auch gut vorbereitet hatte. Allerdings rief mich Wolfram ein paar Tage später an, um mir zu sagen, dass wir die Aufnahmen nicht verwenden können, weil sie nicht im Takt seien. Niko hatte den Bockmist gemacht, aber mir wurde es mal wieder in die Schuhe geschoben. So durfte ich nach den dummen Sprüchen der anderen wieder ins Studio und das Ganze nochmals einspielen. Wolfram hatte Nikos Spur gelöscht und selbst die Gitarre eingespielt. Leider waren diese Aufnahmen dann auch nicht verwendbar, weil angeblich der Bass keinen Druck hätte und das könnte er auch nicht am Mischpult einstellen. Also wieder einen Termin gemacht und auf ein Neues. Mittlerweile war ich so entspannt, weil ich genau wusste, wer hier laufend den Bockmist machte. Aber beim dritten Anlauf schien auf einmal alles gut zu sein. Ich hätte dann auch kapituliert!

Keine Ahnung, ob das wieder Absicht war, aber die Vermutung liegt nahe!

Wenig später haben wir noch gemeinsam den Chor zu „I love Rock´n Roll" eingesungen, und dann war die Sache auch erledigt. Den Rest haben die „Herrn" dann gemacht.

Nun nahte der Gig, den Niko ausgemacht hatte. In einer kleinen Butze trafen wir uns nach vorangegangenen Übungseinheiten wieder. Hier hatte Niko das Zepter voll in der Hand, schließlich wollte er mir ja zeigen, wie man Gigs ausmacht. Nach dem ersten Set rief er uns wütend in einen Nebenraum, wo er uns dermaßen zusammenfaltete, weil wir angeblich unsere Instrumente laufend lauter drehen würden. Ich war mir keiner Schuld bewusst, aber mich kotzte sein Verhalten unheimlich an.

Das einzig Lustige, was ich an diesem Abend erlebte, war ein Gast, der im Holzfällerhemd an der Theke saß und diese bei „Radar Love" vor Begeisterung zum Wackeln brachte.

Eigentlich war der Abend recht gut, bis auf die Äußerung von Niko nach dem ersten Set und die Ansage, die er mir zum Schluss machte, indem er sagte, so mache man ein Gig aus und nicht anders. Was für ein Arsch!!!

Den Clubgig haben wir dann auch irgendwie hinter uns gebracht, ohne irgendwelche nennenswerten Ereignisse. Toni hatte mittlerweile den Bruder seiner Freundin bei uns eingestellt. Schließlich war Toni faul, so dass er jemanden brauchte, der ihm sein Drum schleppte. Außerdem solle er bei uns auch mit aufbauen helfen und die Technik ein wenig bedienen. Toll!
Das diese Type gesoffen hat wie ein Loch und außerdem noch Drogen nahm, bekamen wir erst eine ganze Zeit später mit. So hatte er sein Debüt bei dem Gig in meiner Heimatstadt. Er bemühte sich zwar hier und da zu helfen, hatte aber mehr das Glas in der Hand als alles andere. Klar, für die Band waren die Getränke frei, also konnte er richtig Gas geben.

Da wir diesmal doch ein wenig spät angekommen waren, hatten wir auch nicht viel Zeit zwischen Aufbau und dem eigentlichen Auftritt. Die Type hatte es sich bereits dermaßen besorgt, indem er sich ein Bierchen nach dem anderen rein knallte. Das war schon mal mehr als peinlich!

Aber als mich einer der Bedienungen fragte, was denn die Dunkelhaarige für eine sei, wurde ich doch hellhörig. Er erzählte mir, das sie, während wir Soundcheck gemacht hatten, hinter die Theke in den Nebenraum gekommen sei und die beiden Bedienungen aufgefordert hätte, ihr doch mal ihre besten Stücke zu zeigen. Mann, war denn Wolframs Freundin so notgeil?

Klar, das hatte sich sogar bis zur Chefin des Pubs herumgesprochen. Und das die versoffene Type während unserem Auftritt noch den Dimmer fürs Licht auf der Bühne vergewaltigte, blieb der Chefin auch nicht verborgen. Denn der war hinterher kaputt!

Kurzum, dort hatten wir keinen guten Eindruck hinterlassen, wohl aber einen bleibenden!

Nachdem wir uns nun nach diesem Desaster wieder zum Proben verabredet hatten, war eigentlich klar, was passieren würde. Ich hatte noch nicht einmal meinen Bass ausgepackt, da fingen die Herren schon wieder an zu diskutieren. Alle fauchten sich irgendwie an, weil jeder an jedem etwas auszusetzen hatte, und Toni beklagte sich bei mir, dass ich mal wieder gar nichts sagen würde. Daraufhin hat es mir auch gereicht und ich feuerte zurück. Schließlich sind wir im Streit auseinandergegangen und ich Idiot habe Wolfram auch noch nach Hause kutschiert!

Zuhause begann dann der Telefon-Terror von Toni, der pausenlos bei mir anrief, ich aber zuerst nicht abnahm, weil ich einen Blutdruck hatte, der sicherlich nicht mehr messbar war. Dann rief Niko noch an, wobei ich es mir nicht nehmen ließ, mit ihm zu diskutieren. Na ja, eine Diskussion war das nicht, eher ein wütendes Geschrei von beiden Seiten. Aber ich hatte mir erst einmal Luft gemacht. Vielleicht brauchte ich das auch, bevor ich mit Toni sprach, denn der nächste Anruf von ihm ließ auch nicht lange auf sich warten. Toni war auf einmal wieder ganz fromm, als wäre nichts gewesen. Ich hingegen machte mir erst einmal Luft, indem ich ihn zusammenfaltete, weil ich mir das einfach nicht mehr bieten ließ. Er entfachte einen Flächenbrand, und nur weil ich dazu nichts sagte, pisste er mich jedes Mal an. Früher hatte er immer seinen starken Kumpel an seiner Seite, der ihn jedes Mal aus der Scheiße holte, die er verzapft hatte. Bei mir befand er sich dabei aber auf dem Holzweg!

Schließlich machte ich ihm klar, dass ich mit ihm gerne die Band weiterführen möchte, aber nicht mit Wolfram und Niko!

Hier hatte ich nun den Rausschmiss der beiden beschlossen. Toni konnte sich nun den Weg aussuchen, den er gehen wollte. Sollte er sich für mich entscheiden, hatte ich ihm auch die Entsorgung der zwei „Altlasten" aufgetragen. Denn mit diesen beiden war ich fertig!

Nachdem sich die Wogen wieder geglättet hatten und Toni sich für eine Zusammenarbeit mit mir entschlossen hatte, hieß es nun, neue Leute braucht die Band. Den Bandnamen konnten wir behalten, auch wenn er von Niko kam. Kurz vor dem großen Stress hatte mich Toni beauftragt, doch mal ein Schriftstück aufzusetzen, wo Niko sämtliche Rechte an dem Bandnamen an uns abtrat. Ich Idiot machte das auch und hielt es Niko beim nächsten Proben unter die Nase. Dieser wurde sehr sauer und zerriss das Schreiben. Dazu sagte er uns, dass er keinerlei Interesse an dem Namen hätte. So hatte sich diese Sache auch geklärt!

Nun suchten wir neue Musiker, was sich aber als recht schwierig herausstellte, wie ich das ja in der Vergangenheit schon erlebt hatte. Toni war immer recht zuversichtlich, weil er ja auch genügend Leute kannte. Als erstes brachte er einen altbekannten Musiker mit, der sich gleich zu Beginn erst einmal eine Warsteiner Dose öffnete. Wäre ja auch okay gewesen, wenn er das, was er aufgetragen bekommen hatte, auch geübt hätte. Also mussten wir was spielen, was er konnte. Hier stand schon für mich fest, dass man mit so jemandem keine Band aufbauen konnte. Also weg damit!

Als nächstes brachte er einen Gitarristen mit, den er wohl schon einige Jahre kannte. Dieser erzählte uns erst einmal, dass er gerade jemanden zusammengeschlagen hätte, bevor er zu uns zum Vorspielen gekommen sei. Toll! Auch dieser hatte sich nicht auf „Born to be wild" vorbereitet, wie wir es auch von seinem Vorgänger erwartet hatten. Also weg damit!

Dann hatte er einen super Gitarristen an der Hand, der aber so schwierig zu erreichen war, so dass nie ein Treffen zustande kam. Also gleich weg damit!

Nun kam mir die Idee, doch mal Jonny anzurufen, den ich ja aus dem Tennisverein kannte, um ihn zu fragen, ob er nicht vielleicht jemanden kennt, der Interesse hat, bei uns einzusteigen. Kurzum, ich bin ja ein Mensch, bei dem nach Worten auch Taten folgen. Also setzte ich mich mit Jonny in Verbindung und wir waren gleich auf einem Nenner. Jonny sagte, dass er Zeit hätte und er auch einen Sänger kennen würde. Also trafen wir uns gleich am kommenden Wochenende zu einer gemeinsamen Probe, wo auch der Sänger gleich mitkommen sollte. Ich hatte Jonny noch aufgetragen, dass er sich bitte auf den Song vorbereiten solle, was Jonny damit beantwortete, das sei kein Problem.

Gleichzeitig hatten wir auch eine Anzeige geschaltet, wo sich ein Sänger gemeldet hatte. Diesen haben wir dann auch gleich zu dem Termin am kommenden Wochenende bestellt. Jonny brachte Klaas mit, ein Sänger, mit dem er wohl zurzeit in einer anderen Band spielte, sich dort aber kein Vorankommen abzeichnete. Auch der andere Sänger war gekommen. Also hatten wir ja jetzt genug Leute da, um auszuprobieren.

Nun begannen wir mit „Born to be wild" und Klaas hatte dem anderen Sänger erst einmal den Vortritt gelassen. Die Gitarre, die Jonny spielte, war der Hammer, nur der Sänger überzeugte uns in keinster Weise. Da wir mit Jonny den Song gleich auf Anhieb durchspielten, war das für uns ein gutes Zeichen und ich merkte, dass Toni über alle vier Backen strahlte. Nun war Klaas an der Reihe und er machte seine Sache mehr als gut. Allerdings merkte man ihm seine Nervosität an, was ja auch vollkommen in Ordnung war. Alles in allem war das eine gute Vorstellung und wir verblieben so, dass wir uns melden würden.

Ich war noch nicht ganz zu Hause, da rappelte das Telefon auch schon und Toni war an der Strippe. Ohne mich zu fragen sagte er, dass er den Gitarristen unbedingt haben wolle. Für mich stand die Entscheidung auch schon vorher fest, also einigten wir uns erst einmal darauf, Jonny zu nehmen. Allerdings waren wir uns bei dem Sänger nicht ganz schlüssig. Der von der Zeitungsanzeige kam schon mal nicht in Betracht. Klaas hatte uns auch nicht gerade umgehauen, aber ich schlug vor, Klaas doch noch einmal einzuladen. Toni war damit einverstanden und wir verabredeten uns wieder für das kommende Wochenende mit den beiden. Klaas war nun auch ein wenig ruhiger als beim letzten Mal. Nun konnten wir uns ganz in Ruhe mit Klaas beschäftigen. Der sang auf einmal um Längen besser, was uns natürlich sehr gefiel. Für Toni und mich stand nun fest, dass neben Jonny auch Klaas ein neues Bandmitglied ist.

Nachdem ja nun in meiner musikalischen Laufbahn einiges vorgefallen war, hoffte ich nun mit dieser Besetzung meinen Traum weiterleben zu können. Ich hatte keine Lust mehr auf Leute, die einerseits einen auf gut Freund machten, und andererseits hauten sie mich in die Pfanne wie bei unserem ersten Gig in meiner Heimatstadt. Das war der Gig, auf den ich mich besonders gefreut hatte. Dort hatten wir „A whiter shade of pale" gespielt und Wolfram hat einfach in einer anderen Tonlage angefangen, so dass ich in Bedrängnis kam, weil ich bei den schnellen Tonfolgen die Töne nicht fand. Das haben die beiden sicherlich ausgeheckt, um mir eins auszuwischen, was ihnen auch gelungen war. In der Pause sagte Wolfram noch ganz frech, das ich mehr üben müsste. Was für ein Arsch!

Nun standen die Sterne aber wieder ein wenig besser, weil ich ja Jonny schon kannte, und auch Klaas machte mir nicht den Eindruck, als wenn er irgendetwas im Schilde führen wolle. Jetzt konnten wir richtig ackern. Einige Songs hatten Jonny und Klaas bereits in ihrem Repertoire mit der alten Band, so dass wir recht schnell ein neues Programm auf die Beine stellen konnten.

Zwischenzeitlich hatte Toni mal zum Grillen eingeladen und Klaas fragte, ob er noch jemanden mitbringen darf. Toni hatte nichts dagegen und während wir am Essen waren, kam Klaas´ Bruder Ulf mir seiner Frau um die Ecke. Sie gesellten sich gleich zu uns und Ulf und seine Frau kamen gleich sympathisch rüber. In den gemeinsamen Gesprächen kam nun heraus, dass Ulf sich gerne um unsere Technik kümmern würde. Klar, wir brauchten ja jemanden, schließlich wollten wir ja etwas aufbauen, und da war uns jede Hilfe willkommen. Wir ergänzten uns super, weil nun jeder in der Band etwas machte, auch Toni! Nach einigen Wochen entstand endlich wieder ein Zusammenhalt in der Band und wir trafen uns auch außerhalb von Übungseinheiten zum gemütlichen Beisammensein. Auch wenn von Toni es immer wieder hieß, wir müssen, wir müssen, wir müssen. Ja, ja, was wir alles müssen! Gar nichts mussten wir! Aber wie schon mal erwähnt, hatte Toni immer gute Vorschläge.

Da es ja nun der eine oder andere nicht abwarten konnte, bis unser Programm richtig saß, machte man kurzfristig einen Termin in dem Club meiner Heimatstadt. Genau dort, wo ich mit den „Herrn" den letzten Auftritt hatte. Aber egal, mir war es recht, ich hatte nur wegen Klaas ein wenig Bedenken, weil er ja dort einfach ins kalte Wasser geworfen wurde. Mir wäre es lieber gewesen, wir hätten erst einmal woanders gespielt, als vor fachkundigem Publikum.

Nun kam der Tag, an dem mein Traum anfing, sich wieder zu verwirklichen. Eigentlich waren wir ja recht gut vorbereitet, aber kleine Fehler schleichen sich bei Liveauftritten immer wieder ein. Klaas kam mir eigentlich recht gelassen vor, genauso wie Jonny. Toni machte schon wieder durch seine Nervosität alle irgendwie verrückt und ich hatte einen mächtigen Kloß im Magen.

Nachdem wir alles aufgebaut und den Soundcheck gemacht hatten, gingen wir nach nebenan, Döner essen. Natürlich auch, um uns ein wenig abzulenken. Klar, das Bierchen hat auch wieder geschmeckt und man merkte aber auch, dass die Stimmung anders war, als mit den anderen beiden. Nun konnte es bald losgehen, denn der Zusammenhalt gab mir die Kraft, in diesen ersten Gig viel lockerer reinzugehen als bei unserem allerersten .

In einem Nebenraum konnten wir uns umziehen, denn wir hatten uns jetzt auch extra ein Bühnenoutfit zugelegt. Klaas fragte ich noch, ob er sich fit fühlt für den Gig. Zur Antwort bekam ich, dass ich mir keine Sorgen machen soll, er würde das schon machen. Nun bildeten wir einen Kreis, nahmen uns gegenseitig in den Arm, beugten uns nach vorn wie beim American Football. Jonny sagte uns noch ein paar Worte und so gingen wir nun voller Mut gemeinsam auf die Bühne.

Als erstes Stück spielten wir natürlich „Born to be wild" und im Anschluss hatten wir gleich übergangslos mit „All right now" begonnen. Diese zwei Songs passten super zusammen. Meine Nervosität war auch mit dem Beginn des Gigs verschwunden. Vielleicht lag es ja daran, dass auch ich eine dunkle Sonnenbrille aufhatte. Gut möglich!
Jedenfalls hatten wir einen super Gig abgeliefert und auch Klaas legte eine tolle Vorstellung hin, worüber ich sehr überrascht war. Schließlich hatte er so etwas in diesem Umfang noch nicht gehabt. Eigentlich ging der Gig sehr schnell vorbei, aber da ich ja nun auch schon wieder Ausschau nach neuen Gigs gehalten hatte, war unser nächster Termin gar nicht so weit weg. Also genossen wir erst einmal den Rummel nach unserem Konzert.

Wir hatten nun gemerkt, dass unser Programm doch noch ein wenig zu kurz war. Also mussten wir damit beginnen, unser Programm mit neuen Songs aufzufüllen und es ein wenig umzustellen. Viel Zeit war bis zum nächsten Gig zwar nicht, aber dass wir einiges schaffen konnten, hatten wir ja bereits bewiesen, also warum nicht das auch noch in so kurzer Zeit.

Nun hieß es wieder ackern, aber wir wussten ja wofür!

Mittlerweile hangelten wir uns von Gig zu Gig, nur leider kam ich nicht an die großen Gigs, wie zum Beispiel die Stadtfeste, heran. Dafür waren wir noch zu unbekannt und dazu brauchte man auch Beziehungen, die ich nicht hatte. Aber Toni hatte ja immer getönt, wen er so alles kennen würde und was er doch für Connection hätte. Leider merkte ich nichts davon, im Gegenteil, er hatte mir seine tollen Ideen mal wieder zugeschoben. Ja, es gibt halt Menschen, die können reden und komischerweise erfüllen sich die Dinge einfach nur, wenn man redet! Toll! Das möchte ich auch können!

Also kurzum war ich die treibende Kraft in dieser Band. Es war ja für die anderen auch einfach, die Gigs kamen ja mehr oder weniger von allein, aber zu meckern hatte der eine oder andere auch immer wieder was!

Toni nervte immer schon Tage vor dem Gig, ob ich auch an alles gedacht hätte, und bei den Gigs wurde immer wieder mit dem Veranstalter diskutiert, um alles Abgesprochene von mir zu ändern. Logisch, wie immer, keiner macht etwas und hinterher wollen alle mitreden. Auch die Höhe der Gagen wurde immer wieder infrage gestellt. Klar, Jonny interessierte nur das Geld, Toni war ja sowieso immer klamm, der war auch froh über jeden Cent. Lediglich Klaas interessierte das Geld nicht, für ihn stand der Spaß im Vordergrund, genauso wie für mich.

Jonny und Toni sprachen immer von riesigen Gagen, die sie bekommen hätten, komisch, aber wo waren diese Gigs, wo man so viel verdient, und warum hat sich niemand von denen darum gekümmert. Immer nur mir auf den Füßen herumtreten, dem, der sich um alles gekümmert hat. In der Beziehung war ich immer noch ein Idiot, aber ich hatte ein Ziel vor Augen, welches ich unbedingt erreichen wollte, ich wollte ins Fernsehen.

Nachdem wir nun in unserem ersten Jahr auch ein paar Pleiten zu verzeichnen hatten, ließ ich mich nicht davon abbringen, mich weiter um die Gigs zu kümmern. Auch wenn wir in manchen Lokalitäten weniger als dreißig Gäste vor uns hatten, wir haben immer unser Bestes gegeben. Ich wollte einfach dahin, dass wir vom Veranstalter angerufen werden. Nun gut, ich wusste, dies würde ein langer Weg werden, aber das war mein Ziel.

Zwischenzeitlich ging es soweit, dass wir drei Tage hintereinander spielten oder gar zwei Gigs an einem Tag. Okay, wir haben dabei gutes Geld verdient, aber es war auch extrem anstrengend. Jonny war in der Regel sowieso nur mit seinem Equipment beschäftigt, aber das lag wohl generell an den Gitarristen, war ja bei Mika ähnlich!

Mittlerweile hatten wir jährlich fast fünfundzwanzig Gigs zu verbuchen. Leider fehlten uns zu diesem Zeitpunkt immer noch die dicken Brocken. Natürlich hoffte ich, dass sich das bald ändern würde. Durch die Clubs zu ziehen, war zwar okay, aber für mich war es immer noch einfacher, auf einer großen Bühne zu stehen, als in den kleinen Clubs. Ich fühlte mich einfach besser, wenn ich zum Publikum einen gewissen Abstand hatte. Es machte mir zwar nicht mehr so viel aus wie zu Beginn, wahrscheinlich weil jetzt auch eine gewisse Routine da war.

Wir spielten nun regelmäßig in meiner Heimatstadt, so dass sich sogar mein Schwager Mika eines Tages dort angesagt hatte. Ich habe mich sehr gefreut, weil ich froh darüber war, dass sich unser Verhältnis nun wieder zu normalisieren schien. Auch ihm war aufgefallen, dass wir nun des Öfteren in der hiesigen Presse zu finden waren. Er hat während des Gigs zwar keine Miene verzogen, aber danach grinste er mich an und gab mir sehr lobende Worte. Das hatte ich nicht erwartet!

Da nun auch Mikas Hochzeit vor der Tür stand, war ich froh, dass wir wieder einigermaßen miteinander umgehen konnten. Meine Schwägerin hatte sich für seine Hochzeit etwas ausgedacht: Sie wollte Mikas alte Kumpels auftreiben, mit denen er zu seiner Abi- und Studienzeit immer zusammenhing. Darunter war auch Jörn, den meine Schwägerin ziemlich schnell ausfindig gemacht hatte. Sie hatte ihm von ihrem Vorhaben erzählt und Jörn sagte auch gleich zu. Er sagte dann noch, dass man vielleicht eine Band organisieren sollte. Als meine Schwägerin mir das erzählte, sagte ich nur, das können wir selbst. Ich dachte dabei an meine Band. Ein Set bei ihm zu spielen, das würde ich mit den Jungs schon irgendwie geregelt bekommen. Also hatte meine Schwägerin nochmal mit Jörn telefoniert und ihm das so mitgeteilt. Jörn sagte super und freute sich auf ein Wiedersehen mit Mika.

Mit meinen Jungs hatte ich das klar gemacht und die Hochzeit stand vor der Tür. Wie das halt auf einer Hochzeit so ist, wirkt die ganze Sache am Anfang doch recht steif. Mika war nicht Mika, an ihm ging anscheinend alles vorbei, bis die Tür aufging und Jörn mit seiner

Frau hereinkam. Jörn hat Mika gratuliert und Mika hatte Jörn überhaupt nicht erkannt. Kein Wunder, das war ja auch fast dreißig Jahre her, als die beiden sich das letzte Mal gesehen hatten. Aber nach längerem Hinschauen machte es dann doch bei Mika klick. Nun hatten die sich erst mal einiges zu erzählen.

Das Essen war bereits vorüber und meine Jungs saßen in der Gaststätte und hatten sich auf meine Kosten erst einmal den Bauch vollgeschlagen. Nun kam die große Ankündigung, dass vor der Tür eine Band parat steht, die hier gleich spielen würde. Mika fiel aus allen Socken, denn dass er auf seiner Hochzeit noch vernünftige Musik zu hören bekommt, damit hatte er nicht gerechnet. Wir haben dann schnell ein kleines Set aufgebaut und auch ohne großes Theater angefangen. Wir hatten die Hochzeitsgesellschaft auch ganz schnell im Griff. Aber die vierzig Minuten vergingen natürlich rasend. Nachdem wir fertig waren, sagte Toni zu mir, das unter den Gästen ja der Keyboarder einer ganz bekannten Rockband sitze. Es war Jörn, der Anfang der 80er-Jahre zusammen mit einem sehr bekannten deutschen Sänger zusammen gespielt hatte. Also ist Toni erst einmal auf Tuchfühlung gegangen. Was Toni von ihm wollte, erfuhr ich erst später.

Ein Gast von Mika hatte Jonny Geld zugesteckt und gesagt, dass wir noch ein wenig spielen sollten. Ob es Mika recht war, wusste ich nicht, aber Jonny hatte mal wieder das Dollar-Zeichen in den Augen und ihn interessierte es nicht, was die anderen sagten. Also mussten wir ran und spielen. Mir war es nicht recht, erstens, weil ich den Gig ausgemacht hatte und man wieder mal über meinen Kopf hinweg entschieden hatte, zweitens hatte ich die Jungs für ihren Auftritt bezahlt und drittens war ich ja eigentlich zum Feiern dort.

Dass wir auf Mikas Hochzeit gespielt hatten, hat uns unzählige Auftritte beschert, weil wir mal in eine andere Richtung aus unserer Heimatstadt herausgekommen waren.

Nachdem wir uns nun wieder mal zum Üben verabredet hatten, kamen natürlich gleich wieder Diskussionen auf. Toni war Feuer und Flamme und hatte wohl mit Jörn bereits Kontakt aufgenommen. Er wollte ihn natürlich in die Band holen. Ich hatte bereits ein klares Nein ausgesprochen mit der Begründung, dass bei unseren kleinen Gagen dann gar nichts mehr hängen bleibt, wenn man sämtliche

Nebenkosten mal abrechnet. Das hat aber mal wieder niemanden interessiert!

Viel mehr zog bei den anderen das Argument, dass Jörn doch Kontakte ohne Ende hätte. Klar hatte er schon einiges an Erfolgen zu verzeichnen, aber ob sich seine Kontakte bewahrheiten würden?

Mittlerweile hatte sich Jörn auch bei mir gemeldet, weil er uns für eine Feier buchen wollte. Seine Frau und er waren fünfzig geworden und sie wollten eine riesige Feier ausrichten. Der Termin passte, die Gage auch, also machte ich den Gig klar. Aber warum hatte Toni nicht den Gig mit ihm ausgemacht, wo er doch schon Kontakt mit ihm hatte? Warum schickte er Jörn zu mir?

Es stand mal wieder die nächste Übungsstunde an, somit natürlich auch wieder endlose Diskussionen. Da die Beitrittsverhandlungen ja eigentlich Geschichte waren, wunderte mich es nicht, das Jörn an dem Tag auch mit seinem Keyboard und seiner Hammondorgel auf der Matte stand. Ich hatte nichts gegen Jörn, eigentlich war er mir sehr sympathisch. Mir ging nur wieder gegen den Strich, dass man mich einfach übergangen hatte. Ich beugte mich dem Ganzen und wartete auf die Dinge, die jetzt im Übungsraum passieren. Schließlich hatte ich ja schon mal mit einem Keyboarder gespielt, aber Jörn hatte ja mehr vorzuweisen als David zu seiner Zeit.

Wir hatten mit Jörn gleich „Born to be Wild" angespielt. Das hatte man ihm bereits aufgetragen zu üben. Aber ich muss ganz ehrlich sagen, der Sound der Hammondorgel hatte mich irgendwie fasziniert und der Song klang fett und rund. Ich hatte nie daran gezweifelt, dass Jörn eine musikalische Bereicherung für unsere Band ist. Mein Einwand lag ja nur bei unseren niedrigen Gagen. Eigentlich hatten ja Toni und Jonny immer das Dollar-Zeichen in den Augen, wenn es um die Kohle ging. Warum waren die beiden auf einmal anders gestrickt?

Egal welche Fragen ich mir stellte, ich fand keine Antworten!

Ich akzeptierte die Entscheidung der anderen und wir nahmen Jörn in unsere Band auf. Von nun an hieß es erst einmal üben, üben und nochmals üben!

Für Jörn war es sehr viel Arbeit, aber Jonny hatte sich die Woche über des Öfteren mit ihm im Übungsraum getroffen, um schon mal Vorarbeit zu leisten, was ich sehr gut fand, weil Jörn so schneller in unser Programm reinkam. So brauchten wir am Wochenende nur noch das Vorbereitete gemeinsam spielen.

Nun stand auch schon der Geburtstags-Gig von Jörn und seiner Frau vor der Tür. Toni hatte gesagt, dass Jörn die vier Songs, die er bereits drauf hatte, mitspielen solle, was er auch tat. Aber auf diesem Geburtstag hat man auch mal ganz kurz Jörn´s alte Band wieder aufleben lassen. Jörn hatte gefragt, ob er sich Toni und Klaas für vier Songs mal ausborgen kann. Jörn hatte seine alten Bandkollegen aktiviert, um dort zwei Songs von ihnen und zwei Songs von einer anderen Formation zu spielen. Das probten sie auch noch nebenbei in der Woche, neben dem eigentlichen Programm.

Der Tag war nun gekommen mit der Nachricht, dass man Jonny auf dem Fahrrad umgefahren hat und er sei derzeit im Krankenhaus zur Untersuchung. Natürlich hofften wir alle das Beste für ihn und dass wir unseren Gig spielen konnten. Kurze Zeit später gab es dann auch Entwarnung. Jonny wollte spielen, auch wenn er Schmerzen hätte. So rollte zu gegebener Zeit Jonny mit dem Auto vor und alle mussten springen, um sein Auto zu entladen. Jonny hatte mir natürlich gleich aufs Ohr gedrückt, er spiele auch mit Schmerzen. Sollte mal wieder ein verbaler Angriff auf mich sein, weil ich einen Gig absagen musste, nachdem ich nach einem Bandscheibenvorfall vor Schmerzen im Rücken kaum stehen konnte. Jonny und auch Toni nahmen keine Rücksicht auf irgendetwas, sie wollten immer nur ihr Ding durchziehen. Genau wie uns Toni vor dem Gig noch zusammen rief und uns die Frage stellte, ob wir Jörn und seiner Frau nicht unseren Gig zum Geburtstag schenken wollen. Auf Deutsch, wir sollten ohne Gage spielen! Ich hatte den Gig ausgemacht, also stimmte ich dagegen, was wieder einmal für Diskussionen sorgte. Wieder war ich der Arsch und wurde von den anderen überstimmt. Jetzt wusste ich auch, warum Toni den Gig nicht ausmachen wollte. So hatte auch er wieder etwas, wo er gegen mich schießen konnte.

Ich hatte wieder mal das doppelte Paket abbekommen und meine Laune war auf dem Tiefpunkt. So widmete ich mich dem Bierchen und versuchte, den Frust wegzuspülen. Eigentlich weiß ich gar nicht, warum ich mir das überhaupt so lange angetan habe.

Nun kam langsam die Zeit, das die „Ersatz Band" die Bühne betrat. Ich war schon nervös, auch wenn es nicht die Original-Besetzung war. Vor allem spielten sie Songs, die ich kannte. Ich war beeindruckt, trotz meiner schlechten Laune. Als der Gitarrist dann noch ein Gitarrensolo machte und dabei auf dem Tisch stand, wusste ich, was ich doch musikalisch für ein kleines Licht war. Sie waren halt Profis! Aber dennoch hatte ich derzeit die Ehre, mit einem dieser Profis Musik zu machen.

Komischerweise klappte unser Programm auf der Bühne einwandfrei, auch mit den angeblichen Schmerzen von Jonny und der schlechten Laune, die mir Jonny und Toni versetzt hatten. Es war eine tolle Feier und ich habe es doch auch irgendwie genossen, dort gewesen zu sein.

Nun mussten wir uns wieder ein wenig sputen, denn der nächste Gig stand vor der Tür. Jörn hatte gerade mal unser halbes Programm drauf und wollte erst live mit auftreten, wenn das ganze Programm saß. Toni warb um sein Leben, indem er Jörn solange bearbeitete, bis er letztlich doch zusagte, den Gig mitzumachen. Toni hatte vorgeschlagen, er solle doch so machen, als ob er mitspiele. Klar, wenn es ums Bescheißen ging, war Toni immer vorne mit dabei!

Der Gig war bei einem Motorradhändler, den Toni ausgemacht hatte. Wer weiß, was er dem Veranstalter alles erzählt hat!

Toni glaubte immer, die Leute verarschen zu können. Es war an diesem Abend schon aufgefallen, dass man das Keyboard teilweise überhaupt nicht hörte. Klar, Jörn hatte ja auch leise gedreht!

Zwischenzeitlich hatte ich zu Jörn und seiner Frau ein recht freundschaftliches Verhältnis aufgebaut, ebenso wie zu Ulf, unserem Techniker. Auch unsere Frauen verstanden sich gut, was sehr wichtig war. Jörn bemerkte jetzt auch in den Übungsstunden, dass man laufend auf mir herumhackte. Aber ich war es doch, der die meisten Gigs ausmachte, sich um alles kümmern musste und bei den Proben sowie bei den Gigs sein Programm sauber runter spielte. Auch Jörn meisterte seine Sache mit Bravour. Diejenigen, die immer ihre Patzer hatten, waren doch Toni und Jonny! Also frage ich mich, was hatten die für ein Problem mit mir?

Mittlerweile hatten sich auch wieder die Bay City Rollers in mein Leben geschlichen. Da ich wusste, dass ich noch nicht alle Alben von ihnen hatte, habe ich bei Ebay angefangen nachzusehen, was dort so angeboten wird. Ich bin recht schnell auf das Album „VOXX" aufmerksam geworden. Dieses habe ich dann für über vierzig Euro ersteigert. Da es noch eine LP war, war ich sehr erfreut darüber, dass der Verkäufer mir auch noch eine selbstgebrannte CD dazugelegt hatte. So konnte ich zumindest mir das Album auch mal im Auto anhören. So kam ich natürlich mit Detlef, so hieß der Verkäufer, auch ins Gespräch und wir tauschten uns über die Bay City Rollers aus.

Fast gleichzeitig meldete sich eine Frau namens Beate bei mir per Mail und fragte, ob ich zu ihr Kontakt haben möchte, weil sie auch Bay City Rollers Fan sei. Sie hatte meine Mailadresse aus einem Forum, wo ich vor einigen Jahren einfach mal was reingeschrieben hatte. Klar, dachte ich und auch wir tauschten uns aus. Da nun jeder von uns dreien etwas zu tauschen hatte, begannen wir CDs und DVDs auszutauschen. Irgendwann kam noch ein Pole dazu, der eine riesige Sammlung vorzuweisen hatte. Auch mit ihm haben wir ohne Ende getauscht. In dieser Zeit ist eine beachtliche Sammlung von über hundert CDs und DVDs zusammengekommen.

Jedenfalls hatte ich dann Detlef eine CD von uns geschickt, da auch er gerne Rockmusik hörte. Es sollte ein kleines Dankeschön sein für die selbstgebrannte Rollers CD. Er hatte mir dann geschrieben, dass er gerne mal ein Konzert von uns besuchen möchte. Ich hatte ihm darauf geschrieben, dass wir demnächst auf einem Stadtfest spielen würden. Daraufhin hatte er sich im Internet kundig gemacht und auch kurzerhand zugesagt zu kommen. Jetzt kam für uns die Zeit, die großen Bühnen zu erobern.

Nun stand auch dieser Gig unmittelbar bevor und auch Jörn war fit für unser Programm. Wir hatten viel Zeit im Übungsraum verbracht und auch einiges am Programm geändert. Das dieser Gig nicht ohne irgendwelchen Stress abgeht, war eigentlich logisch. Toni fing wie immer schon zwei Tage vorher an, alles rebellisch zu machen, was einfach nur nervte. Wir standen an dem Tag des Gigs auf der Hinfahrt im Stau, so dass wir nicht pünktlich an der Bühne waren. Toni rief auch schon wieder an und machte Stress, wo keiner war. Er hatte sich ja auf Grund einer Lüge von der Polizei zur Bühne eskortieren lassen und war deshalb pünktlich. Das war schon wieder Stress pur, als wir ankamen, und Toni hatte noch nicht einmal sein Drum Set auf der Bühne. Da fragte ich mich schon wieder, was das alles sollte!

Der Platz vor der Bühne hatte sich bereits gut gefüllt. Im Backstage Bereich drängte Jonny auch schon wieder, dass wir anfangen müssen und ließ kurzerhand das Intro von Ulf starten, obwohl Jörn noch dabei war, seine Bühnenhose anzuziehen. Es war wie immer, hatten Jonny oder Toni Gigs ausgemacht, musste sich streng an das gehalten werden, was der Veranstalter vorgab. Hatte ich hingegen Gigs ausgemacht, hatten gerade die beiden nichts mit Vorgaben der Veranstalter zu tun, sie machten es so, wie sie es wollten. Das hätte ich mir mal erlauben sollen, ein Intro zu starten, wenn die beiden noch nicht fertig sind, sich umzuziehen.

Zu diesem Zeitpunkt war mir eigentlich schon klar, dass durch diese Machenschaften diese Band kaputt gemacht wird!

Aber egal, nun hatten wir erst einmal einen guten Job zu machen. Detlef hatten wir vorher schon zusammen mit seiner Frau kurz kennengelernt.

Jonny und Toni stürzten natürlich gleich los, als das Intro lief, danach betrat ich die Bühne und Klaas wartete, bis Jörn sich seine Schuhe angezogen hatte. Gott sei Dank war das Intro lang genug, so dass auch Jörn es noch rechtzeitig schaffte, vor seinen Tasten zu sitzen. Mit dem Beginn unseres Konzertes füllte sich der Platz vor der Bühne gewaltig schnell, fast zweitausend Menschen standen vor uns. Damit hatte, glaube ich, niemand von uns gerechnet.

Kurz vor dem Gig war mir auch noch Volker, mit dem ich anfangs musizierte, über den Weg gelaufen. Er hatte nur eine abwertende Bemerkung gemacht, dass er sich lieber die

Richtigen ansehen möchte. Damit meine er eine andere bekannte Rockband, die regelmäßig sonntags den Abschluss dort machte. Gerade als ich die vielen Zuschauer vor mir sah, fiel mir sein gerade gemachter Spruch wieder ein. Für mich war es eine Genugtuung, denn vor so viel Publikum zu spielen, hatte selbst er nicht geschafft!

Auf jeden Fall feierten wir mit den vielen Leuten vor uns eine riesige Party und ich fühlte mich in diesem Moment wie ein Rockstar. Das Verbeugen vor dem Publikum nach dem Konzert war ein ganz großer Moment in meinem Leben, den ich nie vergessen werde.

Doch leider wurden unsere Gigs immer wieder durch die Streitigkeiten der beiden überschattet. Es hätte so einfach sein können, aber ich weiß nicht, ob es in deren Natur lag, immer wieder Stress zu machen, oder ob es an der Nervosität lag.

Nach dem Konzert suchte mich Detlef auf, der für uns wohl einen Gig in seiner Heimatstadt klarmachen wollte. Natürlich hatten wir nichts dagegen und wir freuten uns auf das, was noch alles auf uns zu kam.

Nachdem wir das Programm mit Jörn eingeübt hatten, waren wir eigentlich mehr auf der Bühne als im Übungsraum. Toni hatte zwar immer versucht, uns zu ihm nach Hause einzuladen, um einfach mal zu quatschen, doch er hatte wohl vergessen, dass wir auch arbeiteten. Jonny war ja fast täglich da und so fingen sie an, uns telefonisch mitzuteilen, dass wir unbedingt etwas Neues machen müssten. Es hieß immer nur wir müssen, wir müssen, wir müssen!

Gar nichts mussten wir!

Warum konnten wir das nicht einfach mal so laufen lassen?

Gerade die zwei mussten damit anfangen, was Neues zu machen, wobei sie es doch waren, die im Übungsraum wie auch auf der Bühne die meisten Patzer hatten.

Mittlerweile fing ich an, die Übungsstunden zu boykottieren. Letztlich kam doch nichts dabei heraus. Wir trugen Jörns Keyboard und auch die Hammondorgel zwei Etagen in den Keller. Wohl bemerkt, wir trugen, nicht Jonny und auch nicht Toni!

So, nun spielten wir zwei Songs, dann musste erst einmal eine Zigarettenpause gemacht werden. Nun gingen die Diskussionen wieder los, wir müssen, wir müssen, wir müssen!

Und wieder mussten wir gar nichts!
Toni hatte mal wieder was vorgeschlagen, was aber für mich und Jörn nicht infrage kam. Auch Klaas befand den Vorschlag nicht gerade für gut und gab auch hierfür sein Nein. Toni war mal wieder angepisst, weil es nicht nach seinem Kopf ging. Also hatte er voller Wut den Übungsraum verlassen und ist nach Hause gefahren. Wenn das einmal gewesen wäre, hätte ich ja noch darüber hinweggesehen. Aber mir jeden Sonntag so versauen zu lassen, das habe ich nicht eingesehen, schließlich gab es auch noch Wichtigeres zu tun. Also boykottierte ich die Übungseinheiten!

Es kamen nun die Wintermonate auf uns zu und wir zogen fast jedes zweite Wochenende durch irgendwelche Clubs. Ich kann mich noch genau daran erinnern, wie Jörn mich immer wieder darauf ansprach, weil ich in einem „Irish Pub" vor Müdigkeit an der Wand gestanden habe, damit ich nicht umfalle. Ich hatte erst Frühschicht gearbeitet und bin anschließend gleich zum Gig gefahren. Manchmal war es auch verdammt anstrengend!

Nun waren wir in Winterberg in einer Skihütte zu einem fünfzigsten Geburtstag gebucht. Erst mal eine lange Stecke, dorthin zu kommen, und dann wollte der Gastgeber nach getaner Arbeit das Geld nicht rausrücken mit der Begründung, er hätte kein Geld da. Ulf und Klaas wollten schon anfangen, den Laden zu zerlegen, als sie das hörten. Kurzerhand hatte sich aber der gute Mann dazu bereit erklärt, mit dem Taxi in die Stadt zu fahren, um in seiner Apotheke aus dem Tresor das Geld für uns zu holen. Da hat er aber mächtig Glück gehabt, denn wir waren alle recht stinkig. Auf der Rückfahrt ist Ulf mit mir gefahren, wie fast immer. Ich flehte Ulf an, mir pausenlos was zu erzählen, damit ich nicht hinter dem Steuer einschlafe. Wie meistens, hatte ich den Samstag gearbeitet und war mal wieder hundekaputt. Immerhin war es mal wieder nach drei Uhr nachts und ich war am Vortag morgens um kurz nach vier Uhr aufgestanden. Kein Wunder, dass ich da müde war!

Im letzten Urlaub hatte ich jemanden aus der Nähe von Dortmund kennengelernt, dessen Bekannter eine Veranstaltungsagentur besaß. Mit ihm war ich in Kontakt getreten und er besuchte ein Konzert von uns in meiner Heimatstadt, um sich anzusehen und anzuhören, ob er uns vielleicht mit in seine Agentur aufnehmen kann. Nachdem er das Spektakel ein paar Tage auf sich wirken ließ, äußerte er den Wunsch, mal zu uns in den Übungsraum zu kommen, um weitere Gespräche mit uns zu führen. Das machte er auch am kommenden Wochenende, wofür wir uns dann extra trafen. Ich versprach mir sehr viel von Wolfgang, da er mit sehr viel Energie seine Arbeit machte. Leider brachte Toni an diesem Tag den angeblichen Manager Benno mit, der mir und somit uns den Deal mit Wolfgang versaute. Was wollte dieser Idiot denn bei uns?

Toni hatte mal wieder gedacht, es wäre nicht schlecht, wenn die beiden sich auch gleich unterhalten. Nur dass Benno ein totaler Dummschwätzer war, das war an Toni wohl vorbeigegangen. Oder hatte er es mal wieder absichtlich so eingefädelt?

Jedenfalls hatte sich das mit Wolfgang auch recht schnell erledigt, weil auch er merkte, dass man mit einem solchen Menschen nicht zusammenarbeiten konnte. Also ging jeder seinen Weg und ich sorgte dafür, das Bennos Weg ganz weit nach draußen führte.

Mittlerweile hatten wir auch auf einem Hessentag gespielt. Hier kam ich nun zumindest einem Ziel näher. Da es an diesem Tag sehr kalt war, kam auch nicht so viel Publikum zu unserem Auftritt. Aber wir haben die Bühne gerockt und das machte auch jemanden aus dem Hessentags-Team aufmerksam. Er rief ein Kamerateam vom Hessischen Rundfunk an, das kurz danach auch vor Ort war, um Aufnahmen für die Hessenschau am kommenden Tag zu machen. In dem Moment, als die Kameras liefen, gaben alle ihr bestes. Jetzt hatte sich auch ein lang ersehnter Wunsch erfüllt, denn am kommenden Tag sah ich mich bei der Berichterstattung zum Hessentag im Fernsehen. WOW!

Nun folgten viele weitere Gigs in den Clubs und auch auf privaten Feiern. Die Zeit verging wie im Flug, denn wie schon gesagt, waren wir mehr auf der Bühne als im Übungsraum. Alle drei Monate spielten wir im Club meiner Heimatstadt und sogar noch am Heiligen Abend. Dass man sich in solchen Clubs auch mal rarmachen muss, haben gerade Jonny und Toni nicht begriffen. Hier ging es mal wieder nur ums Kohle verdienen. An einem Abend in diesem Club hatte ein Gast Jonny angesprochen, nachdem wir eigentlich mit unserem Gig schon fertig waren. Er hatte Jonny gefragt, was es denn kosten würde, wenn wir noch ein wenig spielen würden. Jonny sagte zweihundert Euro. Wahrscheinlich hatte auch er es für einen Scherz gehalten, aber der Gast gab Jonny die zweihundert Euro und wir mussten wieder ran. Eigentlich war ich immer froh, wenn ein Gig vorbei war, weil ich meistens üble Blasen und blutende Finger hatte. Aber wie immer hat das die beiden nicht interessiert, es ging mal wieder nur um die Kohle!

Als wir dann fertig waren, zog mich der Kerl an der Theke auch noch an der Jacke und meinte, wir sollen weiter spielen, schließlich hätte er dafür bezahlt. Ich riss mich los und sagte, dass er das mit dem ausmachen sollte, dem er das Geld gegeben hatte. Ich ging weiter zum Umziehen, denn mir hatte es mal wieder gereicht!

Nachdem wir nun auch noch am Heiligen Abend dort gespielt hatten, wusste ich noch nicht, dass das kommende Jahr unser letztes sein würde. Ich hatte bereits für das kommende Jahr schon einiges an Gigs ausgemacht. Auch Jonny, denn er hatte Beziehungen zu dem Veranstalter, der in der Region Stadtfeste und auch andere Veranstaltungen organisierte. Hier stand nun ein weiteres Highlight auf unserem „Tournee Plan".

Zuvor hatte Toni auch mal wieder einen Gig ausgemacht, nachdem wir im Vorjahr kurzfristig eine Band bei einer Veranstaltung in einer Markthalle unterstützt hatten. Hier war ihr Sänger ausgefallen und somit konnten sie ihr Programm nicht komplett spielen. Da wir an diesem Abend eine riesige Party mit dem Publikum feierten, war es für Toni nicht schwer gewesen, diesen Gig zu bekommen.

An dem besagten Abend hatten wir ganz schnell aufgebaut und unseren Soundcheck gemacht. So blieb uns noch einige Zeit, bis wir anfangen mussten. Da sich unsere Band bereits in zwei Lager aufgeteilt hatte, war ich mit Jörn, Ulf und unseren Frauen mal durch die Markthalle gegangen, um zu sehen, was dort an diesem Abend noch so los war. Unterwegs sprach der Veranstalter Jörn an, ob denn sein alter Musiker Kumpel an diesen Abend noch kommen würde. Wir guckten uns alle mit einem etwas verdutzten Gesicht an. Jörn sagte nur, ich glaube nicht!
Was hatte Toni dem Veranstalter bloß erzählt?

Jörn hatte Toni später darauf angesprochen, aber Toni hatte das Talent, sich aus allem rauszureden. Was sollte man da machen, außer es mit Humor zu nehmen!
Auch diesen Gig meisterten wir mit Bravour, so dass der Veranstalter trotz des Nichterscheinens von Jörn´s Kumpel uns für das kommende Jahr wieder buchen wollte.

Zwischenzeitlich gab es im Übungsraum immer wieder Diskussionen zu meiner Person. Da durch mich immer so viele Gigs nicht zustande kämen, machte Toni den Vorschlag, einen Ersatz-Bassisten einzuspielen. Was hatte ich getan?

Ich war doch derjenige, der sich um alles kümmerte, sein Programm runter spielte. Das ich zweimal im Jahr in den Urlaub geflogen war, sollte mir nun zum Verhängnis werden? Toni machte fast keine Gigs klar, außer in der Markthalle und im Club unserer Heimatstadt, die sowieso jeder von uns hätte machen können. Er brachte immer Gigs an, wenn ich in den Urlaub wollte.

Nachdem auch dort immer Stress mit ihm entstand, entschied ich mich mal dazu, dem nachzugehen, indem ich den Veranstalter anrief und nachhakte. Meine Vermutung bestätigte sich, indem mir der Veranstalter sagte, dass lediglich eine Anfrage von Toni stattgefunden hat, aber wir waren weder gebucht, noch stand ein Termin fest. Also waren es alles nur erlogene Gigs, die nur einem Ziel galten, mich aus der Band zu werfen. Niemals hätte ich gedacht, dass er soweit gehen würde. Schließlich machte er ja die ganze Zeit auf Kumpel. Nun hatte ich mich in seine Angelegenheiten eingemischt, so wie er es laufend bei mir gemacht hatte. Das stank ihm natürlich gewaltig und wir sind ganz mächtig aneinandergeraten. Das schlimmste für ihn war, dass ich ihn mal wieder einer Lüge überführt hatte. Denn lügen konnte er sehr gut!

Vielmehr hatte ich mich darüber aufgeregt, das er seinen Anteil an der gemeinsamen Anlage stillschweigend an Jonny verkauft hatte, ohne mich zu fragen. Er brauchte mal wieder Geld. Ich hätte ihm den Anteil schon abgekauft. Jonny ging es nur darum, ein Schnäppchen zu machen.

Hier merkt man nun schon, dass der Haussegen in der Band gewaltig schief hing, gerade zwischen Toni und mir. Aber trotzdem gingen wir zusammen auf die Bühne und zogen unser Ding durch.

Detlef, von dem ich die Bay City Rollers LP gekauft hatte, war sich mit seinem Kumpel, dem Veranstalter, einig, dass wir unbedingt auf ihrem Stadtfest auftreten müssten. So hatte ich den Gig bereits ausgemacht mit einer vernünftigen Gage und einer Übernachtung. Wie immer kamen mal wieder die Zweifel von Toni und Jonny an diesem Gig. Klar, selbst machten sie kaum was, aber im Kritisieren waren sie immer vorne mit dabei. Am besagten Tag sind wir nun alle gemeinsam in Richtung

Hunsrück gefahren. Dort angekommen, wartete Detlef schon mit seinem Kumpel, um uns zu begrüßen, tolle Typen, tolle Bühne, was wollten wir mehr. Wir konnten rechtzeitig aufbauen, es war also genug Zeit für alles. Jörn hatte bemerkt, dass er seinen Keyboard-Ständer vergessen hatte. Aber die Leute dort waren sehr hilfsbereit und es dauerte auch nicht lange, und sie hatten Ersatz besorgt. Nun ging alles recht schnell, Soundcheck, und wir konnten in unser Hotel einchecken.

Das Hotel war in den 70er-Jahren stehengeblieben. Dort war angefangen vom Teppich über die Bettwäsche bis hin zum Mobiliar alles steinalt. Aber egal, dachten wir uns, für eine Nacht wird das schon gehen. Klaas kam mit ein paar Dosen Bier vorbei und wir nahmen erst einmal einen kräftigen Schluck. Auch Ulf kam kurz rauf und berichtete, dass Toni wegen Kreislaufproblemen beim Arzt sei. Oh Gott, sollte der Gig noch platzen?

Nach kurzer Zeit kam auch Entwarnung. Es hieße, er könne spielen, aber der Arzt wollte in jeder Pause den Blutdruck messen. Wäre der nicht okay, würde der Arzt das Konzert abbrechen. Gut, das mir das nicht passiert ist. Was glaubt ihr, was ich mir hätte anhören müssen.

Toni hat das Konzert gut überstanden und wir konnten nach einigen Bierchen und einem gelungenen Abend in unsere Unterkunft schreiten. In der Kneipe, durch die wir durchgehen mussten, um in unsere Zimmer zu kommen, ging noch richtig die Post ab, obwohl es nach zwei Uhr in der Nacht war. Die hatten anscheinend Ausdauer. Noch im Bett hörten wir im Wechsel die Songs „Himbeereis zum Frühstück" und „Ein Stern". So ging das die ganze Nacht. Ich habe kaum ein Auge zu bekommen, da die alten Musikboxen ganz schön laut waren.

Am kommenden Morgen hatten wir uns um neun Uhr zum Frühstück verabredet. Als wir runterkamen, saßen immer noch dieselben Leute an der Theke wie heute Nacht. Die feierten immer noch ausgiebig und auch die Wirtin hatte die ganze Nacht durchgemacht. Man erzählte uns nun, dass beim Stadtfest jedes Jahr der Ausnahmezustand herrscht. Auch die Wirtin mit über siebzig Jahren macht das ganze Wochenende durch und geht danach erst einmal in den Urlaub. Klar, da ist das Portemonnaie wieder voll!

Auch von diesem Gig hat Toni sich wieder erholt. Ich hätte ihm ja geraten, mal alles etwas lockerer zu sehen und den ewigen Stress zu lassen. Aber wie schon gesagt, hörte er ja sowieso nicht auf mich!

Nachdem wir neben anderen Gigs auch mal wieder im Club unserer Heimatstadt gespielt hatten, kam nun auch die Zeit, wo ein sehr bedeutender Gig anstand. Die Band war zerstritten, funktionierte aber auf der Bühne einwandfrei. Na ja, wir wissen ja, wer immer kleine Patzer hatte!

An diesem Tag habe ich mich sehr darüber gefreut, dass meine Eltern und mein Bruder mit seiner damaligen Lebensgefährtin und heutigen Frau meiner Einladung zu diesem Konzert gefolgt waren. Heute weiß ich, dass dieses Konzert der krönende Abschluss unserer Band war.

Wie immer machte Toni in zahlreichen Telefonaten schon Tage vor dem Konzert alles rebellisch. Das brachte der ohnehin schlechten Stimmung natürlich keine Besserung, im Gegenteil.

Meine Eltern und mein Bruder hatten sich ein wenig neben die Bühne gesetzt. Irgendwie hatte ich ihnen noch Toni vorgestellt, der in einem schwulen Ton „Guten Tag" sagte. Warum ich ihnen Toni vorgestellt hatte, bleibt mir bis heute ein Rätsel!

Nun ging es los. Als wir unser Intro starteten, fuhr ein Freund der Band Klaas mit seinem Chopper vor die Bühne. Auf einem zweiten Motorrad saß eine sexy gekleidete Frau, die Klaas auf die Bühne führte. Was für eine Stimmung, schon bevor wir den ersten Ton gespielt hatten. Der Platz war vor uns noch recht leer, aber als wir die ersten beiden Songs gespielt hatten, standen da schon fast zweitausend Menschen vor uns. Was für ein Gig!

Wir gaben natürlich alle auch diesmal unser Bestes und auch dieser Gig sollte ein Meilenstein in unserer „Karriere" sein.

Später hat man mir erzählt, dass meine Mutter bei der Vorstellung der Band Tränen in den Augen hatte, als man meinen Namen sagte. Anscheinend fühlte sie, genauso wie mein Vater, mit mir.

Auch hier habe ich es genossen, mich vor dem Publikum zu verbeugen. Für mich war es ein kleines Dankeschön an das Publikum, das so ausgiebig mit uns gefeiert hatte. Ein unvergesslicher Moment!

Nun rückte ein weiterer Gig auf dem Hessentag näher. Ich erzähle nichts Neues, wenn ich sage, dass Toni wieder mit bekanntem Telefon-Terror überzeugte. Mittlerweile war mir das aber so was von egal, dass ich nicht einmal mehr ans Telefon ging, weil es einfach lächerlich war. Vielmehr genoss ich die Zeit zusammen mit meiner Frau und mit Ulf, Jörn und deren Frauen bei uns im Garten.

Der Tag war nun gekommen, an dem wir zum Hessentag fuhren. Zusammen mit Ulf und unseren Frauen standen wir auf der Hinfahrt im Stau. Das hatten wir bereits im Radio gehört. Kurz darauf klingelte das Telefon. Ich dürft jetzt raten, wer da angerufen hat. Toni gab sich mal wieder die Ehre und machte mal wieder Stress ohne Ende. Es war zwar knapp, aber ich war mir sicher, dass wir noch rechtzeitig ankommen würden. Kurz darauf rief auch noch Jonny an und machte Stress. Mein Gott, was sollten wir denn machen, wir standen im Stau!
Ich weiß gar nicht, warum die so nervös waren. Na ja, eigentlich wie immer!
Aber ich kann euch sagen, wir haben es geschafft, pünktlich da zu sein. Ich hatte meine Bassanlage schneller aufgebaut als Toni und Jonny ihr Equipment, obwohl die mindestens eine halbe Stunde vor uns da waren.

Also warum immer so ein Stress?

Ich weiß nicht woran es lag, aber dieser Gig ging irgendwie spurlos an mir vorbei. Mit Jörn hatte ich noch mein Späßchen auf der Bühne gehabt. Ich hatte mich immer wieder zu ihm umgedreht, und wir haben miteinander unseren eigenen kleinen Gig gemacht. Klaas stand immer zwischen den Stühlen, weil er mit uns gut zurechtkam, aber auch mit den beiden anderen. So kam auch er immer wieder mal auf der Bühne zu uns herüber und wir groovten zu dritt. Ulf amüsierte sich hinter dem Mischpult, während wir die anderen beiden links liegen ließen. Hier war die Band nun endgültig gespalten!

Zuhause angekommen, stand mal wieder das Telefon nicht still. Toni wollte am kommenden Wochenende ein Gespräch haben mit der Begründung, dass es einiges zu klären gäbe. Klar gab es das, aber das hatten wir bis dahin schon öfters gehabt, Diskussionen für nix!
Aber was sollte es, wir trafen uns in einem Biergarten. Dort hatten wir einen großen Tisch gefunden, um den wir uns versammelten. Toni fing gleich an, sein Leid zu klagen, während er von Jörn unterbrochen wurde. Jörn gab nun seinen Austritt aus der Band bekannt, dass er

die Gigs aber bis zum Jahresende noch zu Ende spielen würde. Im nächsten Atemzug, bevor Toni etwas sagen konnte, gab auch Klaas seinen Austritt bekannt und erklärte sich ebenfalls dazu bereit, die restlichen Gigs bis zum Jahresende zu spielen. Ohne nachzudenken gab auch ich meinen Austritt bekannt. Ich hatte keine Lust mit den beiden Störenfrieden weiter Musik zu machen. Jetzt hatten sie es endlich erreicht, die Band war kaputt!

Zu guter Letzt gab auch noch unser Techniker Ulf seinen Austritt bekannt. Toni war so darüber entsetzt, dass er mal wieder die Flucht ergriff. Sollte es das gewesen sein?

Natürlich klingelte das Telefon schon, bevor ich zu Hause war. Meine Frau sagte mir, dass ich Toni zurückrufen soll, was ich aber nicht tat. Ich wusste ja ohnehin, dass er gleich wieder anruft. Er ließ auch nicht lange auf sich warten und versuchte, die Band doch noch irgendwie zusammenzuhalten. Na, eigentlich galt das Treffen doch bestimmt meinem Rauswurf!

Also sollte er mich doch in Ruhe lassen, denn ich hatte selbst genug an der Situation zu knabbern. Was sollte nun mit den Gigs passieren, die ich schon klargemacht hatte.

Wollten wir die wirklich spielen?

An den kommenden Tagen hatte ich mit Jörn gesprochen und wir waren uns einig, dass es keinen Sinn macht, diese Gigs zu spielen. Vor allem, weil wir auf der Hochzeit meines Kumpels Andreas gebucht waren. Hier wäre es doch ein gefundenes Fressen für die beiden gewesen, mich noch einmal richtig auflaufen zu lassen. Also entschied ich mich kurzerhand dazu, sämtliche Gigs abzusagen, da ich ja eh alle ausgemacht hatte. Ich rief nun die Veranstalter an und sie hatten ein Einsehen mit der Situation. Meinem Kumpel Andreas habe ich eine andere Band vermittelt. Aber ich habe mir geschworen, dass ich auf seiner Hochzeit auftrete, und zwar zusammen mit Ulf.

Ich hatte mit Ulf den Plan, „Born to be wild" live auf der Bühne zu singen. Also machten wir uns an die Vorbereitungen.

Natürlich wäre es schöner gewesen, wenn wir ein Abschiedskonzert für unsere Fans gegeben hätten. Aber ich glaube, dass es nicht möglich gewesen wäre, weil wir zu zerstritten waren. Hätte ich natürlich vorher gewusst, dass wir auf dem Hessentag unser letztes Konzert spielen, hätte ich versucht, diesen Gig mehr zu genießen. Leider ist der ja spurlos an mir vorbeigegangen.

Mittlerweile war auch ein wenig Ruhe eingekehrt und ich konnte mich auf meinen letzten Liveauftritt vorbereiten. Ulfs Frau hatte einen deutschen Text zu „Born to be wild" geschrieben und wir trafen uns bei meinem Kollegen Andy im Studio, um den Song einzusingen, was auch recht schnell ging. Schließlich sollte es ja auch nur ein Spaß sein. Aufgrund der ganzen Situation hatte sich mein Bierkonsum mächtig gesteigert. Mir tat es in allen Ecken meines Körpers weh, nachdem, was da geschehen war. Mein Traum vom Rockstar war nun endgültig geplatzt. Klar, wir hatten eine schöne und erfolgreiche Zeit gehabt, aber für mich war es einfach mehr, als nur Musik machen. Jörn und Ulf waren mir ans Herz gewachsen, wir gehörten einfach zusammen. Wie sollte ich meine musikalische Zukunft gestalten, was wird aus meinen Freunden?
Das waren nur einige Fragen, die ich mir selbst stellte und worauf ich keine Antworten hatte.

Zunächst hatte ich aber erst noch einen Job zu erledigen, den Auftritt auf der Hochzeit, der mir persönlich sehr am Herzen lag. Hier konnte ich noch einmal von der Bühne Abschied nehmen.

Bereits mit viel konsumierten Bier kam dann endlich der Zeitpunkt, wo ich mit Ulf auf die Bühne konnte. Ich war zwar nervös, aber noch lange nicht so wie Ulf. Egal, dachten wir uns und zogen unser gemeinsamen Song durch. Für die Atmosphäre hatten wir im Publikum Wunderkerzen verteilen lassen, was mir zum Schluss des Auftrittes doch die Tränen in die Augen trieb. Für mich war es doch ein kleiner Abschied von der großen Bühne, den ich mir sicherlich besser hätte vorstellen können, nämlich im Guten mit all meinen alten Musiker Freunden!

Kapitel 6

Nachdem nun ein wenig Zeit vergangen war, versuchte ich mich musikalisch neu zu orientieren. Zwischenzeitlich hatte ich mich als Songwriter versucht und einen Song geschrieben und komponiert. Da ich all mein Equipment verkauft hatte, beschloss ich, mir ein kleines Studio zuzulegen. Mein Kollege Andy hatte mir dazu einen Rechner vorbereitet, den ich ihm abkaufte. Er gab mir noch einen Bildschirm und ein paar Studio Boxen dazu. Ein Keyboard hatte ich günstig im Internet ersteigert. Nun war ich halbwegs gerüstet für neue Aufgaben.

Ich hatte Andy vorgeschlagen, doch mal ein neues Projekt zu starten, eins mit Gesang. Da er überwiegend Instrumentalmusik produzierte, war er nicht abgeneigt. Den ersten Song hatte ich ihm bereits präsentiert, und so machte er sich an die Arbeit, diesen Song mit seiner Musik aufzuarbeiten. Ich war überwältigt, was man doch aus einem Demo, das ich zuhause aufgenommen hatte, erschaffen kann. Also beschlossen wir, dass ich mich auf die Suche nach einer Sängerin mache.

Im Internet wurde ich auf eine junge Frau aufmerksam, die genau die Stimme hatte, so wie ich sie mir vorstellte. Ich hatte sie einfach angeschrieben und ihr meine Idee mitgeteilt. Da sie in unserer Stadt studierte, besuchte sie mich kurzerhand zuhause und ich erzählte ihr ausgiebig, was ich vorhatte. Sie war von meinem Vorschlag begeistert und wir beschlossen, zusammenzuarbeiten. So bekam sie das Demo von mir zugeschickt und als nächstes trafen wir uns nach der Uni nochmal bei mir. Ich ging mit ihr den Song nochmal durch und ich war begeistert, wie gut ihre Stimme zu diesem Song passte. Okay, sagte ich, das nächste Mal sehen wir uns im Studio bei Andy.

Auch Andy war von ihr begeistert, weil sie durch ihre Stimme, ihr Erscheinungsbild und ihrer Professionalität überzeugte. Das hatten wir beide nicht erwartet. So ging es auch recht schnell, und der Song war im Kasten. Mein erster komponierter und geschriebener Song war fertig.

Wie wollten wir aber den Song vermarkten? Mir kam die Idee, doch ein eigenes Plattenlabel zu gründen. Ich hatte zwar keine Ahnung davon, aber im Internet gab es genügend Informationsmaterial, so dass ich mich dazu entschloss, ein Plattenlabel zu gründen. Das hat mich zwar viel Geld gekostet, aber das war es mir wert. Hier und jetzt wollte ich mit einem neuen Projekt durchstarten.

Neben der Label-Arbeit kümmerte ich mich noch um das Musikvideo, das wir drehen wollten. Dazu kam mir die Idee, mal in unserer Kunsthochschule anzurufen. Dort sind ja Studenten, die sich bestimmt mal ein paar Euro nebenbei verdienen möchten. Ich hatte dann im Sekretariat vorgesprochen, worauf man mich an einen jungen Mann verwies, den ich dann auch schnell anrief. Das Erste was er mich fragte, was für ein Budget wir haben. Ich sagte, dass ich achthundert Euro zu Verfügung habe. Daraufhin sagte er, dass wir das Equipment von der Uni dazu benutzen könnten und dass der Deal steht. Nun machte alles Fortschritte, auch mein Bierkonsum.

Zuerst hatten sich die Studenten das Planetarium als Drehort ausgesucht. Hier bekamen wir allerdings keine Drehgenehmigung. Also mussten wir auf die Kulisse eines wunderschönen Parks zurückgreifen.

Kurz zuvor war ich noch im Urlaub, dann stand der Tag des Video Dreh bevor. Ich hatte mit den Studenten vereinbart, dass ich sie mit dem ganzen Equipment abhole und nach dem Dreh wieder alles zurückfahre. Wir hatten an der Uni meinen Caddy bis unter das Dach vollgeladen. Mit Schienen, Kameras und allem möglichen Zeug. Dass wir im Park drehen durften, hatte ich im Vorfeld mit der Stadtverwaltung geklärt. Andy hatte sich auch ab Mittag frei genommen, weil wir bei dem Video auch mal kurz ins Bild wollten. Wenn ich es schon finanziere, dachte ich mir, dann will ich auch mitmachen!

Unsere Sängerin lotste meine Frau in den Park und wir konnten rechtzeitig mit dem Dreh beginnen. Ich war schon beeindruckt, was die Jungs da alles so aus dem Köfferchen zauberten. Das sah richtig professionell aus und war genau auf der Wellenlänge von Andy und mir. Unsere Künstlerin konnte sich in einer Gaststätte umziehen, das hatte ich vorher geklärt. Sie hatte verschiedene Outfits dabei, und der Regisseur sagte, was sie anziehen soll. Nun entstanden ein paar super Aufnahmen bei schönstem Wetter im Park. Unsere Sängerin, die sich für das Projekt Fabienne nannte, machte einen super Job vor der Kamera. So drehten Andy und ich mit Fabienne die Anfangsszene des Videos und mittendrin sind wir auch noch mal zu sehen. Das reichte uns, denn Fabienne sollte ja im Vordergrund stehen. Später ging es weiter in eine Wohnung am Stadtrand, wo die Innenaufnahmen gedreht wurden und noch ein Schauspieler dazukam. Alle haben den Tag einen super Job gemacht. Das Video kann man sich derzeit im Internet auf Youtube und verschiedenen anderen Portalen ansehen. Ein gelungenes Video mit einem tollen Song.

Der Absturz

Nachdem wir uns einiges an Erfolg mit unserem Song versprachen, beschäftigte ich mich damit, den nächsten Song zu schreiben. Er hieß „Ich will", der auf einer Idee von Andy basierte. Leider kam der Song nie zur Aufnahme.

Im Internet versuchte ich, unser Video in verschiedenen Portalen zu präsentieren. Selbst im Internetradio „Kuschel FM" lief unser Song in der Toprotation. Auch in der Hitparade des VHR Radios wurden wir in die Top 10 gewählt. Doch ein richtiger Erfolg blieb uns verwehrt.

Fabienne hatte noch ihr eigenes Projekt am Laufen, Andy hatte mit dem Umbau seines Hauses viel zu tun, so dass ein neuer Song auf sich warten ließ. Ich hingegen komponierte und schrieb einen Song in meinem Urlaub auf der Liege, den ich meinen Eltern zu ihrer Goldenen Hochzeit widmete.

Nachdem es nun im Moment mit unserem Projekt auch nicht vorwärts ging, mich der Zusammenbruch meiner Band innerlich immer noch quälte, griff ich immer mehr zur Flasche, weil es mir einfach wehtat, was ich in den letzten Jahren für Niederlagen einstecken musste. Das ich gerne Bier getrunken habe, will ich nicht verschweigen, dazu steh ich auch. Dass mein Leben nicht immer so gelaufen ist, wie ich es mir erwünscht hätte, ich glaube das hat jeder schon mal erlebt. Aber ich sah nun keinen Sinn mehr in dem, was ich tat. Ich kam in einen Sog, wo ich nur noch ans Bier trinken dachte und ich nicht mehr wusste, wie ich aus diesem Sog wieder rauskommen sollte. Ich wusste, dass ich nur einen Tag nichts trinken brauche, und das Ganze war vergessen. Aber ich hatte nicht die Kraft, einen Tag ohne Bier, sprich Alkohol, zu überstehen. So begann ich schon morgens nach dem Aufstehen mein Frühstück mit einer Flasche Bier, weil ich noch vom Vortag den Geschmack von Bier in mir hatte. Schon nach den ersten paar Schlückchen musste ich mich beeilen, weil ich alles wieder auskotzen musste. Wie weit war ich gesunken! Nachdem ich an diesem Tag dann wohl doch noch so zehn Flaschen Bier getrunken habe, ernährte ich mich in der Zeit fast überwiegend von Bier. Hinzu kam nun noch, das mir die

„Beschleunigung" zum Besoffen sein fehlte, und ich griff zusätzlich zu Schnaps, was mich immer total vernichtete. Wie lange konnte ich das durchhalten?

Wer jetzt denkt, ich hätte in der Arbeit blau gemacht, irrt sich! Ich bin immer meiner Arbeit nachgegangen, auch wenn es mir sehr schwerfiel und es mir oftmals sehr schlecht ging. Aber das einzige, was ich im Kopf hatte, wenn ich nach Hause kam, war zu saufen. Ich wollte das eigentlich nicht, aber mir fehlte einfach die Kraft dazu, da rauszukommen. Ich hatte mir mein Leben anders vorgestellt. Das ging über Wochen und Monate so. Ich lag nur noch auf dem Sofa und war voll. Auch tagsüber!

Ich konnte und wollte so nicht mehr leben. Ich wusste, dass ich etwas verändern muss, oder ich gehe ganz jämmerlich kaputt. Aber woher sollte ich die Kraft dazu nehmen?

Hier kamen viele Dinge auf einmal zusammen, die mich zerbrechen ließen. Mir gingen das ewige Erbrechen sowie die Magenschmerzen und das ewige Besoffen sein gewaltig gegen den Strich. Das war nicht mehr ich, der einst so fröhliche und lustige Mensch. Was war mit mir geschehen?

Ich weiß bis heute nicht, woher ich die Kraft genommen habe. Aber an einem Montagmorgen habe ich mir geschworen, das Gift aus meinem Körper zu lassen und mich selbst aus diesem Loch wieder hochzuziehen. Hörte sich einfach an, aber ich musste einfach nur essen, und nicht die Mahlzeiten durch Bier ersetzen. So schaufelte ich morgens erst einmal alles in mich hinein, was der Kühlschrank hergab. Das bereitete mir ungemeine Magenschmerzen, weil mein Körper feste Nahrung kaum noch gewöhnt war. Ich legte mich nun auf das Sofa und hoffte, dass der Tag schnell vorbeiging. Ich schlief ein und träumte, das ich meine Mutter beschimpfte, dass ich ihr scheiß Essen nicht haben wollte. Ich hatte, nachdem ich aufgewacht war, ein dermaßen schlechtes Gewissen, weil ich nicht einmal wusste, ob es nun geträumt oder ob es echt war. Ich fragte später meine Mutter, die mir bestätigte, dass ich geträumt hatte. Das war wohl, als der Alkoholspiegel sank. Später an diesem Tag bestellte ich mir etwas zu essen. Ich wollte meinen Magen nicht mit Bier füllen, ich wollte etwas Richtiges. Und ich hatte die Kraft, das durchzuhalten. Zwar bin ich in den ersten zwei Tagen des Öfteren zusammengezuckt, wahrscheinlich, weil der Alkoholpegel sank, aber nun wusste ich, dass ich den Entzug überstanden hatte.

Meiner Frau hatte ich erklärt, dass ich nun zum Arzt gehe und eine Therapie mache. Aber komischerweise hatte ich nach dem ersten Tag des Entzuges absolut kein Verlangen mehr nach Bier, oder gar nach Schnaps. Ich war heilfroh, dass ich dieses Zeug nicht mehr sehen wollte. Von Tag zu Tag verbesserte sich mein Zustand und ich kam mir fast vor wie neu geboren. Ich habe das auch meiner netten Hausärztin zu verdanken, die mir zusätzlich einfühlsame Worte sagte und mich dabei in meiner Kraft stärkte. Leider konnte ich ihr nie dafür danken, weil sie kurzerhand nach München gezogen war.

Ich hatte nun auch die Kehrseite des „Erfolges" kennengelernt und ich habe mir geschworen, dass ich niemals mehr in meinem Leben an solch einem Punkt ankommen möchte. Ebenso, dass ich mich in Zukunft von den Menschen fernhalten werde, die mich ausnutzen oder mir gar anderweitig Schaden zufügen wollen. Auf solche Vollidioten hatte ich keine Lust mehr, und habe sie auch heute nicht!

Ich machte meine Therapiestunden und mein Leben schien sich so langsam wieder zu normalisieren. Einige Leute verstanden nicht, warum ich keinen Alkohol mehr wollte. Mir war das aber egal, denn ich wollte jetzt in ein anderes Leben starten.

Zwischenzeitlich hatte ich mich hingesetzt und noch einige Songs geschrieben. So entstanden die Songs „Halt mich fest", „Marianne" und einige andere. Das Schreiben machte mir Spaß, weil dabei auch recht lustige Songs zustande kamen. Der Alkohol war Vergangenheit und irgendwie freute ich mich jetzt auf die Zeit, die da kam.

Die goldene Hochzeit meiner Eltern rückte nun auch ganz mächtig näher. Ich kontaktierte also Andy und Fabienne, um einen weiteren Song aufzunehmen. Meine Vorstellung war es, dass Fabienne den Song Live auf der Goldenen Hochzeit meiner Eltern singt. Kurzerhand hatten wir auch einen Termin für die Aufnahme gefunden. Für mich war das wieder ein großer Moment, denn bis dahin hatte ich das Demo besungen. Nun meinen Song mit der Stimme von Fabienne zu hören, wertete den Song ganz gewaltig auf. Nun war auch der zweite Song entstanden, wenn auch ganz knapp vor der Goldenen Hochzeit. Andy hatte noch schnell ein Cover dafür gebastelt, was ich erst an dem Tag bekam, wo die Feier stattfinden sollte. Ebenso lag auch die fertige CD von Andy an diesem Tag erst im Briefkasten. Andy baute unter anderem einen extra Eingang für sein Studio, womit er eigentlich genug zu tun hatte. Danke Andy, dass du dir dafür Zeit genommen hast!

Für den großen Tag meiner Eltern hatte ich eine Anlage besorgt, die ich am Vormittag dort schon aufbauen konnte. Mein Bruder hat mir dabei geholfen. Nun musste ich selbst den Soundcheck machen, denn Fabienne war ja logischerweise noch nicht da. Schließlich sollte es ja eine Überraschung sein. Also griff ich selbst zum Mikro und sang den Song. Hörte sich meiner Meinung nach nicht schlecht an. Aber wie gesagt, ich bin ja kein Sänger!

An dem Abend stand nun einiges auf dem Programm, denn andere Gäste hatten natürlich auch etwas vorbereitet. Ich saß da vor alkoholfreien Getränken und war sehr nervös, weil ich nun auch eine Rede halten musste. Dass es gar nicht mein Ding war, mich da vor den Gästen hinzustellen und zu reden, brauche ich wohl nicht mehr erwähnen. Aber ich nahm allen Mut zusammen und erzählte eine kleine Geschichte und kündigte dann unsere Sängerin unter dem Namen Fabienne an.

Sie hatte sich vorher bei mir telefonisch gemeldet und saß bereits im Vorraum der Gaststätte. Sie hatte noch eine Freundin und ihren Lebensgefährten mitgebracht. Meine Eltern hatten wir direkt vor der Bühne platziert, damit sie diesen Moment genießen können, denn schließlich war es ihr persönlicher Song. Mit dem Starten des Playbacks kam Fabienne in den Saal und die Gäste spendeten riesigen Applaus. Sie war ganz ruhig und sang den Song locker und lässig herunter. Eine tolle Vorstellung, die Fabienne dort abgeliefert hat. Danach gab es wieder mächtigen Applaus, auch weil die Gäste während des Songs ganz ruhig waren, um den Worten zu lauschen, die ich meinen Eltern mit diesem Song mitteilen wollte. Nun kamen auch noch die Zugabe-Rufe hinzu, die ich vorweg eingefädelt hatte, weil Fabienne nun auch noch den anderen Song singen sollte. Wie sollte es anders sein, auch diesen Song meisterte Fabienne mit Bravour und so langsam fing auch ich an, meinen Blutdruck zu senken. Lange hatte ich auf solch einen Moment gewartet, meine eigens komponierten und geschriebenen Songs Live zu hören. Das war ein tolles und unbeschreibliches Gefühl!

Mit viel Mut und Motivation machte ich mich nun daran, weitere Songs zu schreiben. Zum Teil machte ich das in den Pausen in der Arbeit oder im südlichsten Zipfel meines Gartens, den ich im südländischen Stil angelegt hatte. Bis dahin hatte ich noch keine Ahnung von dem, was in den nächsten Monaten auf mich zukam.

In den Sommermonaten hatte ich wieder angefangen, Alkohol zu trinken. Allerdings in kleinen Maßen und auch kein Bier. Mittlerweile waren 15 Monate vergangen, wo ich nichts getrunken hatte. Nur irgendwie schwirrte mir der Song der Toten Hosen „Kein Alkohol ist auch keine Lösung" durch den Kopf. Irgendwie wollte ich mit meinen Freunden mitfeiern, was ich dann auch tat, allerdings in Maßen mit einem „Ramazzotti", und natürlich auch nicht täglich.

Bei uns stand dann auch der Urlaub an, den ich ja jetzt ohne Terror von Toni unbeschwert machen konnte. Mein Bruder mit seiner damaligen Freundin und heutigen Frau, mein Schwager und meine Schwägerin hatten auch gebucht und so wollten wir gemeinsam den Urlaub auf Fuerteventura genießen. Aber irgendwie merkte ich dort schon, dass das Verhältnis zwischen meiner Frau und mir nicht mehr so war, wie wir es über zwanzig Jahre hatten. Zunächst hatte ich mir dabei nichts gedacht, sie lag auf der Liege am Pool neben mir und las ihr Buch, während ich nach Wegen suchte, wie ich mein Plattenlabel auf Vordermann bekomme. Ich war zwar des Öfteren mit meinem Label in der Presse, genau wie die unzähligen Male mit meiner Band, aber es ging nicht voran. Also beschäftigte ich mich damit, statt den Urlaub zu genießen!

Wieder zu Hause angekommen, lebten wir halt so vor uns hin, jeder ging seiner Arbeit nach. Irgendetwas war anders als in den ganzen Jahren zuvor. Ich machte mir nun Gedanken darüber, was denn eigentlich geschehen war.

Kurz vor Weihnachten im Jahr zuvor hatte meine Frau starke Bauchschmerzen, als wir bei einem Nachbarn unser Wintergrillen feiern wollten, das wir regelmäßig jedes Jahr in unserer Straße veranstalteten. Ich konnte den Tag nicht richtig genießen, weil ich wusste, dass meine Frau zu Hause lag und Schmerzen hatte. Ich habe zwischendurch immer wieder nach ihr gesehen, bis ich sie gegen einundzwanzig Uhr an diesem Abend zusammengebrochen im Bad über der Kloschüssel fand. Sie war bei Bewusstsein und für mich kam nichts anderes infrage, als sie unverzüglich ins Krankenhaus zu fahren, was sie aber nicht wollte. War mir egal, ich habe sie gepackt, und ins Auto gesetzt. Im Krankenhaus hatte ich vorher angerufen und gesagt, dass wir kommen. Schon im Krankenhauseingang kamen uns gleich zwei Schwestern entgegen, die meine Frau, die sich vor Schmerzen krümmte, in ihre Obhut nahmen. Für mich begann ein banges Warten im Vorraum der Notaufnahme. Nach etwa einer viertel Stunde durfte ich dann zu ihr. Sie hatten ihr erst mal etwas gegen die Schmerzen gegeben und sagten, dass man sie jetzt gleich operieren muss. Da ich in dieser Zeit nichts machen konnte, hat man mich nach Hause geschickt, um einige Sachen für sie zu holen. Ich gab ihr noch einen Kuss und sagte bis später. Ich wusste gar nicht, wie ich mich in dieser Situation verhalten sollte.

Ich bin dann nach Hause gefahren und habe ihre Mutter informiert, die mir dann in meinem Durcheinander dabei half, die Tasche fürs Krankenhaus zu packen. Kurzum bin ich dann mit meiner Schwiegermutter wieder ins Krankenhaus gefahren, um vor dem OP auf sie zu warten. Nach ca. einer halben Stunde kam die OP-Schwester heraus und sagte zu mir, dass die OP gut verlaufen sei, aber ihre Überlebenschancen 50:50 stehen! Es sei viel

Gift in ihrem Körper gelangt und es allerhöchste Zeit war, dass ich sie gebracht habe. Hätte ich sie eine Stunde später gebracht, hätte sie das wahrscheinlich nicht überlebt!

Ich durfte dann in den Aufwachraum, wo ich an ihrem Bett saß und ihr gut zuredete. Zusammen mit der Schwester habe ich dann nach einiger Zeit ihr Bett auf die normale Station schieben dürfen. In der kommenden Nacht sollte sich nun zeigen, ob ihr Körper stark genug war, das Ganze zu verkraften. Ich saß kurz an ihrem Krankenbett, hielt ihre Hand, als sie zu mir sagte, ich solle nach Hause fahren. Warum verstand ich in diesem Moment nicht und ich wusste bis dahin auch nicht, dass dies der Wendepunkt in meinem Leben wird!

Ich bin dann selbst mit Bauchschmerzen mit ihrer Mutter nach Hause gefahren, weil ich nicht wusste, ob sie am nächsten Tag noch lebt! Das war am schlimmste für mich, dass meine Frau in diesem Moment zu mir sagte, dass ich gehen soll. Am kommenden Morgen bin ich gleich früh zu ihr gefahren. Im Krankenhaus sagte mir eine Schwester gleich, dass sie das Schlimmste überstanden hat und sie auf dem Weg der Besserung sei. Ich habe in diesem Moment auch erst einmal durchgeatmet, bevor ich ihr Zimmer betrat. Auch an diesem Morgen war zwischen mir und meiner Frau etwas anders. Nur machte ich mir zu dem Zeitpunkt noch keine Gedanken darüber, mir war es wichtig, dass sie wieder richtig gesund wird. Ich hatte ihr mehr oder weniger das Leben gerettet, weil ich so reagiert hatte. Da ich an dem Abend beim Weihnachts-Grillen nur Kinderpunsch getrunken hatte, machte es das Autofahren möglich. Wer weiß, was sonst passiert wäre!

Meine Frau hat sich dann von Tag zu Tag erholt und war danach wieder gesund.

Nach unserem Urlaub gingen mir natürlich solche Sachen durch den Kopf, weil ich nach Erklärungen suchte, weshalb mir meine Frau in den letzten Wochen und Monaten manchmal so fremd vorkam. Bereits im Oktober nach unserem Urlaub merkte ich, dass meine Frau sich immer mehr von mir distanzierte. Wenn ich ihre Hand streichelte, zog sie diese weg, einem Kuss erwiderte sie nicht einmal mehr und selbst wenn ich sie in den Arm nahm, befreite sie sich. Was war mir ihr geschehen? Was war mit uns geschehen?

Ich hatte immer wieder versucht, mit ihr zu reden, als Antwort sagte sie immer nur, es ist nichts!

Tage später wollte ich ihr wieder einen Kuss geben, als sie plötzlich zu mir sagte, dass sie das nicht mehr wolle. Ich fragte, was los ist? Sie sagte, ich hätte mich verändert. Klar, jeder Mensch verändert sich in seinem Leben.

In einer ruhigen Minute setzte ich mich neben sie auf das Sofa und fragte wiederum, was los sei. Wieder bekam ich keine Antwort. Ich sagte zu ihr, willst du dich von mir trennen. Sie sagte, was wäre wenn?
Ich habe ihr darauf unter Tränen erklärt, dass ich sie über alles liebe und ich sie nicht verlieren will. Auf meine Frage hin, ob sie mich nicht mehr liebt, sagte sie doch, aber es würde nicht mehr reichen.

Für meine Frau stand der Entschluss fest, dass sie die Scheidung will, was ich erst einmal verkraften musste. So habe ich mich erst einmal in mein Büro verzogen und versucht, die Situation zu begreifen, was mir sehr schwer fiel. Am kommenden Morgen bat ich sie um ein Gespräch. Wir setzten uns in unseren Wintergarten und ich fragte sie, ob ihre Entscheidung feststeht oder ob wir noch eine geringe Chance haben, unsere Ehe zu retten. Sie sagte mir, dass ihr Entschluss feststeht. Nun musste ich ihre Entscheidung akzeptieren und bat sie darum, dass keine schmutzige Wäsche gewaschen wird und wir alles, was zu regeln ist, auf vernünftige Art und Weise regeln. Dem stimmte sie zu und wir machten uns gemeinsam daran, unser Haus zu verkaufen und auch sonst alles zu regeln.

Ich hätte mein Haus gerne behalten wollen, aber der Gedanke, was ich in dem Haus alles erlebt habe, zwang mich mehr oder weniger dazu, es zu verkaufen, weil es immer wieder Wunden aufreißen würde.

Vor Weihnachten wollten wir mit dem Verkauf noch nicht beginnen, schließlich mussten wir beide uns erst einmal einen Weg ebnen und aus unserem Haus ausziehen.

Zu Beginn der Trennung haben wir abends noch gemeinsam auf dem Sofa gelegen, natürlich jeder in seiner Ecke. Wir waren ja bemüht, eine Wohnung zu finden. Aber es muss sich auch erst mal was Passendes finden. Also mussten wir beide da durch. Essen gab es auch nur noch getrennt. Na ja, mir war der Appetit ohnehin vergangen und ich habe in drei Monaten über 15 Kilogramm abgenommen. Meine Frau hatte dann recht schnell eine kleine Wohnung gefunden, die auch sofort beziehbar war. Also hatte sie auch ganz schnell ihre sieben Sachen gepackt und ist ausgezogen. Allerdings muss ich sagen, dass wir in dieser Zeit sehr viel miteinander geredet haben, nachdem die Trennung ausgesprochen war. Wir haben gemeinsam viel aufgearbeitet, worauf wir beide heute stolz sein können, denn für meine Frau war der Schritt in einen neuen Lebensweg genauso schwer wie der Weg für mich, der jetzt auf mich zukam.

Nun saß ich alleine in dem großen Haus und es trieb mir die Tränen in die Augen, als meine Frau mich noch einmal drücke, bevor sie unser Haus endgültig verlassen hat. Ich habe ihr noch gesagt, sie solle auf sich aufpassen. Was Besseres war mir in dem Moment nicht eingefallen. Ich rief meine Mutter an, um ihr zu erzählen, was gerade passiert ist, was mir wieder die Tränen in die Augen trieb, weil es ohne Ende wehtat. Nun musste ich meinen Weg selbst gestalten und ich machte mich intensiv auf die Suche nach einer Wohnung, weil ich nun wusste, dass ich dort nicht bleiben möchte. Ich habe dann auch ganz schnell eine Wohnung gefunden, die ich mir am nächsten Tag ansehen konnte. Der Makler hatte die Wohnung gerade erst eingestellt. Also bin ich am kommenden Tag voller Mut und Euphorie zum Besichtigungstermin gefahren. Einerseits war es ein ganz komisches Gefühl, aber andererseits war es doch auch aufregend, auch wenn der Verlust meiner Frau mir im ganzen Körper wehtat. Die Wohnung war toll und ich sagte dem Makler, dass ich die Wohnung nehmen würde, gerne aber eine Nacht darüber schlafen möchte. Kein Problem, sagte er, und ich habe am kommenden Tag gleich zugesagt. Die Wohnung konnte ich im Januar beziehen, na ja erst mal renovieren.

Nun kam eine spannende Zeit auf mich zu, aber zuerst musste ich den Heiligen Abend seit über zwanzig Jahren alleine feiern. Meine Eltern hatten zwar gesagt, dass ich zu ihnen kommen kann, aber irgendwie wollte ich auch alleine sein. Der Heilige Abend war nun auch gekommen und ich wusste, das sich die Familie meiner noch Ehefrau nebenan versammelte, um gemeinsam zu Essen. Ich hingegen war traurig darüber, dass niemand aus dieser Familie mal gefragt hatte, wie es mir eigentlich geht, geschweige denn, man hätte gesagt, komm doch zum Essen zu uns. Ich kannte die Familie zu dem Zeitpunkt fast fünfundzwanzig Jahre, und immerhin haben wir uns im Guten getrennt. Was soll es!

Am nächsten Tag war ich bei meinen Eltern zum Essen eingeladen, was ein ebenso scheiß Gefühl war wie am Vorabend. Nur, dass ich bei meinen Eltern Unterhaltung und Ablenkung hatte. Meine Frau war nicht an meiner Seite und das war es, was wehtat!

Am zweiten Weihnachtsfeiertag wollte ich in meine neue Wohnung. Den Schlüssel dafür hatte ich bereits bekommen. So war ich tagsüber dort und hatte schon mal ein paar Sachen für die Renovierung mitgenommen. So konnte ich mich schon mal so langsam mit dem Gedanken anfreunden, dass ich hier bald einziehen würde. Alles, was ich in der Wohnung machte, ging recht schleppend, weil ich dermaßen am Ende war, mir die Kraft für die Renovierung fehlte. Mein Bruder hatte sich nach Weihnachten bereiterklärt, mir beim Streichen zu helfen. Als ich den Abend nach Hause kam, setzte ich mich erst einmal in den Wintergarten und trank einen Ramazzotti. Nach wenigen Minuten kam meine noch Schwiegermutter, weil sie gesehen hatte, dass ich nach Hause gekommen war. Mit ihr trank ich noch einen und noch einen. Sie hatte mir frohe Weihnachten gewünscht, obwohl es mir ja eigentlich nicht danach war. Aber sie hat es gut gemeint und sie sagte mir noch, dass ich immer ihr Schwiegersohn bleibe, egal wie auch alles gekommen ist. Es war für mich in dieser Zeit zwar nur ein kleiner Trost, aber immerhin etwas.

Auch für den Silvesterabend habe ich mir nichts vorgenommen. Ich wollte einfach nur meine Ruhe haben, ein paar Ramazzotti trinken und den Abend so schnell wie möglich vergessen machen. Meine Schwiegermutter kam den Abend auch wieder herunter auf ein

Getränk. Sie hatte mich gefragt, ob sie kurz vor Mitternacht noch mal zum Anstoßen kommen solle, weil sie ja eh mit ihrem Hund alleine ist. Klar hatte ich gesagt, war ja eigentlich froh darüber, dass sie da war. Also stießen wir zu Mitternacht an, sie schaute mir ein wenig beim Feuerwerk zu und verabschiedete sich dann. Ich traf dann noch meine Nachbarn, die mich noch auf ein Glas Sekt eingeladen hatten. Na ja, mit einem Glas Sekt war es nicht getan und ich bin dann um vier Uhr „halbwegs betäubt" nach Hause gegangen. Ich hatte mir auf dem kurzen Heimweg immer wieder selbst ein frohes neues Jahr gewünscht. Ich hoffte, dass es besser würde als das letzte.

Die neue Wohnung war bereits mit Hilfe meines Bruders fertig renoviert. Das Parkett sollte noch neu geschliffen werden, was sich noch eineinhalb Wochen hinzog. In dieser Zeit habe ich schon mal verschiedene Sachen in den Keller gebracht. Die neuen Möbel waren bestellt und ich brauchte sie nur noch abrufen, sobald der Fußboden fertig war. Es war ja schon irgendwie aufregend, weil ja nun auch einiges Neues auf mich zukam. Ich wollte ja auch nicht alleine bleiben, also machte ich mich im Internet auf die Suche nach einer neuen

Frau. Hört sich blöd an, aber da gibt es Portale, wo man Frauen kennenlernen kann!

Das Haus stand nun auch im Internet zum Verkauf und es dauerte auch nicht lange, bis sich die ersten Interessenten meldeten. Um es kurz zu machen, wir hatten auf einmal drei Leute, die das Haus kaufen wollten. Einer wollte mir sogar den Umzug bezahlen, nur damit ich es ihm verkaufe. Bei den vielen Besichtigungen war natürlich auch meine noch Ehefrau dabei, und wir konnten gut mit der Situation umgehen. Wir hatten bereits einem Paar zugesagt, also ließen wir uns auch auf keinen Kuhhandel mit den Umzugs-Bezahlungen ein. Der Verkauf ging recht zügig vonstatten und ich konnte zur Ruhe kommen und musste nicht mehr an die Belastung der monatlichen Raten denken.

Zwischenzeitlich hatte ich verschiedene Verabredungen mit Frauen gehabt, die zwar sehr nett waren, aber auch irgendwie durchgeknallt. Es war nur eine dabei, mit der ich mir eine Beziehung hätte vorstellen können. Bei den ersten paar Treffen war alles gut, aber dann meldete sich diese Frau nicht mehr. Ich habe immer versucht, sie zu kontaktieren, bis ich es irgendwann aufgegeben habe. Wieder brach mir das Herz und es tat endlos weh.

Warum machte ich das eigentlich mit, warum konnte ich nicht einfach mal zur Ruhe kommen. Irgendwie bin ich fast durchgedreht, weil der Schmerz einfach nicht aufhörte. Mit dem Haus war nun alles geregelt, die Finanzen auch. Eigentlich konnte ich es mir gutgehen lassen. Aber ich sehnte mich nach der Nähe einer Frau, weil ich einfach nicht alleine leben wollte.

Kurzentschlossen rief ich im Reisebüro an und beschloss, in den nächsten Tagen nach Mallorca zu fliegen, und zwar allein! War mir eigentlich egal, wohin auf Mallorca, ich wollte einfach nur weg. Ich sagte meinen Eltern Bescheid und am nächsten Tag war ich auch schon auf dem Weg zum Flughafen. Es war zwar gerade mal Anfang April, aber das war mir völlig egal. Mallorca ist auch um diese Zeit cool. Beim Transfer zum Hotel hatte ich schon mal eine nette Bekanntschaft gemacht, mehr aber auch nicht.

Morgens frühstückte ich ganz in Ruhe, anschließend ging es ins Fitness-Studio und danach ins Schwimmbad. Eine Stunde vor dem Mittagessen war ich dann fertig und setzte mich bei einer Sangria an den Pool und las die Biographie von Hartmut Engler, dem Pur-Sänger. Diese hatte ich mir zuvor noch extra gekauft. Nach einer weiteren Sangria ging ich dann zum Mittagessen mit einem schönen Glas Wein. Danach war ich irgendwie müde, so dass ich erst einmal ein kleines Schläfchen machen musste. In Kontakt kam ich dort mit niemandem, wollte ich auch gar nicht. Ich wollte einfach nur meine Ruhe haben. Nachmittags bin ich zum Strand in eine Strandbar gegangen, habe mir eine Flasche Wasser und einen Ramazzotti nach dem anderen bestellt. Dabei blickte ich stundenlang auf das Meer und dachte über mein Leben nach. Wie sollte es weitergehen, wenn ich wieder zu Hause bin. Aber ich fand keine Antworten auf meine Fragen. Zum Abendessen hatte ich schon wieder leicht einen sitzen, was mir aber völlig egal war. Also wieder gut essen, danach noch ein paar Cocktails in der Hotelbar und mein Bett rief ganz laut nach mir. So lief jeder von den sieben Tagen dort ab und ich hatte wieder ein bisschen Mut für die kommende Zeit zu Hause gesammelt.

Kurz nachdem ich wieder zu Hause war, schrieb mich eine Frau an, die mich wohl recht interessant fand. Da ich mich ja nun nach einer Frau sehnte, freute ich mich, dass sie so liebevoll schrieb. Wir haben dann auch nach ein paar Tagen miteinander telefoniert und verabredeten uns für das Wochenende. Sie wohnte weiter weg, also trafen wir uns ziemlich genau in der Mitte. Sie war verheiratet, hatte ein Kind, nein sie hatte zwei, nein sie hatte drei Kinder, wie sich erst bei unserem Treffen herausstellte. Dass das nichts geben würde, hätte ich mir ja auch gleich denken können. Wir haben dann zwar noch ein paar Mal telefoniert, sie wollte mich eigentlich mal besuchen. Ist aber nie etwas daraus geworden. Jedenfalls tat das wieder in allen Ecken und Kanten meines Körpers weh und ich habe mir geschworen, wenn bis zur zwanzigsten Frau, die ich kennengelernt habe, nichts daraus geworden ist, werde ich die Suche nach einer Frau einstellen!

Immer wieder bekam ich eins drauf, was mir mittlerweile dermaßen gegen den Strich ging, weil es immer wieder ohne Ende wehtat. Irgendwo musstest du doch sein, die Frau, die zu mir passt und an meiner Seite alt werden möchte.

Ich hatte zwar abends mal mit Frauen gechattet oder gar telefoniert, aber ich verlor so langsam das Interesse daran. Mein Leben schien recht aussichtslos, zumindest was die Frauen anbetraf. Freunde, die ich einst hatte, meldeten sich auch so gut wie nicht mehr.

Ich hatte Marina, eine Sängerin, kennengelernt. Mein kleines Heimstudio hatte ich auch wieder aufgebaut, und so versuchte ich mit Marina den Song von Fabienne auf Englisch zu interpretieren. Marina hatte dazu den Text übersetzt und etwas umgeschrieben. Leider blieb das in dieser Zeit der einzige Versuch, mit der Musik etwas zu starten. Aber irgendwie hatte ich auch gar nicht den Nerv dazu, weil mir jede Menge andere Sachen durch den Kopf gingen. So ging ich meiner Arbeit nach und wusste eigentlich nicht wirklich, was ich mit mir anfangen sollte. Ich hatte zwar zwischendurch immer mein Training gemacht, aber das war auch alles.

Auf einmal hat sich die Frau wieder bei mir gemeldet, die einst nichts mehr von sich hören ließ. Ich war recht erstaunt darüber, dass sie sich überhaupt meldete. Das Thema war eh abgehakt, also was wollte sie von mir?
Sie hat mich um ein Treffen gebeten, welches in einer halben Stunde stattfinden sollte. Ich sagte zu, ohne irgendwelche Hoffnungen. Bei dem Treffen sagte sie mir, dass wir nicht zusammenpassen würden, und sie sich aus dem Grund nicht mehr gemeldet hätte. Mein Gott, das war fast ein halbes Jahr her, warum sagte sie mir das erst jetzt?

Obwohl ich mich längst mit der Situation abgefunden hatte, tat es aber trotzdem weh, was mich wieder mal zerbrechen ließ. Warum bekam ich immer wieder eins drauf?

Ich saß nun öfters abends in meinem kleinen Büro und hörte mir die EP von Nadine Fingerhut an, eher gesagt, immer wieder den gleichen Song und heulte dabei wie ein Schlosshund. Nun kam alles heraus, was sich in den letzten Monaten angestaut hatte. Eigentlich hatte ich mich doch ein wenig auf die Zeit in der neuen Wohnung gefreut.

Nun musste ich aber feststellen, es war alles andere als rosig, und es lief lange nicht so, wie ich es mir erhofft hatte. Klar, ich konnte kommen und gehen wann ich wollte, aber das war es nicht, was ich wollte.

So ging das ein paar Wochen, jeden Abend geheult wie ein Schlosshund und manchmal sogar auch tagsüber. Ich war nun an meinem absoluten Tiefpunkt angekommen, voller Schmerz und Leid darüber, was mir in den letzten Monaten widerfahren war. Leid mag sich vielleicht etwas doof anhören, aber es war schon eine Scheiß-Zeit und eine Scheiß-Erfahrung, die ich in meinem Leben machen musste.

Selbst meine Kollegin Dana hatte mich in dieser Zeit gefragt, was denn mit mir los sei. Auch ihr war es nicht entgangen, dass mit mir etwas nicht stimmte. Ich war nicht mehr am Pfeifen, so wie früher während der Arbeit, und auch sonst machte ich einen sehr bedrückten Eindruck. Ich habe ihr erklärt, was bei mir los ist. Sie fand nette Worte, um mich wieder ein wenig aufzurichten, was mir sehr gut tat. Aber nach wie vor spiegelte sich jeder Tag mit immer demselben Ablauf wider und ich sah keinen Ausweg, mich dort herauszuziehen.

Plötzlich meldete sich wieder die Dame, die ja nicht zu mir passte, wie sie sagte. Diesmal war ich noch mehr erstaunt, dass sie mich anrief. Sie fragte, wie es mir geht, wobei ich heute nicht einmal mehr weiß, was ich darauf geantwortet habe. Auf der Plattform „Wer kennt wen" sollte ich doch mal einen bestimmten Namen eingeben. Sie sagte, das wäre eine Frau, die zu mir passen würde. Aus Trotz sagte ich, dass mir diese Frau nicht gefällt. Warum sollte gerade sie mich verkuppeln wollen?

Das Gespräch dauerte auch nicht mehr lange und ich sah mir ihr Profilfoto noch eine Zeit lang an. Eigentlich wollte ich erst einmal zur Ruhe kommen und mein Leben wieder in den

Griff bekommen. Da ich ja sowieso die meiste Zeit in meinem Büro saß, blieb ich immer wieder bei „Wer kennt wen" hängen und schaute mir das Profilfoto von der Frau an, die angeblich zu mir passen würde. Das ging tagelang so, bis ich mir ein Herz nahm und die Frau kurzerhand anschrieb. Es dauerte auch nicht lange und ich bekam Antwort. So schrieben wir erst ein paarmal hin und her, bis wir uns dazu entschlossen, mal zu telefonieren. Ihre Stimme und ihre Art haben mich am Telefon fasziniert und sie machte einen sehr netten Eindruck auf mich. In den ersten Tagen haben wir jeden Tag bis tief in die Nacht telefoniert und so beschlossen wir, uns am kommenden Donnerstag zu treffen. Wir hatten uns an einem Einkaufsmarkt verabredet, wo ich sie am Haupteingang abholen sollte.

Eigentlich stieg da eine ganz andere Frau ein, ich kannte ja nur ihr Profilfoto, was wohl etwas älter war. Sie sagte „Hi", was ich erwiderte und wir gaben uns die Hand. Sofort kamen wir ins Gespräch und wir fuhren gemeinsam in den Park, um Kaffee zu trinken. Sie hatte sich zwar etwas erschrocken, weil sich mein Auto, wenn ich losfahre, von selbst verriegelt. Ich erklärte ihr darauf, was es mit der Verriegelung auf sich hat. Ich wolle sie ja nicht gleich wieder verjagen.

Wir hatten zwar die Abende vorher ausgiebig telefoniert, aber trotzdem fanden wir immer wieder genügend Gesprächsstoff, um uns besser kennenzulernen. Von mir fiel irgendwie eine Last ab, weil ich mir vorstellen konnte, dass daraus was werden könnte. Ich wusste, dass es für solche Gedanken noch zu früh war, aber in meiner Bauchgegend fühlte ich nun einen anderen Schmerz.

Wir haben einen schönen Nachmittag verbracht und diese Frau zauberte mir auch wieder mein Lächeln ins Gesicht. So haben wir uns für den kommenden Samstag bei mir verabredet, um gemeinsam zu kochen.

Nun spürte ich auch, dass wirklich jemand Interesse an mir hatte, weil das Miteinander doch recht harmonisch ablief, so wie ich es doch mein Leben lang gewohnt war. Ich war zwar noch nicht aus meinem Tief heraus, aber ich merkte, dass diese Frau aus mir wieder den lebenslustigen Menschen machen konnte, der ich einst gewesen war.

Von nun an war sie sehr oft bei mir, und wenn das nicht ging, gab es ja noch das Telefon. Diese Frau hat mich mit viel Liebe aus meinem Tief geholt, wofür ich ihr sehr danke. Noch einige Wochen zuvor hatte ich nicht daran geglaubt, dass sich mein Leben so schnell ändern würde.

Kurz darauf durfte ich auch ihre Kinder kennenlernen und war von nun an auch an den Wochenenden bei ihr.

Da ich in diesem Jahr mit ihr und ihren Kindern zusammen Weihnachten feierte, kamen nun auch schon Pläne auf, dass ich zu ihr ziehen sollte. Die Wohnung war groß genug und wir waren uns darüber einig, unseren Lebensweg weiter gemeinsam gehen zu wollen. Zu Weihnachten hatte ich ihr eine Reise nach Mallorca geschenkt, was mich im neuen Jahr dazu ermutigte, für sie einen Song zu schreiben. Mit „Wolkenlos" ist ein super Song entstanden, der nur ihr gewidmet ist. Nun hatte ich neben den Umzugsvorbereitungen auch die Kraft, weitere Songs für unser Schlager-Album zu schreiben, das ich ja gerne mit Andy auf den Weg bringen wollte. Ich schickte Andy teilweise zwei bis drei neue Texte pro Woche. Mann, da war sie wieder, meine Inspiration für die Musik.

Das alles hatte die Frau geschafft, die ich doch zuerst aus Trotz anhand des Profilfotos verweigerte? Warum sollte da nicht auch noch Platz für mehr sein?

Kurz nach unserem ersten gemeinsamen Urlaub entschieden wir uns zum Hauskauf, wo wir jetzt seit 2013 wohnen. Zwischenzeitlich habe ich immer versucht, mit Andy unser Schlager-Album an den Mann zu bringen, leider vergebens.

Nach erfolgreichem Heiratsantrag habe ich diese Frau 2015 geheiratet, die Frau, die gerade zu Beginn mit mir einen manchmal nicht ganz einfachen Weg gegangen ist. Ich möchte mit meiner Frau nun die Ruhe auf dem Land genießen.

Von der Live Bühne habe ich mich bereits in 2008 verabschiedet und hier und jetzt auch von dem Rest der Musik. Ich habe immer versucht, mit der Musik etwas zu erreichen, doch der ganz große Erfolg blieb mir leider verwehrt. Ich kann für den Rest meines Lebens von den vielen schönen Momenten, die ich mit der Musik erlebt habe, zehren.

Das Schlager-Album wäre noch ein ganz großer Traum von mir gewesen, der sich aber ohne passenden Interpreten nicht verwirklichen lässt. Natürlich weiß man ja auch nicht, was die Zukunft noch so bringt . . . .

ENDE